W0333514

Meinem Partner,
der mir die Kraft
für ein neues Leben gegeben hat,
und allen Freunden, die mich
auf meinem Weg begleitet haben

Prolog

September 2002

Ich zucke zusammen, als mein Handy klingelt. Es liegt neben mir auf dem Beifahrersitz. Ich stecke mitten im Berufsverkehr fest, gehe widerwillig ran, als die Ampel auf Rot schaltet.

»Doris? Können wir reden? Es ist dringend. Hier ist Jörg.«

Jörg Sommer. Mein Verbindungsmann zum Verfassungsschutz. Mit ihm rede ich schon seit Monaten. Nach den Anschlägen vom 11. September 2001 hatte ich endlich jemanden gefunden, der mir zuhörte und mir glaubte, und das war er. Als Herr Sommer hatte er sich vorgestellt. Inzwischen sind wir längst per Du. Alle zwei bis drei Wochen treffen wir uns, am Anfang habe ich erzählt, in letzter Zeit stellt er Fragen und ich beantworte sie. Wenn ich es kann.

Was er wohl von mir will? Wir haben uns doch vorgestern gesehen und zwei Stunden miteinander gesprochen. Noch nie hat er mich um diese Uhrzeit angerufen. Noch nie hat er das Wort »dringend« benutzt. Ich habe Angst.

»Ich bin im Auto«, protestiere ich. »Es ist besser, wenn du mich zu Hause anrufst. In einer halben Stunde bin ich dort.«

»Fahre an den Rand. Sofort. Es ist etwas passiert. Ich bleibe dran.«

Ich setze den Blinker, lenke den Wagen nach rechts, halte vor einer Garagenausfahrt, schalte den Motor ab und zünde mir eine Zigarette an, bevor ich das Handy wieder aufnehme.

»Was ist passiert?«, frage ich.

Jörg will wissen, ob ich allein im Auto bin, ob jemand uns hören kann. Ich verneine ungeduldig, fordere ihn auf, endlich zu reden.

»Dein Mann ist verhaftet worden«, sagt er. »In Tunesien.«

Das geschieht ihm recht, ist mein erster Gedanke. Dann frage ich mich, was Omar – so wird er in diesem Buch heißen – in Tunesien zu suchen hat, beschließe jedoch, dass es mich nicht interessiert. Bald sind wir geschieden, bald wird mein Albtraum ein Ende haben.

»Es ist nicht alles«, sagt Jörg. »Das BKA will mit dir reden. Das Bundeskriminalamt. Sie schicken dir zwei Beamte vorbei.«

»Zu mir in die Wohnung? Nein, danke!«

Ich will nicht. Ich kenne diese Leute nicht und möchte sie auch nicht kennen lernen. Zu Jörg habe ich volles Vertrauen. Er hört mir zu, weiß alles von mir, ich habe ihm sämtliche Informationen gegeben, die ich besaß. Er soll selbst mit dem BKA reden.

Als ich ihm das sage, antwortet er: »Das habe ich schon. Ich konnte sie gerade noch daran hindern, deine Wohnung zu stürmen. Hör zu, Doris, die Sache läuft folgendermaßen ab ...«

Nun erklärt er mir, dass der Verfassungsschutz, der zum Inlandsnachrichtendienst gehört, den Fall an das BKA habe abgeben müssen. Er spricht von unterschiedlichen Zuständigkeiten und Kompetenzen, doch ich höre gar nicht richtig hin. Ich verstehe nur, dass Jörg jetzt nicht mehr für mich zuständig ist.

»Ob du es möchtest oder nicht, das interessiert die nicht. Du musste es tun, Doris«, fügt er abschließend hinzu.

Ich erkläre mich dazu bereit, verlange nur, sie an einem neutralen Ort zu treffen. Noch hoffe ich, dieses normale Leben, das ich mir nach der Trennung von meinem Mann gerade mühsam wieder aufbaue, retten zu können.

Bald steht es in der Zeitung. Dass ein Deutscher arabischer Abstammung in Tunesien verhaftet wurde. Dass man ihn verdächtigt, ein wichtiges Mitglied von al-Qaida zu sein. Dass er gerade vom tunesischen Geheimdienst verhört wird. Dass sich der amerikanische Geheimdienst für ihn interessiert. Dass er auch schon in Deutschland beobachtet wurde. Dass er zuletzt in der Kleinstadt H. gemeldet war, wo seine deutsche Ehefrau heute noch lebt.

Ich kann es nicht glauben! Ich werde zwar nicht namentlich genannt, aber sein Vorname steht da, mit dem Anfangsbuchstaben seines Nachnamens, und mir wird schlagartig klar, dass es nur eine Frage der Zeit ist, bevor jeder weiß, dass es um mich geht! Die Ehefrau eines mutmaßlichen Terroristen! Die Nachbarn sind mir egal, mein Arbeitgeber und meine Familie nicht. Sie sollen es nicht aus der Zeitung erfahren!

Mit meiner Chefin spreche ich noch am selben Tag. Ich fahre sofort ins Büro und bitte sie eindringlich um einen Termin. In unserem Gespräch warne ich sie, dass sich die Presse für mich interessieren könnte, erkläre ihr, warum und dass ich mit dem Geheimdienst zusammenarbeite. Mit großen Augen sieht sie mich an.

»Das klingt ja wie ein Krimi«, sagt sie. »Es muss schrecklich für Sie sein. Aber um Ihre Stelle brauchen Sie sich keine Sorgen zu machen, Sie wissen, dass wir mit Ihnen sehr zufrieden sind ... Sie haben unsere volle Unterstützung.«

Einen Tag später nimmt sie alles zurück. Die Firmenleitung meint, es könnte dem Ansehen des Unternehmens schaden, wenn eine der Angestellten mit al-Qaida in Verbindung gebracht wird. Es ist sinnlos zu betonen, dass ich selbst keinerlei Verbindung mit dem Terrornetz habe. Wenn sich alles gelegt hat und ich geschieden bin, dürfe ich zurückkommen, heißt es. Ich versuche mir vorzustellen, was als Nächstes geschieht. Kommt vielleicht der Hausbesitzer, um mir die Wohnung zu kündigen, weil er mich als Risikofaktor einschätzt?

Am Abend habe ich einen Mann zum Essen eingeladen. Seit einigen Monaten nähern wir uns einander an, wir sind dabei, ein Paar zu werden. Meine Vergangenheit kennt er in groben Zügen. Was vorbei ist, ist vorbei, ihn interessiert unsere Zukunft viel mehr, sagt er, aber vielleicht ändert er seine Meinung, wenn sich herausstellt, dass die Vergangenheit mich eingeholt hat. Auf dem Rückweg kaufe ich frisches Sauerkraut, Kasseler, Wienerwürstchen und Speck ein. Ich habe keinen Hunger, aber Kochen beruhigt mich manchmal. Außerdem erscheint mir eine deftige Mahlzeit wie eine Art Zaubermittel gegen die aufsteigende Verzweiflung.

Ich schäle gerade Kartoffeln, als das Telefon klingelt. Der Anrufer behauptet, Journalist vom *Stern* zu sein. »Spreche ich mit Doris Glück?«, fragt er. Ich lege wortlos auf. Dreimal hintereinander ruft dieser Mann an, schließlich ziehe ich den Telefonstecker aus der Dose, informiere vom Handy aus die Beamten vom BKA.

»Die Presse hat meine Nummer, gleich stehen sie bei mir vor der Tür. Was soll ich tun?«

»Bleiben Sie ruhig. Öffnen Sie niemandem. Legen Sie jetzt auf, wir rufen Sie gleich zurück.«

Ich soll die Nerven bewahren, das sagt sich so leicht! Ich gehe zurück in die Küche, stelle mein Sauerkraut auf den Herd, decke den Tisch für zwei Personen. Gelbe Kerzen, gelbe Tischsets, dazu Papierservietten mit Sonnenblumen. Leuchtende Farben schenken Mut, aber ob sie gegen Panik helfen? Ich sehe durchs Fenster einen Wagen auf der Straße gegenüber einparken. Eine Frau steigt aus, holt Einkäufe aus dem Kofferraum. Gott sei Dank! keine Journalistin. Da klingelt mein Handy. Ich soll alles stehen und liegen lassen, mit dem Lift in die Tiefgarage fahren, ins Auto steigen und die Autobahn Richtung Karlsruhe nehmen. Sofort.

»Wir kümmern uns um alles. Es ist keine Zeit zu verlieren, beeilen Sie sich«, sagt der Mann am Telefon.

Fluchtartig verlasse ich die Wohnung, rase mit dem Wagen aus der Garage, sehe aus den Augenwinkeln einen Mann neben einem Auto an der Ecke stehen. Beobachtet er das Haus? Wenn das der *Stern*-Journalist ist, wird er mich bestimmt verfolgen. Ich muss ihn abhängen, denke ich und brause davon bis zur Autobahn. Per Handy erhalte ich weitere Anweisungen. Ich soll langsamer fahren. Vorsichtiger. Man will nicht, dass ich einen Unfall baue, man braucht mich wohl noch. Ich soll auf der rechten Spur bleiben, nicht überholen. Auf dem Seitenstreifen wartet ein schwarzer BMW auf mich. Das Kennzeichen wird mir mitgeteilt, kurz leuchtet ein Blaulicht auf. Ich bremse, lasse den Wagen vor mir einfädeln, das Kennzeichen stimmt, ich fahre hinterher. Wohin, das sagt mir niemand. Erklärungen werden auf später verschoben. Meine Arme und Beine zittern und mir ist kalt. Ich weiß nicht, ob ich den Herd ausgeschaltet habe, denke an das viele Sauerkraut, das nun niemand essen wird. An meinen Freund, der bald vor der Tür stehen wird. Ich halte immer noch das Handy ans Ohr gepresst, frage, ob ich kurz auflegen dürfe, um meinen Freund anzurufen.

»Wir kümmern uns darum. Es ist alles gut«, sagt die Stimme am anderen Ende. »Entspannen Sie sich, Sie sind jetzt in Sicherheit.«

Das war der Beginn meiner Zusammenarbeit mit dem BKA. Ich musste alles, was ich mir nach der Trennung von meinem Mann mühsam aufgebaut hatte, hinter mir lassen: eine gut bezahlte Arbeit mit netten Kollegen, eine hübsche Wohnung, meinen Freundeskreis. Sogar meine Familie. Ich wurde ins Zeugenschutzprogramm aufgenommen, habe unter Eid ausgesagt und bin bereit, es jederzeit vor Gericht zu tun, wenn es zu einem Prozess kommt. Denn mein Exmann ist hier. Nach einigen Monaten haben ihn die tunesischen Behörden nach Deutschland ausgewiesen. Auch hier wurde er verhört. Ein ganzes Regal voller Aktenordner gibt es über ihn und seine Aktivitäten, und trotzdem kann man ihm keinen Prozess machen! Bisher reichen die Beweise gegen ihn nicht aus. Er wird, so hat man es mir gesagt, wie der Kalif von Köln ständig beobachtet, muss sich regelmäßig bei der Polizei melden. Aber er ist frei und lebt mit seiner zweiten Frau und seinen Kindern auf Kosten des Sozialamtes.

Währenddessen kämpfe ich darum, mir eine neue Existenz zu schaffen. Ich durfte aus Sicherheitsgründen nicht zurück in meine Wohnung, lebe heute in einer Stadt, in der mich niemand kennt, muss noch einmal bei Null anfangen. Mit einer neuen Identität. Ich möchte endlich wieder arbeiten, normal leben, ohne mich zu verstecken oder neue Bekannte anzulügen, wenn sie mich fragen, was ich früher getan habe. »Sie sollten sich eine Vergangenheit erfinden und das Ganze vergessen«, hat man mir geraten. Das will ich nicht! Ich muss die Wahrheit sagen und sie veröffentlichen, auch wenn es mich aufwühlt, meine Geschichte zu erzählen, und es mir wehttut, die eigene Naivität und Blindheit zuzugeben. Es ist meine Art, den Terror zu bekämpfen.

Kaum hatte ich mit der Arbeit an diesem Buch begonnen, explodierten mörderische Bomben in Madrid. Wieder mussten Unschuldige sterben. Es reicht!

1

Können Sie mir bitte helfen?«, fragte eine Männerstimme mit starkem ausländischen Akzent.

Ich blickte von meiner Zeitung hoch. Vor mir stand ein Vollblut-Araber im dunklen Anzug und lächelte scheu, als hätte er Angst, dass ich ihn zurückweise. All das registrierte ich auf den ersten Blick, auch dass er sehr gut aussah und dem Schauspieler Omar Sharif so verblüffend ähnelte, dass ich die Augen nicht von ihm nehmen konnte.

»Ja, gern, worum geht es?«, fragte ich zurück.

Ich verstand nicht genau, was er wollte, nur dass er vorhatte, eine Anzeige in der Zeitung zu schalten, und jemanden brauchte, der ihm half, den Text aufzusetzen. Es klang kompliziert. Ich musste gleich zu meinem nächsten Termin aufbrechen, legte die Zeitung auf den Tisch, stand auf. Wir waren vielleicht einen Meter voneinander entfernt, mir schien er aber viel näher zu sein, mir war, als könnte ich die Wärme spüren, die er ausstrahlte.

»Wenn Sie möchten, können wir uns um siebzehn Uhr wieder hier treffen, dann helfe ich Ihnen«, hörte ich mich sagen und staunte über mich selbst, denn es war wirklich nicht meine Art, mich nach drei Sätzen mit einem wildfremden Mann zu verabreden.

Anfang Oktober 1987 war ich die ganze Woche als Vertreterin für eine Kosmetikfirma unterwegs, vor allem im süddeutschen Raum, einen Tag in Konstanz, einen in Karlsruhe oder Frankfurt, auch in kleinen Städten hatte ich Kunden zu betreuen, nur nach Bonn kam ich selten.

Es war reiner Zufall, dass ich meine Mittagspause in diesem kleinen, uralten Café in der Bonner Innenstadt verbracht hatte, und wäre die Kellnerin gleich gekommen, als ich sie rief, um zu zahlen, wäre ich diesem Mann nie begegnet.

Ich war einunddreißig Jahre alt, arbeitete viel und genoss meine knapp bemessene Freizeit umso mehr. Ich ging viel aus, meist mit meiner Freundin Sarah, die wie ich Single war, oder mit einer ganzen Clique von Leuten. Wir wollten uns amüsieren, waren offen und lebenshungrig. Was wir auch unternahmen, wir lernten ständig neue Menschen kennen. Wir gingen essen, in die Disko, wenn das Wetter schön war, gingen wir schwimmen, Rad fahren oder wandern, mit einem Picknick im Rucksack. Sarah suchte auf diesem Weg nach einem richtigen Partner. Ich nicht. Ich nahm alles leicht und locker, entzog mich, sobald ein Mann von fester Beziehung sprach. Meine Freiheit war mein höchstes Gut.

Daran dachte ich an diesem Nachmittag nicht. Ich besuchte meine Kunden, beriet sie, nahm Bestellungen entgegen, führte neue Produkte vor, es war alles wie immer, aber die ganze Zeit sah ich den attraktiven Fremden vor mir stehen, leicht nach vorne gebeugt. Sein schüchternes Lächeln, den dunkelblauen, eleganten Anzug, der ihm wirklich gut stand, die schönen, gepflegten Hände. Ich hörte die wohlklingende, tiefe Stimme, die bemüht war, die Worte genau auszusprechen, spürte Stunden später noch seine Wärme.

»Haben Sie es eilig?«, fragte mein letzter Kunde.

Er hatte mich ertappt, als ich zum wiederholten Mal auf die Uhr blickte.

»Ja, ich habe noch einen Termin«, antwortete ich.

Ob er kommen würde? Er, wie hieß er denn? Warum hatte ich nicht nach seinem Namen gefragt? Ich eilte zum Hotel zurück, hatte dabei das Gefühl zu schweben. »Vorsicht, Doris«, sagte ich zu mir selbst, »das kennst du alles schon. Du bist dabei, dich zu verlieben, in jemanden, den du genau drei Minuten gesehen hast! Das darf nicht wahr sein!«

Eine schlechte, sehr schlechte Ehe hatte ich hinter mir. Mit fünfzehn hatte ich geglaubt, die große Liebe gefunden zu haben: Markus, der kaum älter war als ich. Wir waren so ineinander vernarrt, dass wir auf der Stelle geheiratet hätten, aber meine Eltern ließen es nicht zu. Ich sollte mich gedulden, bis ich volljährig wurde. Sie waren streng katholisch, hätten diese Ehe gern verhindert, ich hörte nicht auf sie, wollte nur weg von zu Hause. Ich war dort nicht unglücklich und verstand mich mit meinen drei Geschwistern eher gut, hatte allerdings genug davon, vom Vater gemaßregelt zu werden, genau wie die anderen auch. Wir sehnten uns alle vier nach Freiheit. Als Erste heiratete meine ältere Schwester Caro, wunderschön in ihrem weißen Kleid, ein paar Monate nach ihr dann ich, ebenfalls in Weiß und in der Kirche. »Du musst immer deinen Kopf durchsetzen«, sagte mein Vater kurz vorher, »du rennst gegen die Wand, bis sie kaputt ist. Bei dir kann man sich den Mund fusselig reden, du hörst nicht zu. Du machst immer nur das, was du willst. Eines Tages wirst du das bereuen!« Wie Recht er hatte! Sieben Jahre später ließ ich mich scheiden, nachdem ich Markus nackt im Ehebett mit einer anderen Frau erwischt hatte. Meine Eltern redeten auf mich ein, damit ich mich mit ihm versöhnte, aber ich wollte nichts davon hören. »Ihr wart doch so glücklich zusammen«, wiederholte meine Mutter bei jeder Gelegenheit. »Am Anfang schon«, antwortete ich, als sie mich wieder einmal bedrängte, es mir noch einmal zu überlegen. Ich konnte ihr nicht erklären, dass Markus hin und wieder spät am Abend angetrunken oder bekifft nach Hause kam, mit mir schlafen wollte und mich schlug, wenn ich mich weigerte. Es geschah nicht oft, aber jedes Mal war ein Mal zu viel. Wenn er wieder nüchtern war, tat es ihm Leid. Er entschuldigte sich, zeigte sich voller Reue, brachte Blumen und schaffte es tatsächlich, mich wieder zu erweichen, doch sein Fremdgehen konnte und wollte ich nicht verzeihen. Mit Markus hatte ich meinen Glauben an die Liebe verloren. Für immer, versicherte ich mehrfach Sarah, die stets erwiderte: »Doris, sag niemals nie. Du weißt nicht, wer dir über den Weg läuft.«

Sie würde Augen machen, wenn ich ihr das erzählte! Ich lachte in der Hotellobby, riss meinen Zimmerschlüssel vom Bord an der Rezeption, stürzte unter die Dusche. Ich wusch mir die Haare, parfümierte und schminkte mich, als hätte ich ein echtes Liebesrendezvous vor mir, begutachtete mich im Spiegel und fühlte mich unsicher wie eine Siebzehnjährige.

Wahrscheinlich ist er gar nicht da, redete ich mir ein, als ich absichtlich etwas verspätet auf das Café zusteuerte. Ich sah ihn aber schon durchs Fenster, am selben Tisch, an dem ich vorher gesessen hatte. Eine Flasche Coca-Cola stand vor ihm, er zündete sich gerade eine Zigarette an und blickte zur Tür. Siehe da, er ist genauso nervös wie du, dachte ich und trat ein. Als er mich bemerkte, erhellte sich sein ganzes Gesicht, er sprang auf und rückte mir einen Stuhl näher. Er strahlte, als würde er sich wirklich auf mich freuen, benahm sich sonst äußerst zurückhaltend. Ich bestellte ebenfalls eine Cola und forderte ihn auf, mir zu erklären, was er wollte.

»Ich komme aus Ägypten«, begann er. »In meinem Land schlecht, keine Zukunft für mich. Ich habe Mathematik studiert, bin Lehrer, aber keine Arbeit.«

Es war mühsam, weil er nur gebrochen Deutsch sprach, doch ich verstand, dass er hoffte, in Deutschland weiter studieren zu können.

»Was möchten Sie denn studieren?«, fragte ich.

»Luft- und Raumfahrttechnik«, antwortete er. »Flugzeuge bauen. Auch fliegen lernen.«

Er machte Flugbewegungen mit den Armen und wir mussten beide loslachen. Dann wurde er wieder ernst. Er hatte ein Touristenvisum, das nur drei Monate gültig war, doch in seine Heimat wollte er auf keinen Fall zurück. Mit Händen und Füßen und einigen Brocken Englisch konnten wir uns recht gut verständigen.

»Menschen sehr arm«, sagte er, »keine Arbeit, alles schmutzig. Politiker nicht gut für das Volk, lügen, wollen nur Geld. Deutschland viel besser. Sauber und schön. Beautiful country, all people are very happy.«

Er wollte hier bleiben und hatte vor, eine Anzeige in die Zeitung zu setzen, um deutsche Frauen kennen zu lernen. Er hoffte, eine zu finden, die ihn heiratete, damit er hier bleiben durfte. Er war sogar bereit, ihr dafür Geld zu geben, auch wenn sie nicht zusammenlebten. Ich hörte mir das alles an und fand diese Idee schon etwas merkwürdig, dachte mir jedoch nicht viel dabei. Seine Bewunderung für Deutschland war genauso echt wie seine Verzweiflung, ich konnte beides in seinen Augen lesen und das rührte mich sehr. Wiederholt erklärte er mir, wie schlecht es den Menschen in Ägypten gehe und wie schrecklich der Gedanke für ihn sei, Deutschland verlassen zu müssen.

»Ich möchte hier arbeiten, verstehst du? Heiraten, Geld verdienen für Familie und Kinder.«

»Und die Frau dazu willst du per Anzeige finden? Die Mutter deiner Kinder?«

Wir hatten automatisch ins Du gewechselt. Beim Sprechen beugten wir uns beide nach vorne. Ich sah ihn nicht nur gern an, ich konnte ihn auch noch gut riechen. Sein Duft lockte mich näher, hinein in seine Wärme. Wir saßen uns gegenüber, ich hätte gern seine Hände berührt, sie in meine genommen, wünschte mir diesen Tisch zwischen uns weg, wünschte mir seine Arme um mich.

»Warum nicht?«, antwortete er. »Es ist schwer für mich, hier Frauen kennen zu lernen. Sie mögen keine Ausländer.«

Er hatte nur wenig Freizeit, weil er einem Bekannten in der Küche eines arabischen Restaurants aushalf, und traute sich nicht, auf der Straße oder in einem Café Frauen anzusprechen, aus Angst, dass sie ihn auslachten, weil er die Sprache nicht konnte.

»Bei mir warst du nicht so schüchtern«, sagte ich und spürte, wie ich rot wurde.

»Was ist schüchtern?«, fragte er.

»Schüchtern bedeutet … Ach, wir bräuchten ein Wörterbuch, aber schau, manchmal klappt es doch mit den Frauen. Ich habe dir zugehört und jetzt schreiben wir deine Anzeige.«

An diesem Abend geschah nichts weiter. Wir tauschten Namen, Adressen und Telefonnummern, ich erklärte ihm, dass ich am nächsten Tag nach Mainz zurückfahren würde. Dort wohnte ich.

»Wie weit ist das?«, fragte er, schien erleichtert zu hören, dass die beiden Städte nicht weit voneinander entfernt waren.

Er bestand darauf zu zahlen und brachte mich zum Hotel zurück. Zum Abschied gaben wir einander nicht einmal die Hand, geschweige denn einen Kuss. Wir standen nur so da, ließen unsere Augen sprechen, und es war einfach schön, nicht bedrängt zu werden, nichts tun zu müssen.

»Also, viel Glück«, wünschte ich ihm noch.

Er wartete vor der Tür, bis ich sicher drinnen war.

Als ich in meinem Bett lag, fühlte ich, wie sich meine Verliebtheit der ersten Stunde verwandelt hatte. Etwas anderes war in den Vordergrund getreten: Omar hatte Probleme, die gelöst werden mussten. Dafür brauchte er meine Hilfe und die bekam er auch. Ich habe schon immer eine soziale Ader, helfe gern Menschen in Not, wenn ich sie persönlich kenne oder wenn sie mir sympathisch sind, und Omar war mir mehr als sympathisch. In diesen paar Stunden war er mir bereits richtig ans Herz gewachsen. Als ich am nächsten Morgen aufwachte, war ich heiter, blieb es den ganzen Tag, dachte an »meinen Ägypter« und fragte mich, ob er auch an mich dachte. Ich war mir fast sicher, dass wir uns bald wieder sehen würden, obwohl wir nichts vereinbart hatten.

Seine Anzeige erschien in einer Bonner Tageszeitung unter der Rubrik Bekanntschaften. »Ägyptischer Mathematiklehrer, 29 Jahre alt, möchte nette deutsche Frau kennen lernen«, so etwas Ähnliches hatte ich geschrieben, viel mehr nicht. Ich war gespannt, ob sich überhaupt jemand melden würde, und staunte, als Omar mich eines Abends anrief, um mir zu sagen, dass er schon drei oder vier Briefe bekommen hatte. Mit den Frauen verabredete er sich in »unserem« Café, wie wir das Lokal nannten, wo wir uns kennen gelernt hatten. Es war ein schönes Ambiente dort, ein wenig wie in einem Antiquitätenladen, mit gemütlichen, dunkelrot gepolsterten Stühlen, einer großen Theke aus poliertem Holz und einer alten Kaffeemaschine darauf, deren wunderbarer Kaffee den ganzen Raum parfümierte. Drei Tage hörte ich nichts von ihm, rief ihn dann selbst an und fragte, ob seine Suche erfolgreich sei.

»Nein, leider nicht«, antwortete er.

Eine der Frauen war wieder gegangen, kaum dass sie ihn gesehen hatte, eine andere war sehr viel älter als er gewesen.

»Wie alt war sie denn?«, fragte ich.

Am Telefon war es mit den paar Wörtern Deutsch und Englisch frustrierend. Er verstand meine Frage nicht.

»Ich? Twenty-nine«, antwortete er.

»Nicht du, sie. Ist auch egal. Gut Ding will Weile haben. Du brauchst Geduld. Be patient«, sagte ich, um ihm Mut zu machen.

Ihm war die Enttäuschung deutlich anzumerken. Am nächsten Tag sollte er eine neue Kandidatin treffen, rief mich gleich danach an. Es war wieder nichts gewesen und diesmal wirkte er traurig.

»Wann kommst du wieder nach Bonn?«, fragte er.

Mein Herz machte einen Freudensprung. Ich hatte ihn in den letzten Tagen regelrecht vermisst.

»Ich kann nicht, ich muss arbeiten«, antwortete ich.

»Besuchst du mich am Wochenende?«, fragte Omar. »Am Samstag treffe ich noch eine Frau. Um drei. In unserem Café.«

Auf Omars Wunsch war ich bei diesem Treffen dabei. Die Kandidatin rümpfte die Nase über das bescheidene Lokal und war offensichtlich nur daran interessiert, sich einen vermögenden Mann zu schnappen. Sie fragte mich, wie viel Geld er habe.

»Keine Ahnung«, antwortete ich. »So viel, wie Sie gern hätten, wahrscheinlich nicht.«

Fünf Minuten später war sie weg.

»Wenn du ein paar Scheine auf den Tisch gelegt hättest, wäre sie umgehend deine Frau geworden«, sagte ich.

Er lachte. »So sah sie aus. Zum Glück warst du dabei, Allamdullilah.«

Eine Woche später, an einem Sonntagabend, haben wir beschlossen, zu heiraten. Hat er mich gefragt? Habe ich ihm gesagt: »Du, Omar, bevor du dich von solchen Vampiren aussaugen lässt, versuchen wir es lieber zusammen?« Ich weiß es nicht mehr. Jedenfalls hatte es nichts mit Vernunft zu tun, groß geredet haben wir darüber nicht, wir haben es spontan entschieden und beide aufgeatmet, als es beschlossen war. Später versuchte ich, es mir rational zu erklären, konnte es nicht. Nächstenliebe allein war es wirklich nicht, finanzielles Interesse spielte gar keine Rolle, ich verdiente gutes Geld, liebte meinen Beruf über alles und meine Vorgesetzten waren sehr zufrieden mit mir. Ich brauchte niemanden, der mich ernährte. Allmählich gab ich zu, dass ich einfach einen Mann brauchte, nicht irgendeinen, sondern meinen schönen Ägypter, der bereit war, mit mir zusammenzuziehen, mich zu lieben und mir Geborgenheit zu schenken.

»Seit ich dich gesehen habe, wünsche ich mir nichts anderes«, sagte er an jenem Sonntagabend, als wir uns füreinander entschlossen. »Eine Frau genau wie du. Seit ich dich kenne, hoffe ich, dass du mich heiratest.«

»Ja, und warum hast du nicht gleich davon gesprochen?«

»Weil du nein gesagt hättest«, erklärte er.

»Du hast wahrscheinlich Recht. Hör zu, Omar«, warnte ich ihn. »Wenn es nicht geht, dann trennen wir uns wieder, verstehst du? Dann gehst du deinen Weg und ich meinen.«

»Inschallah«, sagte er, »wenn Gott will, dass es gut wird, bleiben wir zusammen. Ich glaube, Gott meint es gut mit uns, weil er uns zusammengebracht hat.«

»Genau. Alles liegt in Gottes Hand und wir tun unser Bestes.«

Für uns beide war es ein Experiment. Fest stand, dass wir uns sehr mochten, und ich fand Omar unheimlich anziehend. Mir gefiel alles an ihm: seine breiten Schultern, seine dunklen Samtaugen, seine starken Brauen, die sich manchmal fragend, manchmal verschmitzt hoben, seine Hände, sein Geruch, seine Art, sich zu kleiden und stets frisch rasiert und gepflegt aufzutreten. Ich genoss es so sehr, wenn er mich in die Arme nahm und mich liebte. Und ich genoss seine Aufmerksamkeit. Nicht bloß, weil er mir gern kleine Geschenke machte, er merkte sich alles, was ich sagte. Als ich einmal nebenbei erwähnte, dass die Tür meines Wohnzimmerschrankes nicht richtig schloss, holte er sich sofort einen Schraubenzieher und reparierte sie. Er kaufte Lebensmittel ein, sobald etwas fehlte, fragte stets nach meinen Wünschen.

Weder meinen Eltern noch meinen Geschwistern hatte ich erzählt, dass ich jemanden kennen gelernt hatte, von meiner bevorstehenden Hochzeit wusste niemand. Ich wollte mich all den guten Ratschlägen nicht aussetzen. Dass ich nicht vernünftig handelte, war mir klar, und hundertprozentig traute ich meinem schönen Ägypter selbst nicht. Was ist, wenn er ein Schuft ist, der in seinem Land etwas verbrochen hat?, fragte eine kleine Stimme in mir. Könnte es sein, dass er dich nur benutzt, um hier bleiben zu dürfen? Ich überlegte es mir nicht lange und teilte ihm gleich am nächsten Tag meine Bedenken mit. Er war nicht beleidigt, fand es normal, dass ich mich nach seiner Vergangenheit erkundigte.

»Bei mir in Ägypten machen das die Familien für die Brautleute«, erklärte er mir. »Der Brautvater fragt, ob der Ehemann genug Geld hat, sonst gibt er ihm seine Tochter nicht.«

»Mir geht es um etwas anderes«, sagte ich und suchte nach einer freundlicheren Formulierung, entschied mich dann aber, doch direkt zu fragen. »Warst du je im Gefängnis? Hattest du je mit der Polizei zu tun?«

»Nie«, antwortete er, »in Ägypten nicht und hier auch nicht. Nur wegen meinem Pass muss ich zur Polizei.«

»Zur Ausländerbehörde«, verbesserte ich ihn.

»Ich habe nichts Schlechtes getan. Nichts gestohlen, niemals. Glaubst du mir?«

»Ja«, antwortete ich.

Nur wenige Tage nach diesem Gespräch trafen die Urkunden ein, die er in Kairo angefordert hatte, um heiraten zu dürfen. Für mich war das ein zusätzlicher offizieller Beweis, dass nichts gegen ihn vorlag. Ende 1987 heirateten wir zunächst in der ägyptischen Botschaft nach ägyptischen Gesetzen, nur wir zwei. Es war lediglich eine Formalität. Danach bummelten wir durch die Stadt und tranken ein Gläschen Sekt in »unserem Café«. Erst Wochen später erzählte ich meiner Mutter, dass ich einen Mann kennen gelernt hatte, den ich heiraten wollte, diesmal nur auf dem Standesamt. Sie, die mich in allen Lebenslagen unterstützte, war ein wenig betrübt, als sie hörte, dass er Ägypter und nicht katholisch war, freute sich aber für mich und versprach, meinem Vater diese Nachricht möglichst behutsam beizubringen. Die standesamtliche Trauung in Mainz dauerte bloß zehn Minuten, wir hatten niemanden dazu eingeladen, denn für uns war es nichts als ein notwendiger juristischer Akt. Wir waren längst ein Paar geworden, ein echtes Liebespaar.

Omar war zu mir nach Mainz gezogen und lernte eifrig Deutsch. Es verging kein Tag, an dem er mir nicht irgendwelche Gegenstände zeigte.

»Wie heißt das?«, fragte er einmal mit meinem Kartoffelstampfer in der Hand.

»Das ist ein Kartoffelstampfer, damit macht man Kartoffelbrei. Und das ist der Fleischklopfer, den braucht man, um dicke Schnitzel dünn zu klopfen, das hier ist der Dosenöffner …«

So wurde ich zur Deutschlehrerin. Ich erklärte ihm Wörter, die er irgendwo aufgeschnappt hatte, und verbesserte seine Aussprache.

»Erst wenn ich perfekt spreche, finde ich eine gute Arbeit«, sagte er immer.

Es schien ihn nicht zu stören, dass er seinen Beruf als Mathematiklehrer in Deutschland nicht ausüben konnte. Er nahm jede Arbeit an, die er bekommen konnte, schuftete als Möbelpacker oder als Spüler und Griller beim Wienerwald, ohne zu jammern, wie andere es an seiner Stelle getan hätten. Aber er war durchaus ehrgeizig. Sobald sich ihm eine Gelegenheit bot, sich zu verbessern, packte er sie beim Schopf. Ein paar Wochen lang besuchte er am Abend einen Deutschkursus für Ausländer, hörte aber bald wieder auf, weil ihm die Dozentin zu langsam und die anderen Kursusteilnehmer nicht motiviert genug waren. Zu Hause las er ununterbrochen, meistens laut, weil er sich dadurch die Wörter besser einprägte, und er verschlang alles, was ihm in die Hände fiel: Werbebroschüren, Zeitungen, Zeitschriften, sogar meine Bücher. Mal las er auf dem Sofa, auf dem Teppich oder im Bett liegend, mal stehend auf dem Balkon oder in der Küche beim Kochen. Eines Tages kam ich von einem Einkaufsbummel zurück und entdeckte ihn angezogen in der Badewanne mit einem Buch in der Hand.

»Was tust du denn hier?«, fragte ich.

»Ich lese«, erklärte er, »siehst du das nicht? Ich war müde und wollte mich nicht hinlegen, sonst wäre ich eingeschlafen!«

Ich lachte, bis mir die Tränen kamen, so komisch fand ich das. Auch er lachte. Anschließend half ich ihm aufzustehen und aus der Wanne zu kommen. Er nahm mich in die Arme.

»Ich habe dich vermisst«, sagte er. »Komm in die Küche, ich habe alles für dich vorbereitet.«

Das Abendessen stand auf dem Tisch, es war für zwei gedeckt, Salate, Obst, Brot und Käse waren fertig gerichtet. Omar kochte und grillte vor allem gern. Am liebsten Fisch. Da er mehr Zeit zu Hause verbrachte als ich, übernahm er das Einkaufen. Ich genoss es, von ihm umsorgt zu werden.

Als meine Mutter ihn kennen lernte, mochte sie ihn, weil er mich gut behandelte. Bald darauf stellte ich ihn dem Rest der

Familie vor. Meine Geschwister Caro, Gerda und Karl, ihre Partner, ihre Kinder, sogar die Oma, alle akzeptierten ihn sofort und nahmen ihn herzlich auf, obwohl sie sich damals kaum mit ihm unterhalten konnten. Nur mein Vater blieb zurückhaltend. Er mochte schon Markus nicht, dass mein zweiter Mann ein Ausländer war, passte ihm noch weniger. Mir war das egal. Der Kontakt mit meinen Eltern und Geschwistern beschränkte sich auf ein paar Familienfeste im Jahr, wir freuten uns zwar aufeinander, aßen zusammen und redeten viel, doch alles ohne uns wirklich intensiv auszutauschen. Jeder war mit dem eigenen Leben beschäftigt, wenn es mal Schwierigkeiten gab, kam keiner auf die Idee, sie mit den anderen zu besprechen. Wir waren so erzogen worden, dass jeder für sich allein klarkommen sollte.

Von Omars Familie wusste ich wenig, nur dass sie sehr arm war. Sein Vater lebte nicht mehr, auch er hatte zwei Schwestern und einen Bruder namens Mustafa, mit dem er gelegentlich telefonierte. Mustafa besuchte uns in Mainz, als wir schon ein Jahr zusammenlebten. Er blieb ein paar Tage bei uns, ich sah ihn nur ein Wochenende lang, an dem er zusammen mit Omar neue Küchenmöbel zimmerte. Die beiden Männer waren beschäftigt, ich kochte für sie und tauschte ein Dutzend Sätze auf Englisch mit Mustafa, der im Containergeschäft arbeitete. Ich war mir nicht sicher, ob wir einander mochten, hatte eher das Gefühl, dass er mich sehr kritisch betrachtete.

»Er ist moderne Frauen nicht gewohnt«, erklärte mir Omar, als ich ihn nach Mustafas Abreise darauf ansprach. »In Ägypten läuft es nicht so wie hier. Er versteht nicht, wie wir leben.«

»Das Institut für Luft- und Raumfahrttechnik hat mir geschrieben«, sagte Omar eines Abends gegen Ende 1988. »Meine Studienzeit in Ägypten wird nicht anerkannt. Ich müsste erst ein Grundstudium machen, aber ich glaube nicht, dass ich es möchte. Dann bin ich ja viel zu alt, bis ich mit allem fertig bin. Es dauert mir zu lange. Das wären mindestens noch sieben Jahre.«

»Bist du enttäuscht?«, fragte ich.

Er schüttelte den Kopf. »Gott hat es so gewollt«, sagte er, »das macht mir nichts aus. Was ich tue, ist mir nicht so wichtig, nur manchmal ärgere ich mich über diese Chefs, die herumschreien und selbst nichts können. Eines Tages möchte ich selbständig sein, eine kleine Firma besitzen. Weißt du, Doris, ich möchte gern so viel Geld verdienen, dass du nicht mehr arbeiten brauchst.«

»Aber ich arbeite gern ...«

»Trotzdem. Wenn wir eines Tages ein Kind bekommen, sollst du zu Hause bleiben.«

»Eine Zeit lang schon. Auf Dauer würde ich mich allerdings langweilen.« Ich machte mir noch gar keine Gedanken über Kinder, aber ich liebte es, mit meinem Mann Zukunftspläne zu schmieden. »Wir könnten uns auch zusammen selbständig machen. Was käme denn überhaupt infrage?«

»Vielleicht ein Kurierunternehmen. Mal schauen. Noch muss ich warten, bis mir die Behörden eine Erlaubnis dafür geben.«

Seine Arbeitsgenehmigungen waren am Anfang immer mit den jeweiligen Jobs verbunden und befristet. Erst nach zwei Jahren bekam er eine unbefristete Aufenthaltsgenehmigung und machte dann sofort den Taxischein. Sobald er Geld in der Tasche hatte, schenkte er mir Blumen oder kaufte für unseren Haushalt ein. Manchmal stritten wir, wie es alle Paare tun. Wenn ich müde war, neigte ich dazu, schnell in die Luft zu gehen, und vergaß, dass auch er empfindlich war. Von uns beiden war er der ruhende Pol, aber er konnte genauso stur sein wie ich. Mal gab er nach, mal war ich es. Jedenfalls blieben wir nie lange verstritten und fühlten uns nach jeder Versöhnung noch enger miteinander verbunden. Bis Mitte 1990 war bei uns alles eitel Freude und Sonnenschein. Von den kulturellen Unterschieden, die in anderen binationalen Paaren so häufig Zwistigkeiten hervorrufen, merkten wir nichts.

Dass mein Mann Muslim war, wusste ich, aber vom Islam war nie die Rede. Für Religion interessierte er sich nicht. Ich könnte schwören, dass er bis Ende 1991 keine einzige Moschee in Deutschland betreten hatte. Er betete nicht, besaß keinen Koran, hatte keinen Kontakt mit Ägyptern oder Menschen aus dem arabischen Sprachraum.

»Sie sind alle so anders als ich«, erklärte er mir, als ich ihn darauf ansprach. »Ich komme mit ihnen nicht klar. Sie möchten sich nicht verändern, nichts wollen sie lernen. Sie wollen bleiben, wie sie sind, arme Ausländer. Ich aber will Deutscher werden! Inschallah!«

Oder »Bismillah« oder »Allamdullilah«, solche arabische Wendungen benutzte er gelegentlich. Ich fragte ihn, was es bedeutete.

»Das ist genau, wie wenn du ›Gott sei Dank‹ rufst, weil du deinen Autoschlüssel endlich wieder findest«, antwortete er.

Schweinefleisch aß er nicht. Sonst lebte er wie alle Menschen, die ich kannte. Er trank Alkohol, am Abend gern ein kühles Bier oder einen Whisky, manchmal auch einen Schluck zu viel, er rauchte schachtelweise Zigaretten, hin und wieder eine Wasserpfeife, die er mit einem nach Apfel duftenden Tabak füllte. Oder ganz selten mit Haschisch. Er hatte nichts dagegen, sich fotografieren zu lassen, rahmte selbst etliche Bilder und hängte sie in unserer Wohnung auf.

Drei Jahre später, als sich seine Gesinnung vollkommen gewandelt hatte und er zum strenggläubigen Muslim geworden war, zerriss er all diese Bilder und verbrannte sie, weil im Islam sämtliche Abbilder und Statuen von Menschen oder Tieren verboten sind. »Die Engel betreten kein Haus, in welchem Götzen hängen, wer solche herstellt, versucht Allah, dem Schöpfer von allem, gleich zu werden, wer Götzen verehrt, muss bestraft werden. Es gibt keinen Gott außer Gott, du darfst nur Gott verehren, versteh das doch endlich!«, brauste er auf, als ich versuchte, ihn davon abzubringen. In einem Anflug von Wut vernichtete er sogar den Tut-ench-Amun auf Papyrus, den wir in Ägypten als Erinnerung gekauft hatten. Auch das war in seinen Augen ein Götzenbild.

2

Im Sommer 1990 zogen wir in eine neue Wohnung in einem Vorort von Mainz, eine neue Stelle hatte ich auch. Es war wieder eine Kosmetikfirma, aber ich verdiente mehr, hatte mehr Verantwortung, musste auch mehr arbeiten und war unter der Woche nur unterwegs. Omar fuhr damals Taxi, vor allem die Nachtschichten, weil er dann besser verdiente. Wir konnten oft nur kurz zwischendurch telefonieren. Ich kehrte am Freitagabend erschöpft nach Hause zurück, fand meinen Mann wie immer zuvorkommend und liebevoll. An einem Samstagabend im September grillte er gerade Fisch auf dem Balkon, als das Telefon klingelte. Ich nahm ab.

»Wohnt da ein Araber, der einen weißen Opel fährt?«, fragte eine Männerstimme und nannte das Kennzeichen meines Wagens.

»Ja, das ist mein Mann«, antwortete ich, und weil der Herr so wütend klang, dachte ich erst, dass Omar sein Fahrzeug vielleicht beschädigt hatte.

»Dann richten Sie ihm einen schönen Gruß von meiner Frau aus, sie hat keine Lust mehr, mit ihm zu schlafen, sein Pimmel ist ihr viel zu klein.«

Ich legte wortlos auf, war wie versteinert.

»Was ist los?«, fragte Omar, »wer war denn am Apparat?«

Es klingelte erneut. Wieder nahm ich den Hörer auf, drückte gleichzeitig auf die Lautsprechertaste.

»Sie«, plärrte der gleiche Mann, »ich bin Fernfahrer, und wenn ich es richtig verstanden habe, sind Sie auch viel unterwegs, und während wir weg sind, treiben es die beiden miteinander, das habe ich eben aus meiner Frau herausgeprügelt!«

Diesmal war es Omar, der auf die Gabel drückte. Er begann zu reden, ich sah, wie sich sein Mund bewegte, krallte mir die Whiskyflasche und meine Handtasche, stürzte aus dem Haus. Diesmal suchte ich nicht bei meinen Eltern Zuflucht. Ich schämte mich zutiefst, weil ich zum zweiten Mal einen Mann hatte, der mich betrog, wollte nicht, dass sie davon erfuhren. »Pass bloß auf, dass du nicht in einem Harem endest, diese Araber haben doch immer mehrere Frauen«, hatte mein Vater gesagt, als er von meiner Heirat erfahren hatte. Ich war daraufhin richtig böse geworden. »Omar ist Ägypter und vom Charakter ist er mindestens genauso europäisch wie du und ich. Kannst du bitte endlich mit diesen dummen Vorurteilen aufhören? Du bist von vorgestern!«

Diesmal flüchtete ich zu Sarahs Mutter, die mich warmherzig aufnahm und keine Fragen stellte. Ich war fest entschlossen, mich von Omar zu trennen, weigerte mich, ihn zu sehen oder mit ihm zu sprechen, lehnte alle Vermittlungsversuche ab. Schließlich überredete mich meine Mutter, ihm noch eine Chance zu geben, als sie mich kurz nach meinem Auszug anrief und mir ins Gewissen redete.

»Weißt du, Doris, jeder kann mal einen Fehler machen. Omar ist absolut verzweifelt, er ist zu uns gekommen, hat uns alles erzählt. Er gibt zu, dass er sich mit dieser Frau einmal getroffen hat, aber er sagt, dass er dich nicht betrogen hat. Bist du dir da so sicher? Du warst nicht dabei.«

»Ich habe aber gehört, was dieser Fernfahrer sagte. Warum sollte er mich anlügen?«

»Schau, Kind, vielleicht hat er sich einsam gefühlt und sich bloß ein oder zweimal mit dieser Frau getroffen. Es ist für den Mann immer schwierig, wenn seine Frau nicht da ist. Ich verstehe außerdem nicht, warum du eher einem Unbekannten glaubst als deinem eigenen Ehemann, den du sonst ständig über den grünen Klee lobst«, redete sie auf mich ein.

»Es mag sein, dass du Recht hast. Vielleicht sollte ich ihn zumindest einmal anhören.«

Noch am selben Tag verlangte ich von Omar die Telefonnummer und rief dort am nächsten Morgen an.

Seltsamerweise rührte mich unser Gespräch. Ich war mir zwar ziemlich sicher, dass Omar mich betrogen hatte, und wusste nicht, ob ich ihm verzeihen konnte. Außerdem war ich nach wie vor verletzt und wütend war ich auch. Aber ich sah ein, dass er versuchte zu retten, was noch zu retten war. Er bat mich um Verzeihung, flehte mich an, ihm eine Chance zu geben, versprach hoch und heilig, sich nie wieder mit einer anderen Frau zu treffen. Schließlich kehrte ich drei oder vier Wochen später nach Hause zurück. Doch es dauerte Monate, bis sich die alte Vertrautheit zwischen uns wieder einstellte.

»Mustafa, mein Bruder, hat angerufen«, begrüßte mich Omar im Frühjahr 1991, als ich von der Arbeit nach Hause kam. Dann folgte die Hiobsbotschaft: Seine Mutter lag im Sterben. Sie hatte Krebs und war schon einmal operiert worden, aber die Ärzte konnten nun nichts mehr für sie tun und hatten sie nach Hause zurückgeschickt. »Wenn ich sie noch einmal sehen möchte, muss ich bald nach Ägypten fliegen«, beendete er seinen traurigen Bericht.

»Selbstverständlich musst du hin. Hast du schon einen Flug gebucht?«, fragte ich.

»Nein. Allein möchte ich nicht hinfliegen.«

»Dann lass uns zusammen fliegen. Du weiß doch, dass ich schon lange deine Heimat kennen lernen will …«

»Ja, das hast du mir immer gesagt. Ich habe nur Angst, dass du mich verachtest, wenn du siehst, wie arm meine Verwandten sind. Es schaut dort schrecklich aus, die Wohnung meiner Mutter ist so primitiv, dass ich dir nicht zumuten kann, dort zu übernachten. Aber wir können auch nicht im Hotel schlafen, das wäre eine schlimme Beleidigung für meine Familie.«

»Ich bin doch keine Prinzessin auf der Erbse! Wenn du möchtest, dass ich mitkomme, dann tue ich es.« Ich dachte an Mustafas Besuch kurz nach unserer Hochzeit, der nicht ganz angenehm verlaufen war. »Die Frage ist eher, ob mich deine Familie aufnimmt, ob deine Mutter es wünscht, mich kennen zu lernen. Vielleicht möchte sie nur dich …«

»Was denkst du dir! Wenn sie dich sieht, Doris, weiß sie, dass ihr jüngster Sohn eine gute Frau geheiratet hat. Dann kann sie in Ruhe sterben.«

Nach einigem Zögern ging Omar auf meinen Vorschlag ein, den Besuch in seiner Heimat mit ein bisschen Urlaub zu verbinden. Auch wenn der Anlass traurig war, freute ich mich auf die Reise und konnte nicht verbergen, wie glücklich ich war. In den nächsten Wochen sprach ich von nichts anderem mehr und fragte Omar über seine Familie aus, als wir zusammen Geschenke besorgten.

»Ich wusste nicht, dass du so viele Verwandte hast. Müssen wir sie alle besuchen?«, fragte ich.

»Nein. Sie werden bei meiner Mutter vorbeikommen, um uns zu treffen. Meine ältere Schwester Khadidja lebt mit ihrem Mann Hassan und ihren Kindern in Kairo, mein Bruder Mustafa, meine jüngere Schwester Nabila und meine Mutter wohnen zusammen in Port Said. Die anderen sind im ganzen Land verstreut. Nur in Alexandria habe ich keine Verwandten. Da werden wir im Hotel wohnen.«

Am 20. April 1991 flogen wir los. Mustafa holte uns in Kairo ab. Ich hatte Europa bisher nicht verlassen und mir schwirrte schon bald der Kopf von den vielen neuen Eindrücken, von der Lautstärke und dem chaotischen Verkehr. Ich hätte gern etwas Zeit gehabt, um mich daran zu gewöhnen, wäre lieber mit Omar allein gewesen, aber seiner Mutter ging es sehr schlecht, so fuhren wir direkt zu ihr nach Port Said am Ende des Suezkanals.

Unsere Ankunft schenkte ihr Kraft. Sie war extra für uns vom Krankenbett aufgestanden und empfing uns, umgeben von vielen Verwandten, die alle Omar begrüßen wollten. Selbstverständlich sprach keiner von ihnen Deutsch oder Englisch, und so stand ich neben meinem Mann, lächelte, nickte und hoffte, dass man uns bald etwas zu essen und zu trinken anbieten würde. Dabei beobachtete ich die kleine, von der Krankheit gezeichnete Frau, die sich an Omar festhielt und mich mit schnellen Blicken musterte.

»Meine Mutter kann es nicht fassen, dass ich so gut angezogen bin. Sie hält dich für sehr reich«, erklärte Omar.

»Oje. Du musst ihr die Wahrheit sagen, sonst wird sie enttäuscht sein.«

»Sie sagt, mit dir ist das Glück in unserer Familie eingekehrt.

Ich soll dir dafür danken, und sie ist froh, dass du mich nach Hause gebracht hast«, übersetzte er weiter.

Es machte mich verlegen. Das Einzige, was ich verstand, waren die Begrüßung, Salam alaikum, und Allamdullilah, Gott sei Dank, das in den Gesprächen ständig wiederkehrte. Omar musste die ganze Zeit die Fragen seiner Mutter und der anderen Anwesenden beantworten, er kam gar nicht mehr zum Dolmetschen. Ich fühlte mich sehr fremd, wusste nicht, wie ich mich verhalten sollte, und wünschte mir, es wären weniger Leute da und mein Mann würde mir in aller Ruhe die Familienverhältnisse erklären. Ich zupfte ihn am Ärmel, fragte ihn nach Wasser oder Tee. Seine Schwester Nabila brachte eine ganze Kanne stark gesüßten Pfefferminztee und schenkte mir ein Glas ein. Ich trank einen Schluck und wunderte mich, dass außer mir niemand ein Glas bekommen hatte. Es war plötzlich ruhig im Raum geworden. Fragend sah ich Omar an.

»Es ist Ramadan. Ich hatte es vergessen. Meine Familie fastet und erwartet, dass auch ich es tue, aber du bist keine Muslima, also darfst du trinken. Wenn die Sonne untergeht, gibt es dann ein Festessen.«

»Ach so«, sagte ich verlegen.

Da in der Wohnung aus Rücksicht auf die Mutter nicht geraucht werden durfte, stiegen wir nach etwa einer Stunde aufs Dach des Hauses. Von da aus hatte man in der Abenddämmerung einen ganz tollen Blick über die Dächer der Stadt.

»Dort ist das Meer«, zeigte Omar und streckte den Arm nach vorne. »Tagsüber wirst du es besser sehen. In dieser Richtung liegt Alexandria ...«

»Schau dir mal die Katzen an, wie sie sich auf den Dächern hinterherlaufen«, unterbrach ich ihn, »sind sie nicht witzig?«

»Wo sind Katzen? Ach, Doris, das sind keine Katzen, sondern Ratten. Wenn es dunkel wird, kommen sie heraus.

»So große Ratten?«

Ich fasste es nicht. Am Rhein hatte ich schon öfter welche gesehen, die mir ziemlich groß vorgekommen waren, aber im Vergleich zu diesen hier waren sie winzig klein.

»Du brauchst vor ihnen keine Angst zu haben. Ich beschütze dich«, sagte Omar und nahm mich in die Arme.

Wir blieben auf dem Dach, bis der Mond am Horizont sichtbar wurde, dann rief man uns zum Essen in die Wohnung zurück. Es war viel ruhiger als vorher, die Mutter hatte sich schlafen gelegt, die Verwandten sprachen leiser und verabschiedeten sich bald. Nach dem Essen richtete Nabila uns ein Bett auf dem Boden, bevor sie sich zurückzog. Plötzlich war ich so müde, dass ich sofort einschlief.

Ein paar Stunden später riss mich eine tiefe Stimme aus dem Schlaf. Ich rüttelte Omar wach.

»Hörst du nicht? Da draußen schreit jemand«, sagte ich, »bitte, sieh mal nach. Vielleicht ist etwas Schlimmes passiert.«

»Was? Wo?«, fragte er und setzte sich auf. »Oh, das! Schlaf ruhig weiter, das ist der Muezzin, der die Männer zum Gebet ruft. Das tut er jeden Morgen.«

»Warum stehst du nicht auf?«, fragte ich.

»Keine Lust«, antwortete er und legte sich wieder hin.

Zwar hatte sich der Zustand von Omars Mutter wie durch ein Wunder verbessert, aber sie brauchte viel Ruhe, und so fuhren wir am Vormittag mit Mustafa los, um Port Said zu besichtigen. Die Stadt am Suez-Kanal wird beherrscht von einem riesigen Hafen mit Tausenden von Schiffen, kleinen Passagierbooten, großen und riesengroßen Containerschiffen. Wieder wusste ich nicht, wohin ich zuerst schauen sollte. Direkt am Wasser gab es wahnsinnige Fassaden mit Häusern, die übereinander zu wachsen schienen, und dazwischen immer wieder hohe Palmen. Omar erzählte mir die Geschichte vom Kanalbau, später zeigte uns Mustafa sein Büro, bevor er uns zur Mutter zurückfuhr. Die beiden Männer aßen den ganzen Tag nichts, für mich hatte Mustafa aber Proviant dabei. Es war ein herrlicher Tag, bis auf eine Kleinigkeit, die ich allerdings nicht ernst nahm. Das Haus, in dem die Mutter wohnte, stand in einer kleinen Gasse. Als wir zurückkehrten, parkte Mustafa den Wagen vor der Tür, ich stieg aus und etwas traf mich am Kopf. Es war ein Stein. Man hatte mit einem Stein auf mich geworfen.

»Das ist, weil deine Haare nicht bedeckt sind!«, erklärte Omar, der sich auf Deutsch wahnsinnig darüber aufregte, wie rückständig die Leute hier waren.

Was er anschließend auf Arabisch und mit vielen Gesten zu

seinem Bruder sagte, verstand ich nicht, aber es klang harsch und zornig.

Als wir in unserem Zimmer waren, untersuchte er meinen Kopf, um sich zu vergewissern, dass es keine offene Wunde war, fragte mehrmals, ob es noch wehtue.

In seiner Familie lebten Männer und Frauen nicht getrennt voneinander, das Kopftuch trug Nabila in der Wohnung lose um den Hals gelegt. Wenn sie ausging oder sobald ein fremder Mann die Wohnung betrat, rückte sie es mit einer anmutigen Bewegung zurecht, so dass nicht nur ihre Haare bedeckt waren, sondern auch der untere Teil ihres Gesichts, vor allem der Mund. Aber trotz des Vorfalls deutete bis zum Ende unseres Aufenthaltes kein Mensch an, dass ich ebenfalls ein Kopftuch aufsetzen oder mich dezenter kleiden sollte. Ich war wie immer angezogen, mit denselben Sommerkleidern, die ich gern in Deutschland trug.

Die Wohnverhältnisse bei Omars Familie waren in der Tat alles andere als bequem, man saß immer nur auf Teppichen auf dem Boden, es gab kaum Möbel, Bad und Toiletten waren sehr primitiv, aber all das störte mich nicht. Ich freute mich, dass Nabila und seine Mutter mich akzeptierten, dass sogar Mustafa viel freundlicher zu mir war als in Deutschland. Außerdem war es nur für kurze Zeit. Tagsüber unternahmen wir lange Spaziergänge am Meer oder in der Stadt, von der Omar jeden Winkel kannte. Am Abend gingen wir in Cafés, wo ältere Männer in Kaftans Wasserpfeife rauchten und miteinander plauderten.

Alles in allem war unsere Ägyptenreise ein Wechselbad der Gefühle. Die Trauer um die kranke Mutter begleitete uns wie ein düsterer Schatten überallhin, trotzdem war für mich vieles nur spannend und schön. Einmal fuhren wir nach Kairo, wo Omar einen Freund besuchte. Die Stadt wollte ich nicht besichtigen, sie war mir einfach zu groß, zu hektisch. Mir reichte es, in einem Café zu sitzen und die Menschen zu beobachten, die vorbeiliefen. Das war wie im Kino, ich hätte Stunden da bleiben können. Mich faszinierte es zu sehen, wie manche Leute die Straße überquerten, wie sie sich furchtlos in den Verkehr stürzten, gestikulierten, um die Autos liefen, auf die Hauben klopften oder schrien und heil auf der anderen Seite ankamen. Eine

Europäerin stand am Straßenrand und traute sich mindestens eine Viertelstunde lang nicht, den ersten Schritt zu machen.

Wir übernachteten etwas außerhalb der riesigen Stadt bei einer Nichte meine Mannes und machten am nächsten Tag genau das, was alle Touristen tun: die Pyramiden anschauen und auf Kamelen reiten.

»Mir wäre ein Pferd lieber gewesen«, stöhnt Omar, der beinahe von seinem Kamel stürzte, als dieses mit den Hinterbeinen zuerst aufstand.

Der Kameltreiber lachte ihn aus.

»Was hat er gesagt?«, fragte ich.

»Dass du wie ein echtes Beduinenweib reitest und ich mich schämen sollte, weil ich mich wie ein Ausländer anstelle!«

Zwei Stunden waren wir unterwegs, ritten direkt unterhalb der Sphinx, ich fühlte mich wie die Königin der Wüste, wäre gern mit einer Karawane weitergewandert. Die unendliche Weite zog mich magisch an. Später besuchten wir eine Moschee, die Touristen offen stand, und gingen auf einen Basar. Ich war trunken von Eindrücken, von Farben und Gerüchen, vom Gehämmer der Männer, die Kupferkessel und Metalltablette bearbeiteten.

Der Zustand von Omars Mutter hatte sich inzwischen rapide verschlechtert. Sie lag nur noch, sprach wenig und der Tod stand ihr ins Gesicht geschrieben. Man unterhielt sich kaum noch, in der Wohnung herrschte eine sehr traurige Stimmung, der wir bald entkamen, um nach Alexandria zu fahren, wo Omar ein Zimmer in einem Fünfsternehotel gebucht hatte. Es war das absolute Kontrastprogramm: Das Hotel stand am Meer, gegenüber der alten Residenz, vor der Tür parkten Luxuslimousinen mit Chauffeur, im Haus tummelte sich ein elegantes Publikum, halb europäisch, halb arabisch. Allein das Frühstücksbüffet war bestimmt fünfzehn Meter lang, überall waren Palmen und Mosaiken und Brunnen und Kellner, die nur darauf warteten, dass man sie um etwas bat.

»Hier fühle ich mich wie eine Prinzessin«, sagte ich am zweiten Morgen beim Frühstück zu Omar.

»So soll es sein. Du hast es dir verdient, Doris, es ist unsere Hochzeitsreise, wenn auch ein wenig verspätet.«

Anschließend schlenderten wir Hand in Hand durch die Straßen bis zum Basar, wo Omar nach einem bestimmten Goldschmied suchte, den ihm sein Bruder empfohlen hatte.

»Ich wollte dir schon immer Schmuck kaufen. In Deutschland hast du es mir nicht erlaubt, aber es gehört sich so. Ein Mann beweist seine Liebe für seine Frau immer mit wertvollen Geschenken.«

»Ich mag es aber nicht, wenn du dein ganzes Geld für mich ausgibst«, wandte ich ein.

Es war zwecklos. Ich bekam eine Halskette, Ohrringe und mehrere Armbänder aus reinem, sehr feinem Gold und genoss es unheimlich, so auf Händen getragen zu werden, denn es war mir noch nie passiert.

Eine Woche dauerte dieser Traum, dann fuhren wir ein letztes Mal nach Port Said zu Omars Mutter, um diesmal endgültig von ihr Abschied zu nehmen. Wir alle weinten. Jeder wusste, dass sie sterben und dass viel Zeit vergehen würde, bis man einander wieder sah. Nabila schenkte mir Armbänder aus Gold, die sie mir selbst über die Hände streifte, und ich musste ihr versprechen, sie eines Tages wieder zu besuchen.

»Richte ihr meinen Dank aus«, sagte ich Omar, »ich möchte sie so gern zu uns nach Deutschland einladen. Vielleicht haben wir bald genug Geld, dass wir die Reisekosten für sie übernehmen können.«

Sein Bruder Mustafa fuhr uns nach Kairo und begleitete uns zum Einchecken. Ich rief meine Schwester Gerda an, die uns in Frankfurt abholen wollte, und bestätigte ihr, dass die Maschine pünktlich starten und landen würde.

»Ich warte dann auf euch. Mutter fragt schon jeden Tag nach dir. Wie war's?«, erkundigte sie sich sofort.

»Wunderbar, ein Traum. Ich habe so viel zu erzählen, ihr werdet Augen machen«, antwortete ich. »Bis später.«

Das Gepäck war schon eingecheckt, wir mussten nur noch zur Passkontrolle. Lange betrachtete der Angestellte Omars Pass, dann sagte er etwas, und die beiden sprachen kurz auf Arabisch. Ich spürte, wie mein Mann sich neben mir versteifte, er war kreidebleich.

»Was ist?«, fragte ich.

»Wir können nicht abreisen. Du schon, aber ich nicht. Angeblich fehlt in meinem Pass ein Stempel der Militärbehörden, der beweist, dass ich ordnungsgemäß meine Pflicht getan habe und entlassen wurde.«

Seine Stimme bebte vor unterdrücktem Zorn, als er nach dem Vorgesetzten verlangte, der auch sofort herbeieilte. Die Männer diskutierten und diskutierten, doch es war nichts zu machen. Der Start der Maschine wurde verschoben, damit man unser Gepäck herausholen konnte, denn ich weigerte mich, ohne meinen Mann nach Deutschland zurückzufliegen. Ich wollte ihn nicht im Stich lassen. Aber wir waren beide stockwütend. Ich rief Gerda erneut an, um ihr die Lage zu erklären, benachrichtigte meinen Arbeitgeber, dass ich nicht wie geplant am Montag zum Dienst erscheinen würde, auch Omars Chef musste angerufen werden, ebenso wie die Nachbarin, die sich um Post und Pflanzen kümmerte. Zum Glück hatte Mustafa gewartet und brachte uns zu Verwandten, bei denen wir blieben, bis Omar endlich seinen Stempel bekam.

Das war ein Albtraum. Die Behörden arbeiteten freitags nicht und auch nicht am Nachmittag, so pendelten wir zwischen Vorort und verschiedenen Ämtern, mussten ewig warten, weil es überall heillos überfüllt war. Just als wir an der Reihe gewesen wären, verließ der Zuständige sein Büro, und niemand wusste, wann er wieder anzutreffen sei. Wir waren beide mit den Nerven fertig. Ich hielt mich zurück, weil Omar besonders gereizt war und stets wiederholte, dass in Deutschland so etwas niemals geschehen würde. Zumal seine Militärpapiere tatsächlich in bester Ordnung waren und das Versäumnis nicht ihm, sondern der Schlamperei einiger ägyptischen Beamten anzulasten war.

Acht Tage später standen wir erneut am Flughafen, und diesmal kamen wir problemlos durch die Passkontrolle. Richtig erleichtert waren wir jedoch erst, als wir in der Maschine saßen.

»Dieses Chaos hier, die Korruption, diese Scherereien für nichts und wieder nichts, das macht die Menschen kaputt«, schimpfte Omar. »Kein Wunder, dass dieses Land wirtschaftlich am Ende ist. Verstehst du jetzt, warum ich in Ägypten nicht länger leben wollte? Warum ich unbedingt eine deutsche Frau heiraten wollte? Nie mehr möchte ich dorthin zurück! Nie mehr!«

»Das musst du nicht«, sagte ich. »Jetzt sind wir bald zu Hause.«

Meine Schwester und ihr Mann holten uns ab. Gerda erzählte, dass unsere Mutter vor Sorge geweint habe.

»Vielleicht hat sie geglaubt, dass dich dein Mann gegen ein paar Kamele umtauscht«, scherzte sie auf dem Weg zum Auto.

»Niemals«, brummte Omar. »Nicht gegen eine ganze Herde Kamele. Meine Frau würde ich gegen nichts in der Welt tauschen wollen, nicht mal gegen einen Berg Gold, der so hoch wie die Pyramide wäre. Sie ist die beste Frau der Welt. Eine andere wäre sofort nach Hause geflogen, sie ist bei mir geblieben.«

»Na ja. In guten und in schlechten Tagen, das habe ich versprochen, und ich bleibe dabei«, sagte ich und lächelte meinen Mann an.

Zehn Tage nach unserer Rückkehr starb Omars Mutter. Zu diesem Zeitpunkt hatte er längst begonnen, sich zu verändern, ich hatte es bloß noch nicht gemerkt.

3

Wann Omar zum ersten Mal eine Moschee in Deutschland besuchte, vermag ich nicht zu sagen. Mir erzählte er es jedenfalls nicht. Es kann sein, dass er nach dem Tod seiner Mutter dorthin ging, um mit einem Imam, einem Vorbeter, zu sprechen. Vielleicht hatte er es auch schon früher getan, bevor wir nach Ägypten flogen, und ich wusste es bloß nicht. Als wir uns kennen lernten und in den ersten Jahren unserer Ehe hatte er sich nie für Politik interessiert, das kam erst mit dem Golfkrieg. Spätestens ab Mitte Januar 1991 verfolgte er gebannt die Nachrichten. Er saß stundenlang vor dem Fernseher, und nichts konnte ihn dazu bewegen, das Gerät auszuschalten. Nacht für Nacht saugte Omar diese Bilder des modernen Krieges ein, auf welchen nichts anderes als Leuchtstreifen zu erkennen waren.

»Komm doch schlafen«, sagte ich eines Abends, als er mal wieder kurz vor Mitternacht wie gebannt auf den Bildschirm starrte.

»Der Westen wirft Bomben auf Bagdad, Menschen, vor allem Frauen und Kinder, sterben und ich soll schlafen gehen?«

Zwar hatte er sich auch über Saddam Husseins Angriff auf Kuwait wahnsinnig aufgeregt. In seinen Augen war das ein schrecklicher Bruderkrieg, und es durfte nicht sein, dass Brüder einander bekämpften. Aber das gab den USA und den anderen Völkern aus dem Westen in seinen Augen noch lange nicht das Recht, sich einzumischen.

»Doris, ich fasse es nicht«, meinte er zu mir, während ich im Nachthemd vor ihm stand. »Wieso hat Deutschland zugestimmt?

Warum wollen die Deutschen, dass ein arabisches Land bombardiert wird?«

Ich zuckte nur ratlos die Achseln.

»Den Amerikanern ist es doch egal, wie viele Moslems sterben«, sagte Omar, »sie wollen das.«

»Wie meinst du das?«, fragte ich, doch er antwortete nicht und ich ging schließlich alleine schlafen.

Meistens schwieg er jedoch, nahm den Blick nicht vom Bildschirm, wenn ich ihm etwas zu essen oder zu trinken brachte, und rührte die Speisen nicht an. Was der Golfkrieg und die Niederlage der Iraker in ihm auslösten, begriff ich damals nicht, aber gewiss weckten diese Ereignisse in ihm solidarische Gefühle für die Muslime. Seine Bewunderung für Deutschland ließ wohl damals schon nach, er muss in jener Zeit allmählich begonnen haben, sich auf seine Herkunft zu besinnen. Nicht auf seine Nationalität, sondern auf die Religion. Auf den Islam.

Im Jahr 1991 betete Omar noch nicht zu Hause, zumindest nicht in meiner Gegenwart. Weder las er den Koran oder hörte religiöse Kassetten beim Autofahren, noch trug er diese weiten afghanischen Hosen. Wir lebten, wie wir es immer getan hatten: wie ein normales Ehepaar, das beruflich sehr eingespannt ist. Omar arbeitete tagsüber im Lager eines Großmarktes und fuhr abends Taxi. An den Wochenenden ruhten wir uns aus. Wir waren häuslicher als vorher geworden, hatten wenig Lust auszugehen. Manchmal luden wir meine Eltern zum Essen ein oder meine Geschwister oder wir besuchten sie. Unser soziales Leben wurde etwas familiärer, Freunde trafen wir nur selten.

Seit der Rückkehr aus Ägypten hatte sich unsere Ehe verfestigt, nicht zuletzt durch all die Schwierigkeiten, die wir gemeinsam bewältigt hatten. Ich war ziemlich glücklich, vertraute wieder meinem Mann. Mir gefiel es, dass er ernster, nachdenklicher wurde. Fremdgehen würde er nicht mehr, da war ich mir sicher.

Im Sommer 1991 wütete dann auch in Jugoslawien ein Krieg, der sich auf Bosnien-Herzegowina auszuweiten drohte. Als wieder ein Bericht im Fernsehen darüber kam, hörte Omar aufmerksam zu, sprang mittendrin auf und schaltete das Gerät aus.

»Ich kann diese Lügen nicht hören«, erklärte er. »Warum sagt dieser Reporter nicht die Wahrheit, dass die Christen die Muslime direkt vor unserer Tür abschlachten wollen und dass niemand etwas dagegen tun wird?«

»Das stimmt doch nicht, schließlich gibt es UNO-Resolutionen ...«, versuchte ich einzuwenden.

»Ein Waffenembargo, ja, und weißt du, was das bedeutet? Dass meine Brüder sich nicht verteidigen können!«

Er war außer sich. Da Deutschland diesmal eine klare Position gegen die Serben bezog, versuchte ich ihn mit diesem Argument zu besänftigen.

»Siehst du?«, sagte ich. »Wir sind auf der richtigen Seite. Wir helfen den Muslimen.«

»Es wäre besser, wenn sie Waffen hätten, um sich selbst zu verteidigen!«

Er war in jenen Tagen in düsterer Verfassung und oft schweigsam. Ich ahnte damals nicht, wie intensiv er sich mit diesem Bosnienkonflikt beschäftigte, meinte, er sei unzufrieden und frustriert, weil er immer noch Lagerist war und sich die Gründung einer Kurierfirma schwieriger gestaltete als geplant. Anfang 1992 fiel mir auf, dass er keinen Whisky mehr mochte. Auch Bier rührte er nur noch selten an und seine Wasserpfeife stand fortan unberührt in einer Ecke des Wohnzimmers. Zum Ramadan fastete er, aber ohne Aufhebens davon zu machen. All diese Veränderungen vollzogen sich schleichend und erschienen mir keineswegs bedrohlich. Warum sollte mein Mann nicht etwas religiöser werden? Ich hatte nichts dagegen einzuwenden. Und dass er keinen Alkohol mehr trank, interpretierte ich als Zeichen der Reife. Wir beide werden eben älter und vernünftiger, dachte ich. Mir war das recht, weil wir in nicht allzu ferner Zukunft Kinder bekommen wollten.

Im Laufe jenes Jahres änderte sich noch etwas. Eines Tages, es muss im Spätsommer gewesen sein, fragte Omar, ob er für den nächsten Samstag einen Freund zu uns einladen dürfe.

»Aber selbstverständlich«, antwortete ich begeistert. »Wie heißt er? Ich wusste nicht, dass du einen Freund hast, bisher hast du mir noch nie deine Bekannten vorgestellt. Ist er ein Arbeitskollege?«

»Nein, meine Arbeitskollegen sind dumm. Sie wollen immer

nur Bier trinken, reden den ganzen Tag über Fußball und Frauen. Ich würde diese Männer niemals in mein Haus lassen. Mein Freund heißt Ahmed.«

»Ist er Ägypter wie du? Wohnt er auch hier? Wo hast du ihn kennen gelernt?« Ich löcherte ihn regelrecht mit Fragen.

»Er kommt ursprünglich aus Algerien, hat aber einen deutschen Pass. Wo er wohnt, weiß ich nicht. Irgendwo in Baden-Württemberg, glaube ich, und ich habe ihn in der Moschee kennen gelernt. Bis du jetzt zufrieden?«, antwortete er.

»Wann warst du denn in der Moschee?«, fragte ich lachend. »Ich wusste gar nicht, dass du in die Moschee gehst, aber wenn du da nette Leute triffst, dann ist es prima.«

Heute weiß jeder, dass in einigen deutschen Moscheen Hass und Gewalt gepredigt werden, aber 1992 klang das völlig harmlos, so harmlos wie die katholische Gemeinde oder das evangelische Pfarrhaus um die Ecke. Dass manche der Männer, denen Omar dort beim Freitagsgebet begegnete, alles andere als harmlos waren oder dass dieser Ahmed als Mudschahed in Afghanistan gekämpft hatte, ahnte ich nicht, und als ich es viel später erfuhr, wollte ich es nicht glauben. Der Mann, der im Spätsommer 1992 zum ersten Mal unsere Wohnung betrat und mich freundlich begrüßte, war nämlich nett. Wirklich nett. Er hatte ein offenes, klares Gesicht, unterhielt sich mit mir und lächelte, als ich ihn nach seinem Beruf fragte.

»Geschäfte. Mal dies, mal das. Ich bin viel unterwegs und meine Frau schimpft deswegen immer«, erzählte Ahmed und lachte. »Sie heißt Gabi und arbeitet im Büro. Halbtags für eine Firma, halbtags für mich.«

»Vielleicht lerne ich sie bald mal kennen, das würde mich freuen«, sagte ich und ging in die Küche.

Ich holte das Tablett, das Omar für seinen Gast vorbereitet hatte. Darauf waren mehrere Schälchen mit Nüssen, Datteln und Obst, auch Brot und Käse. Sobald ich den Raum verlassen hatte, wechselten die beiden Männer ins Arabische. Als ich wiederkam, redeten sie sofort deutsch, doch ich winkte ab.

»Sprecht ruhig arabisch, ich wollte sowieso noch mit meiner Mutter telefonieren«, sagte ich und ließ die beiden allein.

Ahmed blieb an jenem Tag nicht sehr lange. Angeblich wollte

er noch kurz nach Frankfurt und dann nach Heilbronn, wo seine Frau auf ihn wartete.

»Na dann, gute Fahrt«, verabschiedete ich mich. »Und grüß deine Frau unbekannterweise von mir. Wenn du nächstes Mal zu uns kommst, bring sie doch mit«, sagte ich zu ihm.

Es war eine Höflichkeitsfloskel, die er mit einer ähnlichen beantwortete: »Nächstes Mal seid ihr unsere Gäste, Gabi freut sich bestimmt sehr. Ihr könnt bei uns übernachten, wenn ihr wollt, wir haben ein Gästezimmer – und einen Garten.«

Dazu kam es allerdings erst anderthalb Jahre später. In der Zwischenzeit war Ahmed oft bei uns, wenn auch immer nur eine Stunde oder zwei. Er sei wie ich ein Geschäftsreisender, für eine Import-Export-Firma, erklärte Omar auf meine Nachfrage, ohne jedoch zu präzisieren, womit sein Freund handelte. Bald kamen auch andere Männer aus der Moschee vorbei und ich lernte nach und nach deren deutsche Frauen kennen. Während sich so unser Bekanntenkreis in eine völlig neue Richtung erweiterte, sah ich meine alten Freunde so gut wie gar nicht mehr.

»Sei mir nicht böse«, sagte ich zu Sarah, die mit mir unbedingt zum Rosenmontagsball gehen wollte, »aber ich war oft genug da. Mir macht es keinen Spaß mehr.«

Doch Sarah war mir sogar sehr böse. »Du und dein Araber, ihr seid ganz schön langweilig«, schimpfte sie. »Ihr hockt ja nur noch zu Hause!«

Wir hatten uns ohnehin kaum noch gesehen und nach jenem Streit rief sie mich nicht mehr an. Daraufhin meldete ich mich auch nicht mehr. Ich vermisste das Herumsitzen in Kneipen mit ihr überhaupt nicht, meine Interessen hatten sich gewandelt. Ich mochte Omars Freunde und ihre Frauen, es war eine schöne, familiäre Atmosphäre. Überall, wo wir hinkamen, nahm die Gemeinschaft mich mit offenen Armen auf. Alle paar Wochen trafen wir uns mal in der einen, mal in der anderen Wohnung oder draußen im Freien. Die Männer redeten auf Arabisch miteinander, es wurde gekocht, gegrillt und gegessen, die Kinder rannten umher, ich spielte mit den Frauen Federball oder unterhielt mich mit ihnen. Meist über den Islam.

»Warst du schon immer Moslem?«, fragte ich bei einem dieser Treffen eine sympathisch wirkende kleine Frau mit warmen braunen Augen, die neben mir saß und den Kindern beim Spielen zusah. Sie hatte sich als Leila vorgestellt. »Du bist doch gar keine Araberin!«

»Nein, ich bin genauso deutsch wie du. In Duisburg geboren. Leila ist mein islamischer Name, früher hieß ich Simone. Ich habe vor zwei Jahren den islamischen Glauben angenommen. Übrigens heißt es bei Frauen ›Muslima‹.«

»Muslima«, wiederholte ich. »Und wie ist es so? Fastest du etwa auch, wenn Ramadan ist?«

Sie lachte. »Auch ich habe früher geglaubt, dass es unheimlich schwer sei. Aber man gewöhnt sich sehr schnell daran. Und nach Sonnenuntergang darf man ja essen. Eigentlich ist Ramadan der Monat, in dem man sich vor allem um die Religion bemüht. Manche sagen, Ramadan sei der Monat der Geduld und der Lohn der Geduld sei das Paradies. Es ist auch ein Monat der Versöhnung, des Friedens. Ich weiß nicht, wie ich es dir erklären soll, es ist eine Zeit, in der sich die Menschen näher sind …«

Ich wusste damals nicht viel über diese Religion. Nur das, was die meisten Deutschen so wissen.

»Betest du wirklich fünf Mal am Tag?«, fragte ich daher neugierig.

»Auch das klingt viel schlimmer, als es ist. Weißt du, eigentlich sind die Gebete Ruhepausen, während denen man sich wieder mit Gott verbindet. Danach fühle ich mich erfrischt und irgendwie zufriedener als vorher.«

Alles, was Leila sagte, weckte meine Neugier. Ich hätte ihr gerne noch mehr Fragen gestellt, da gesellte sich Zaynab zu uns, eine Frau um die fünfzig, vom Typ eher mütterlich, die sowohl draußen wie in der Wohnung ein Kopftuch trug. Sie setzte es nur ab, wenn weit und breit kein Mann zu sehen war. Wir plauderten ein wenig über dieses und jenes, bis ich sie endlich direkt darauf ansprach.

»Verlangt dein Mann von dir, dass du dieses Kopftuch trägst? Bitte, erkläre mir, was dieses Stück Stoff mit Gott zu tun hat.« Zwar hatte sich meine Großmutter früher auch immer ein Kopftuch umgebunden, bevor sie in die Kirche ging, so wie alle alten Frauen, ebenso wie meine Mutter, aber meine Schwestern und ich nicht. Ich fuhr mir durch die halblangen, offenen Haare. »Ich kann mir nicht vorstellen, dass Allah etwas dagegen hat, wenn ich meine Haare zeige.«

Zaynab winkte ab. »Ich trage es allein wegen der Männer. Du weißt, wie sie sind. Wenn wir Frauen unsere Reize offen zeigen, lenkt es sie von ihren religiösen Pflichten ab.«

Leila seufzte, doch Zaynab nahm mich zur Seite und fuhr fort: »Für mich ist es eine Frage der Selbstachtung, meine Haare und meinen Körper so zu bedecken. Früher bin ich wie du nur mit Leggins herumgelaufen, aber das würde ich heute nicht mehr tun. Ich trage immer einen langen Rock darüber, sonst komme ich mir nackt vor.«

»Steht irgendetwas im Koran darüber?«, fragte ich.

»Aber ja«, antwortete sie eifrig und zitierte die Sure 24:31, die sie auswendig kannte: »Und sprich zu den gläubigen Frauen, dass sie ihre Blicke niederschlagen und ihre Scham hüten und dass sie nicht ihre Reize zur Schau tragen, es sei denn, was außen ist, und dass sie ihren Schleier über ihren Busen schlagen und ihre Reize nur ihren Ehegatten zeigen ...«

Ihr Ernst beeindruckte mich und auch die Art, wie sie diese Verse rezitierte, aber ich wusste nicht, was ich davon halten sollte. Das Ganze kam mir übertrieben vor und ich wechselte das Thema.

Auf dem Rückweg fragte ich Omar nach seiner Meinung.

»Niemand zwingt Zaynab, sich so anzuziehen, das tut sie freiwillig«, sagte er. »Aber es freut mich, Doris, dass du dich für den Islam interessierst. Wenn du möchtest, zeige ich dir, wie man betet.«

»Gern«, antwortete ich.

Sobald wir zu Hause waren, führte er mir in unserem Badezimmer zunächst das Wudu, die rituelle Reinigung, vor.

»Jeder Moslem reinigt sich, bevor er die Gebete spricht, denn er darf keine Moschee betreten, wenn er unrein ist. Hat ein Moslem mit seiner Frau in der Nacht geschlafen, muss er am Morgen duschen. Bevor ich die Gebete spreche, wasche ich mich, und das tun gläubige Moslems fünfmal am Tag.«

»Und wenn sie kein Wasser haben?«, fragte ich.

»Im Vorhof jeder Moschee ist ein Brunnen für die Waschungen, zu Hause geht man ins Bad, und die Menschen in der Wüste dürfen Sand oder einen Stein benutzen, wenn sie gar kein Wasser haben. Pass auf, die Reihenfolge ist wichtig.«

Ich sah zu, wie sich Omar erst die Hände wusch, dann den Mund ausspülte und die Nase reinigte, bevor er sich das Gesicht und die Unterarme vornahm. Zum Abschluss fuhr er sich mit nassen Händen durchs Haar und wusch sich die Füße. Er machte es schnell und mit präzisen Gesten. Dabei wirkte er sehr konzentriert, als sei er vollkommen in sich gekehrt. Doch mittendrin hörte er auf und lächelte mich an.

»Eins musst du aber verstehen. Wenn ich es dir zeige und dir die Worte erkläre, bete ich nicht wirklich. Ein Moslem, der richtig betet, ist allein mit Gott, auch wenn er sich in einer Moschee gleichzeitig mit hunderttausend anderen Gläubigen auf den Boden wirft.«

»Es gibt doch keine Moschee, die groß genug für so viele Leute ist«, wendete ich ein.

Omar schüttelte den Kopf. »Doch, die Moschee des Propheten in Medina oder die in Mekka. In den Heiligen Städten des Islams sind die Moscheen so groß, dass eine Million Menschen darin Platz haben.«

Wir traten aus dem Badezimmer, während er mir weiter erklärte, dass sich zu den Gebetszeiten Millionen Moslems in aller Welt Richtung Mekka zur Kaaba wendeten, und dabei nach Südosten zeigte. Er hatte einen Kompass, um damit die Qibla, die Gebetsrichtung, genau zu bestimmen.

»Ich führe dir ein anderes Mal vor, wie das geht, der Kompass ist im Handschuhfach. Ich brauche ihn, wenn ich unterwegs bin.«

»Heißt es, dass du unterwegs anhältst, um zu beten?«

Ich kam aus dem Staunen nicht mehr heraus. Fragen über Fragen drängelten sich in mir, aber es war nicht der richtige Augenblick, sie zu stellen, denn Omar begann laut zu beten. Dabei hielt er die Hände halb offen vor der Brust, rezitierte auf Arabisch Sätze, die melodisch wie ein Gesang klangen. Ich schloss die Augen, um besser zuhören zu können. Als er fertig war, bat ich ihn darum, mir den Text ins Deutsche zu übersetzen, was er sofort tat: »Im Namen Allahs, des Allerbarmers, des Barmherzigen. Alle Lobpreisung gebührt Allah, dem Herrn der Welten, dem

Allerbarmer, dem Barmherzigen, dem Herrscher am Tage des Gerichts. Dir allein dienen wir, und dich allein flehen wir um Hilfe an. Leite uns den rechten Pfad, den Pfad derer, denen du gnädig bist, nicht derer, denen du zürnst, und nicht derer, die in die Irre gehen.«

»Das ist ja fast wie unser Vaterunser!«, rief ich.

»Ja, und Moses und Jesus sind auch für uns Propheten«, sagte Omar und warf einen Blick auf die Uhr. »Doris, es ist jetzt Zeit für das Abendgebet. Kannst du mich bitte allein lassen?«

Ich überließ ihm das Wohnzimmer und zog mich in die Küche zurück, um eine Zigarette zu rauchen und ein bisschen nachzudenken. Mein Mann, ein gläubiger Moslem, wer hätte das gedacht? War er es schon immer gewesen und ich hatte bisher nur nichts davon gemerkt? Nein, völlig unmöglich! Aber von mir aus durfte er religiös sein, gegen Religion hatte ich keine Einwände. Was sollte ich dagegen haben, dass ein Mensch betet und versucht, besser zu werden? Ich selbst hatte mich ziemlich von der katholischen Kirche entfernt. Zu Weihnachten und Ostern fanden Pflichtbesuche statt, mehr war es nicht. Gewiss, in Notzeiten schickte ich ein kleines Stoßgebet zum Himmel, und wenn das Problem gelöst war, konnte es sein, dass ich laut »Gott sei Dank!« seufzte, aber ohne an die Worte und ihre Bedeutung zu denken.

In den folgenden Wochen und Monaten interessierte ich mich immer mehr für den Islam und fragte mich, ob diese Religion auch mir etwas bringen könnte. In Omars Leben nahm sie unübersehbar einen stets größeren Platz ein, und so setzte auch ich mich damit auseinander, um meinen Mann besser zu verstehen und ihm näher zu sein. Mich interessierte alles, was für ihn wichtig war. Hätte er sich plötzlich weltlichen Dingen zugewandt, einer Sportart oder der Musik, wäre es mir sicher leichter gefallen. Wer seinen Partner nicht begleitet, verliert ihn bald aus den Augen, und das will ich auf keinem Fall, so argumentierte ich mit mir selbst, wenn es mir manchmal zu viel wurde.

Dennoch: Je mehr ich über den Islam erfuhr, desto überzeugter wurde ich davon, dass es eine schöne Religion sei.

»Ihr habt keinen Papst, keine Landesbischöfe, du sagst, dass der Mensch im Islam direkt mit Gott in Kontakt tritt. Was macht dann der Imam?«, fragte ich Leila an einem Sonntagnachmittag, als wir wieder einmal bei ihr eingeladen waren.

»Der Imam ist nur der Vorbeter. Er muss die heiligen Texte gut kennen und arabisch sprechen. Wenn fünf oder zehn Männer zusammen sind, wählen sie den gebildetesten unter ihnen. Bei uns zu Hause betet mein Mann vor«, antwortete sie.

»Kann eine Frau auch vorbeten?«, fragte ich.

Sie lachte. »Wenn nur Frauen zusammen sind, selbstverständlich. Aber ich nicht. Mein Arabisch ist nicht gut genug.«

Leila, Zaynab und Fatima, ebenfalls eine Deutsche, die den Islam angenommen hatte, lachten oft über meine vielen Fragen, die sie, wie übrigens Omar auch, immer geduldig beantworteten, nicht selten mit Versen aus dem Koran, die sie mir ausführlich erklärten. Gott war für sie überall präsent, er beherrschte ihre Gedanken, ihren Tagesablauf, jede Handlung, die sie vollführten, und das faszinierte mich.

»Mir scheint, ihr seid alle in eurem Glauben eingebettet«, sagte ich zu Zaynab, als wir mal wieder alle zusammensaßen und einen schönen Nachmittag verbrachten. »Wenn ich euch anschaue, denke ich fast, dass mir etwas fehlt.«

»Du bist eine Gottessuchende«, antwortete sie und strahlte mich an. »Ich wusste es. In dir wächst eine wahre Sehnsucht nach Gott, auch du bist eine von uns geworden. Eine Muslima. Es ist nur eine Frage der Zeit, bald wirst du selbst den Heiligen Koran lesen wollen, und dann …«

»Hör mir damit auf«, sagte ich.

Doch im Stillen fügte ich schon ein »Inschallah« hinzu, Gottes Wille geschehe. Wenn es ihn gab, würde er mir den richtigen Weg zeigen. Zaynab hatte Recht. Mit mir geschah etwas, ich verspürte tatsächlich eine tiefe Sehnsucht danach, Gottes Nähe zu erfahren, und den Wunsch, diese Wärme, diese Gewissheit, diese Stärke, die Omar, Zaynab, Leila und die anderen ausstrahlten, wirklich zu teilen.

Mitte 1993 rutschte Omar auf dem Weg zur Arbeit mit seinem Fahrrad auf einer Straßenbahnschiene aus und brach sich den Arm. Mehrere Wochen lang war er krank geschrieben. Wenn ich nach Hause kam, sah ich ihn immer nur den Koran oder andere islamische Schriften lesen.

»Was hast du heute den ganzen Tag getan?«, fragte ich.

»Ich war in der Moschee«, antwortete er jedes Mal.

»Ja, aber was tust du da? Du wirst doch nicht den ganzen Tag beten!«

»Reden. Ich rede dort mit Leuten«, antwortete er. »Mit dem Imam und mit anderen Menschen.«

Ich fand nichts weiter dabei und dachte, wenn es ihm gut tut, dann ist es prima. Dass sich unter diesen Menschen Fundamentalisten befanden und mein Mann gerade dabei war, selbst einer zu werden, konnte ich nicht wissen.

Ende des Jahres schenkte er mir ein Exemplar des Heilgen Korans. Ich hatte es mir selbst gewünscht, wäre längst in eine Buchhandlung gegangen, um mir dieses Buch zu kaufen, doch Omar bestand darauf, eine besondere Ausgabe bei einem Münchner Verlag zu bestellen. Mich beeindruckte die Verehrung, die er offensichtlich für den Koran empfand. Allein wie er die Sendung auspackte, hatte etwas von einem religiösen Akt und er reichte mir das Buch wie etwas Kostbares, Heiliges.

»Du musst wissen, Doris, dass es nur eine Übersetzung ist. Sie bringt dir die Botschaften Mohammeds näher, aber wenn du den Heiligen Koran auf Arabisch lesen könntest, wäre es tausendmal besser ...«

Ich nahm das Buch respektvoll entgegen, ließ die Hand über die Seiten gleiten, staunte über die vielen Notizen und entdeckte am Ende ein Register mit Hinweisen auf die verschiedenen Suren. Omar schenkte mir dazu noch ein kleines Heft, in dem die Gebete auf Arabisch abgedruckt waren, allerdings nicht in arabischer, sondern in lateinischer Schrift.

»Ich werde sie dir nach und nach erklären, du wirst sehen, es ist überhaupt nicht schwierig«, sagte er.

Für mich waren die folgenden Wochen ein wenig wie in der Schule. Ich hatte meinem Mann Deutsch beigebracht, nun brachte er mir arabische Wörter bei, damit ich verstand, was ich rezitieren sollte. Ich schrieb sie in Lautschrift in riesigen Buchstaben auf ein großes Blatt Zeichenpapier, das ich vor mir auf den Boden legte, so dass ich sie ablesen konnte, wenn ich im Stehen betete. Erst kam ich mir dabei recht merkwürdig vor, doch bald kannte ich die wichtigsten Gebete auswendig und ich empfand dieses Aufsagen in der fremden Sprache als wohltuend. Das Beten beruhigte mich. Ich musste mich konzentrieren, danach fühlte ich mich erfrischt, bestärkt und auch befreit von meinen kleinen Sorgen.

Im Frühjahr 1994 beschloss ich, den letzten Schritt zu tun und den Islam anzunehmen. Als ich Omar meine Entscheidung mitteilte, leuchtete sein Gesicht auf.

»Allamdullilah!«, rief er, »Gott sei Dank! Endlich ist das eingetreten, was ich mir schon so lange wünsche! Jetzt kann uns nichts mehr auseinander bringen. Wir werden vor Gott Mann und Frau werden!«

»Wir sind doch längst verheiratet!«, erwiderte ich verwundert. »Über sechs Jahre schon, bald werden es sieben. Zählt das denn nicht?«

»Für dich schon und für mich natürlich auch. Aber vor Gott will ich dich jetzt heiraten.«

Nur wenige Wochen später war es dann so weit. Es war ein besonderer Feiertag, an dem auch Frauen die Moschee besuchten. Wir fuhren zusammen hin, trennten uns am Eingang, ich zog meine Schuhe aus, führte die Wudu-Reinigung an den dafür bestimmten Becken durch und betrat den Raum. Er war eher schmucklos und gar nicht schön mit Mosaiken verziert wie die Moschee, die wir in Ägypten besichtigt hatten; auf dem Boden war ein grüner Teppich, auf dem die Gebetsplätze markiert waren. Ich entdeckte Zaynab, Leila und einige Frauen, die ich kannte, jede einzelne schon für sich ins Gebet vertieft. Eine Ziehharmonika-Wand teilte den Raum in zwei Teile, auf der anderen Seite beteten die Männer. Ich war erst wahnsinnig aufgeregt, doch sobald der Imam die erste Sure rezitierte, wurde ich ruhig, dachte an nichts mehr, nur noch an Gott.

Am Ende des Gebets wurde die Ziehharmonika-Wand geöffnet. Ich musste nach vorne gehen, brauchte bloß das moslemische Glaubensbekenntnis auf Arabisch laut zu sprechen: »Ich bekenne, dass es keinen Gott außer Gott gibt und dass Mohammed sein Gesandter ist.«

Dieser Satz allein reichte, um aus mir offiziell eine Muslima zu machen. Zwischen dem Gott meiner Kindheit und Allah sah ich keinen Unterschied, für mich waren es bloß unterschiedliche Bezeichnungen. Ich durfte mir einen arabischen Namen aussuchen und wählte Aischa. So hieß die Lieblingsfrau des Propheten, mit der er sich verlobte, als sie erst neun Jahre alt war und noch mit Puppen spielte.

Dann fragte mich der Vorbeter auf Deutsch, ob ich Omar heiraten wolle, und ich sagte ja. Auch er wurde gefragt und antwortete ebenfalls, dass er es wolle. Nun musste er noch die Brautgabe für mich zahlen. Es waren zweihundert Mark, die ich der Moschee für die Bedürftigen spendete.

Draußen kamen alle auf mich zu, um mir zu gratulieren. Ich war überglücklich, wenn auch von der Intensität des Gebets noch ein wenig benommen, und wunderte mich, wie schnell alles vonstatten gegangen war.

»Aischa, du bist jetzt ein neuer Mensch, frei von allen Sünden, unschuldig wie ein neugeborenes Kind«, sagte Zaynab. Sie drückte mich an sich, ließ mich los, um mich strahlend anzusehen. »Jetzt bist du wirklich eine von uns. Aischa, meine Schwester!«

Mir kamen die Tränen. Die Frauen umarmten mich und schenkten mir Kleinigkeiten. Sogar einige der Männer, die in der Regel bloß höflich waren, zeigten sich freundlicher als sonst. In einem Nebenraum, der mit Teppichen ausgelegt war, gab es dann noch Kuchen, Obst, Kaffee und Tee. Ich saß unter den Frauen auf dem Boden, suchte Omar mit den Augen, entdeckte ihn ein paar Meter weiter in einem Kreis von Männern. Er hob den Kopf, sah mich an, lächelte und widmete sich bald wieder seinem Gesprächspartner. Ich dachte darüber nach, wie viel sich in den letzten zwei Jahren für mich, für uns beide geändert hatte. Ich hoffte, unser Leben würde so friedlich, so harmonisch, wie es in diesem Augenblick war, für immer bleiben.

Doch so einfach und reibungslos verlief mein Leben als Muslima nicht. Mit vielem war ich einverstanden und manches begrüßte ich sogar sehr, bei den Geboten und Verboten allerdings rebellierte ich. Meinen Kleidungsstil passte ich schon bald dem der anderen Frauen an, zumal bodenlange, weite Röcke und wallende, leichte Stoffe gerade in Mode waren und mir gefielen. Auch hatte ich nichts dagegen, mich etwas mehr zu bedecken als früher. Aber das Kopftuch ging mir gegen den Strich. Das erklärte ich auch Zaynab, als wir eines Samstagmorgens zusammen auf dem Markt einkaufen gingen; sie wie immer züchtig bedeckt.

»In der Moschee sehe ich das ein, doch nicht hier draußen auf der Straße. Ich würde diese Blicke nicht aushalten! Merkst du nicht, wie dich die Leute anschauen?«

»Doch. Aber das stört mich nicht. Warum sollen sie nicht wissen, dass ich eine Muslima bin? Du bist auch eine, du wirst dich doch nicht deswegen schämen!«

»Das nicht. Aber meinen Glauben trage ich im Herzen, ich brauche ihn niemandem unter die Nase zu halten! Außerdem kann ich es mir nicht leisten, Kunden mit Kopftuch zu besuchen. Wenn ich damit anfange, verliere ich meinen Job!«

Sie schwieg. Ich beobachtete einen Mann, der erst sie und dann auch mich kopfschüttelnd anstarrte, hoffte, er würde nichts sagen, und zum Glück ging er vorbei.

»Was meint dein Mann dazu?«, fragte Zaynab.

»Dass ich es probieren könnte und dass sich die Leute sicher bald daran gewöhnen würden, mich damit zu sehen …«

»Und warum probierst du es nicht?«

»Ich will nicht. Ich bin wie Leila, ich will es einfach nicht in der Öffentlichkeit tragen. Ich kenne hier zu viele Leute.«

Zaynab wechselte das Thema, kaufte Trauben und verabschiedete sich bald, um nach Hause zu gehen.

Am Abend erzählte ich Omar von unserem Gespräch und dem Mann, der uns angestarrt hatte.

»Denk ein bisschen weiter nach, Aischa, du bist eine schöne Frau. Wie viele Männer schauen dich an, weil sie dich attraktiv finden? Manchmal pfeifen sie dir sogar nach, damit du weißt, dass du ihre Begierden weckst. Hättest du ein Kopftuch auf, wärst du davor geschützt.«

»Ich kann mich dagegen wehren.«

»Überlege es dir. Ich möchte nicht, dass du in eine Situation gerätst, in der du dich wehren musst. Verstehst du?«

Aber ich wollte es nicht verstehen und schwieg.

»Ich werde dich niemals dazu zwingen, Aischa«, fuhr Omar fort. »Ich meine nur, dass es für dich besser wäre …«

Diese ständigen Diskussionen, die mit meinem Dasein als Muslima verbunden waren, zermürbten meinen Widerstand. Wochen später war ich so weit, dass ich das Kopftuch automatisch im Wagen aufsetzte, wenn wir muslimische Freunde besuchten, oder bei uns zu Hause, wenn wir Gäste erwarteten. Wegen der Nachbarn nahm ich es allerdings zwischen Wohnung und Auto ab, auch weigerte ich mich standhaft, es beim Einkaufen zu tragen oder an Plätzen, wo ich Gefahr lief, Bekannten zu begegnen. Mal trug ich es, mal trug ich es nicht, doch egal, ob ich es auf dem Kopf, auf den Schultern oder in der Handtasche hatte, ich fühlte mich nicht mehr wohl. Mir war, als lebte ich in einem permanenten Zwiespalt. Meine Arbeit fiel mir zunehmend schwerer, ich musste ständig zwischen zwei Welten hin und her springen.

»Schau«, sagte ich eines Abends zu Omar, als wir wieder einmal bei diesem Thema angekommen waren, »draußen muss ich die Powerfrau spielen, die wichtige Entscheidungen trifft und mit Kunden hart verhandelt, um den Firmenumsatz und meinen eigenen zu steigern. Und in meinem Privatleben bemühe ich mich, eine gute Muslima zu werden und dir eine gute Ehefrau zu sein. Das passt einfach nicht zusammen. Du möchtest, dass ich ein Kopftuch trage, aber wenn ich für meine Kosmetikfirma reise, ist das ausgeschlossen!«

»Und wenn du dir eine andere Arbeit suchst? Es ist sowieso nicht gut für uns, dass du so viel weg bist … Mir wäre es lieber, wenn du nicht mehr so oft in Hotels übernachten würdest«, argumentierte er.

»Verdiene du nur genug Geld für uns beide«, erwiderte ich. »Glaub mir, ich hätte nichts dagegen, zu Hause zu bleiben und mich um den Haushalt zu kümmern. Ich schufte schon seit fünfzehn Jahren ohne Unterbrechung, ich könnte eine Pause gut gebrauchen. Aber mit dem Kopftuch ist es so eine Geschichte. Die Wahrheit ist, dass ich Angst habe, mich sieht jemand damit und erzählt es meinen Eltern. Wenn meine Mutter hört, dass ich aus der katholischen Kirche ausgetreten und Muslima geworden bin, fällt sie in Ohnmacht. Sie hätte dafür überhaupt kein Verständnis. Und mein Vater würde mich umbringen.«

Omar warf mir einen skeptischen Blick zu. »Du übertreibst. Aber ich verstehe, dass du Angst vor ihren Reaktionen hast. Vielleicht würden sie versuchen, uns auseinander zu bringen, weil sie nicht begreifen, wie glücklich wir miteinander sind. Für dich ist all das eine Prüfung, aber wie du es aus dem Koran gelernt hast: Gott wird niemals von dir fordern, dass du eine Last trägst, die zu schwer für dich ist, und bei jeder Prüfung, die dir auferlegt wird, kommst du dem Paradies einen Schritt näher ...«

So redete er auf mich ein, mit einer sanftmütigen Stimme, die mich stets beruhigte, wenn ich den Eindruck hatte, den Boden unter den Füßen zu verlieren. Ich war verunsichert, suchte bei ihm Halt. Er war meine einzige Stütze, mein Freund, mein Ehemann, mein Liebhaber, mein Vater und mein geistiger Lehrer geworden, manchmal auch mein Kind, und ich liebte es, wenn er mir Gelegenheit gab, für ihn zu sorgen. Er ersetzte mir die ganze Familie, die ich inzwischen kaum noch sah. Es war mir lieber so. Bei jeder Begegnung schmerzte es mich, dass ich den wichtigsten Teil meines Lebens verheimlichen und sie anlügen musste. Ich hatte mich immer mehr zurückgezogen in den letzten Monaten, und wenn wir uns dann mal trafen oder sprachen, gab es meist Probleme. So auch bei unserem großen Familientreffen, das jährlich im Frühsommer stattfand und zu dem diesmal Gerda alle zu sich nach Hause einlud. Als sie mich anrief, entfesselte sich nach wenigen Sätzen ein Streit zwischen uns, weil sie wünschte, dass ich einen Wurstsalat mitbrachte.

»Alles, nur das nicht. Du weißt doch, dass Omar kein Schweinefleisch mag. Und ich auch nicht!«, sagte ich gereizt.

»Das ist mir neu. Aber von mir aus kannst du auch Kuchen backen. Hör zu, Doris, seit dein Mann mit seinen komischen weiten Hosen herumläuft, habe ich den Eindruck, dass ihr beide nicht mehr ganz richtig tickt«, sagte sie. »Was ist denn los mit euch?«

»Gar nichts. Es sind afghanische Hosen und die findet er bequem«, erwiderte ich. »Er wird doch wohl tragen dürfen, was er mag.«

»Zu Hause bei sich ist jeder König, aber, Doris, sei mir bitte nicht böse und richte Omar einen schönen Gruß von mir aus, er soll sich unbedingt europäisch anziehen, mir zuliebe. Hast du mich verstanden?«

Ich schwieg, fühlte mich angegriffen und dachte daran, dass ich am liebsten selbst nicht hingehen würde. Im Grunde wusste ich, dass sie Recht hatte, aber ich wollte es nicht wahrhaben, aus Loyalität zu Omar.

»Übrigens«, Gerda fuhr ungerührt fort, »Papa macht sich Sorgen um dich. Früher bist du einmal die Woche bei ihnen vorbeigekommen oder du hast dich mit Mutter in der Stadt getroffen. Jetzt erzählt er mir, dass man dich so gut wie gar nicht mehr sieht, stimmt das?«

»Ja, es stimmt. Ich habe eine neue Stelle, und du weißt selbst, was das bedeutet. Ich muss mich einarbeiten und habe im Augenblick wahnsinnig viel zu tun«, rechtfertigte ich mich.

»Selber schuld, warum hast du denn gewechselt?«, brummte Gerda, ohne ernsthaft an der Antwort interessiert zu sein, und legte bald auf.

Was hätte ich ihr antworten sollen? Dass ich meinem Mann zuliebe eine gute Stelle aufgegeben hatte, um in einem Supermarkt als Assistentin des Geschäftsführers im Büro und an der Kasse zu schuften? Wo ich arbeitete, wusste niemand aus meiner Familie, das wollte ich nun wirklich nicht. Mir war schon peinlich genug, dass unsere Nachbarn, ein reizendes, älteres Ehepaar, mit dem ich mich oft und gern unterhalten hatte, jetzt Zeugen meiner, besser gesagt unserer Verwandlung wurden. Es ließ sich einfach nicht vermeiden, dass sie mich mit dem Kopftuch und Omar mit seinen afghanischen Hosen sahen. Auch hatte er immer häufiger Gäste, mit denen er auf dem Balkon oder im Garten lautstark seine Korankassetten hörte. Als die alten Leute mich eines Tages deswegen ansprachen und höflich darum baten, die Musik ein wenig leiser zu drehen, beschloss ich, mit Omar ein ernstes Wort zu reden.

»Was erlauben sich diese Leute«, wetterte Omar, als ich die Bitte der beiden weitergab. »Im eigenen Haus werde ich meine Kassetten so laut hören, wie es mir passt!«

»Schon gut, aber der Garten gehört den beiden. Den dürfen wir nur mitbenutzen, weil sie uns mögen«, sagte ich. »Und wenn du dich mit deinen Brüdern dort ausbreitest, trauen sie sich selbst nicht mehr raus. Warum versammelt ihr euch nicht in der Moschee, du und deine Indianer, da seid ihr unter euch!«

Omar hob die Hand, als wollte er mir eine Ohrfeige geben. Er war furchtbar wütend. Auf die Nachbarn. Und auf mich, weil ich seine Gäste Indianer genannt hatte. Vielleicht ahnte ich da schon, dass diese Männer auf dem Kriegspfad waren.

4

Im Mai 1994 fuhren Omar und ich nach Heilbronn, um dort Ahmed und Gabi zu besuchen, die in einem Einfamilienhaus am Stadtrand lebten. Während der Fahrt dachte ich an meine erste Begegnung mit Gabi zurück. Wir hatten uns auf Anhieb gemocht. Nun sah ich sie wieder vor mir, wie sie mit einem großen Strauß roter Gladiolen in der Hand vor unserer Tür stand. Wir beide trugen fast die gleiche Kleidung, Leggins und T-Shirt, mit einer langen, offenen Bluse darüber. Wir tranken gemütlich Kaffee, während unsere Männer unterwegs waren. Es gefiel mir, dass sie kein Blatt vor den Mund nahm.

»Mit dem Islam habe ich nichts am Hut«, verkündete sie selbstbewusst und zündete sich eine Zigarette an. »Ehrlich, Doris, mir ist es egal, was mein Mann treibt, Hauptsache, er kehrt immer brav ins Körbchen zurück. Zu mir. Sonst kann er was erleben, und das weiß er.«

»Ahmed scheint ganz unter deiner Fuchtel zu stehen«, sagte ich.

»So ist es. Ich nenne ihn übrigens lieber Hammi, weil das moderner klingt, ein bisschen wie Samy. Mein Hammi ist ziemlich brav.«

Es amüsierte mich, ihr zuzuhören. Sie war so erfrischend respektlos!

»Wir Frauen sind intelligenter, du weißt es selbst, Doris. Die Kerle brauchen eine lange Leine, im Grunde sind sie wie Kinder und am allerliebsten spielen sie Krieg. Mein Hammi war damals für ein paar Monate in Afghanistan, er hat dort in irgendeinem Lager eine militärische Ausbildung gemacht ...«

»Das darf nicht wahr sein«, unterbrach ich sie. »Dein Mann doch nicht. Er sieht so friedlich aus.«

»Tja. Das sagst du, aber das ist er nicht. Jedenfalls, nachdem er ein bisschen durch die Gegend geschossen hatte, war er stolz wie Napoleon persönlich. Dann hat es ihm gereicht. Dieser Wüstensand überall, das hat ihn genervt. Jetzt spielt er nur noch mit seinem Computer, da kann ihm nichts passieren! Ich behalte ihn gern im Blickfeld. Du etwa nicht?«

»Doch, mir ist auch lieber, wenn Omar in der Nähe ist«, antwortete ich, »wir sind gern zusammen.«

»Wenn mein Hammi nicht zu Hause ist, muss er anrufen, sonst kann ich nicht schlafen. Aber jetzt reist er nur noch für das Humanitäre in Deutschland herum und das finde ich prima.«

Ahmed, Gabi und Omar hatten zusammen einen Verein gegründet, um Spenden für Bosnien zu sammeln. Wann genau, das weiß ich nicht, denn ich erfuhr bei weitem nicht alles. Als mir Omar davon erzählte, erklärte er, das Ziel sei, mit dem Geld Lebensmittel und Medikamente für die muslimische Bevölkerung zu kaufen und diese per Lastwagen nach Bosnien transportieren zu lassen. Einige andere Deutsche, denen ich nie begegnete, gehörten ebenfalls zu diesem Verein und kümmerten sich um Öffentlichkeitsarbeit, um Kontakte mit deutschen Medien, die Organisation von Demonstrationen, Mahnwachen und Informationsständen. Ahmed und Omar hatten andere Aufgaben: Sie wollten die deutschen Muslime wachrütteln und versuchten über die Moscheen an sie heranzukommen.

»Ich mache halbtags die Buchhaltung und den ganzen Papierkram«, sagte Gabi. »Was tut man nicht alles für einen guten Zweck!«

Der Verein war vom Staat als gemeinnützig anerkannt worden, nachdem es einige Probleme mit der Satzung gegeben hatte. Ursprünglich stand nämlich darin, dass die Spenden an bosnische Muslime verteilt werden sollten, aber den Behörden war die religiöse Einschränkung nicht recht. Das Wort Muslim musste gestrichen werden, so hatte es mir Omar zumindest erklärt.

Aus juristischen Gründen darf der echte Name dieser Hilfsorganisation nicht genannt werden, daher soll sie hier »HHB« heißen, als Abkürzung für »Humanitäre Hilfe für Bosnien« oder wie Gabi immer sagte, »das Humanitäre«. Diese Organisation steht inzwischen unter Verdacht, als Deckmantel für illegale Aktivitäten benutzt worden zu sein. Vermutlich ahnten damals weder die deutschen Gründungsmitglieder noch die Spender, dass sie mit ihrer Arbeit und ihren Geldern den Dschihad unterstützten. Ich nehme an, dass Gabi Bescheid wusste, da sie die Bücher der Organisation führte, sicher bin ich nicht, weil ich selbst nie direkt etwas mit diesem Verein zu tun hatte. Omar wollte es nicht. Ich glaubte noch lange felsenfest daran, dass die HBB sich ausschließlich der humanitären Arbeit widmete. So auch an jenem sonnigen Nachmittag im Mai, als wir in Heilbronn ankamen.

Die beiden Männer zogen sich bald in den Keller zurück, wo sich Ahmeds Computeranlage befand. Ich saß mit Gabi im Garten, die mich diesmal mit ihrer rabiaten Ausdrucksweise schockierte, als ich sie über die Hilfsorganisation ausfragte.

»Vergiss die Helferei, Doris, Spenden sammeln ist auch bloß ein Geschäft. Wenn ich dabei bin, dann nur wegen Hammi.« Sie holte kurz Luft. »Ich würde für meinen Hammi alles tun. Habe ich dir das eigentlich schon erzählt? Als er damals in Afghanistan war, rief eines Tages die Ausländerpolizei hier an. ›Guten Tag, wissen Sie, wo Ihr Mann sich im Augenblick aufhält?‹, fragte mich ein Beamter, und weißt du, was ich ihm geantwortet habe? ›Klar doch. Der Arme war den ganzen Winter krank, und unser Doktor hat ihn auf Kur geschickt. Nach Afghanistan, wegen der trockenen Luft!‹«

Sie lachte, als sei das ein guter Witz. Ich dachte an mein Gespräch mit Omar auf der Hinfahrt. Er mochte Gabi nicht besonders und fand ihr Benehmen schlecht, das sagte er nicht zum ersten Mal. »Warum redest du nicht mit ihr, wenn es dich stört?«, hatte ich im Auto gefragt und mir als Antwort anhören müssen, das sei Sache ihres Mannes. Neuerdings vertrat Omar immer traditionellere Ansichten. Für das Benehmen einer Frau sei erst der Vater, dann der Ehemann verantwortlich, erklärte er mir nun. Die Frau habe ihrem Gatten zu gehorchen, in Anwesenheit anderer Männer müsse sie sich nicht nur bedecken, sondern auch zurückhaltend geben. »Was bedeutet das?«, fragte ich empört, »dass ich den Mund halten muss, wenn deine Freunde da sind?« Fast wäre mir das Wort »Indianer« wieder über die Lippen gerutscht, dabei wollte ich nicht beleidigend sein, sondern nur verstehen, wie das gemeint war. »Es ist besser, wenn du dich nur mit den Frauen unterhältst«, lenkte Omar ein. »Du hast noch viel zu lernen, Aischa. Schau, wie Leila sich benimmt, nie hätte sie Bilal direkt angesprochen, wie du es neulich getan hast.« Diesen Bilal hatte ich bloß gefragt, ob ihm mein Essen nicht schmecke! Er war ein schmächtiger Mann mit hohlen Wangen und rührte den Teller, den ich ihm servierte, überhaupt nicht an. Später erteilte mir Omar eine Benimmlektion: Eine verheiratete Frau spricht von sich aus keinen Mann an, den sie nicht kennt, auch nicht in ihrem eigenen Haus. Er fügte noch hinzu, dass es nicht schlimm sei, wenn ich Fehler machte, schließlich sei all das noch sehr neu für mich, aber ich müsse mich schon bald daran gewöhnen. Als wir bei Ahmed und Gabi vor der Tür standen, meinte Omar noch zu mir: »Ich möchte dich übrigens um eins bitten: Glaube Gabi nicht alles, was sie dir erzählt. Sie redet zu viel.«

Noch ehe ich etwas darauf erwidern konnte, hatte Ahmed uns die Tür geöffnet.

»Möchtest du ein Glas Orangensaft oder vielleicht doch lieber ein Bier, wo wir jetzt unter uns sind?«, fragte Gabi und riss mich aus meinen Gedanken.

Ich lehnte das Bier ab, erinnerte sie daran, dass ich aufgehört hatte, Alkohol zu trinken, bat aber um eine Zigarette. Das Rauchen hatte ich mir noch nicht abgewöhnt. Gabi nahm selbst auch eine und gab mir Feuer. Sie war ungewöhnlich still geworden, ging ins Haus, um einen Aschenbecher zu holen, räusperte sich und blieb vor mir stehen.

»Hör mir gut zu, Doris: Es stimmt nicht ganz, was ich vorhin gesagt habe, ich tue einiges für meinen Mann, aber nicht alles. Ich lade seine Kumpel aus Algerien zu uns ein, bürge für sie, damit sie ein Visum bekommen, und lauter solche Sachen. Ich lüge für meinen Mann, decke seine kleinen Schurkereien, und wenn es sein muss, nehme ich die Gesetze nicht so genau, ich habe meine eigenen. Aber eins tue ich nicht: Ich verkleide mich nicht als Araberin. Niemals im Leben würde ich mir dieses Ding aufsetzen!«

Mit dem Kinn zeigte sie auf mein Kopftuch, das ich inzwischen abgenommen hatte.

»Wenn es dir nichts ausmacht, würde ich lieber über etwas anderes reden, ständig muss ich mich vor allen Leuten deswegen rechtfertigen. Dieses Thema hängt mir allmählich zum Hals raus! Erzähl mir lieber von den Schurkereien deines Mannes, das finde ich viel interessanter! Was treibt er denn so?«, fragte ich voller Neugier.

»Ich meinte sein Afghanistan-Abenteuer, das Herumgeballere unter Kerlen, sonst nichts. Ich mag dich, Doris, ich wollte dich nicht angreifen. Aber ich finde es verrückt, dass du dich auf den Hokuspokus einlässt …«

»Nenne es bitte anders. Und merke dir eins, Gabi, es ist allein meine Entscheidung«, behauptete ich.

Damals hätte ich jedem Menschen erklärt, dass ich alles, was ich tat, aus freiem Willen entschieden hatte, und gewissermaßen stimmte es auch. Niemals hat mich mein Mann zu irgendetwas gezwungen. Das hatte er nicht nötig, er wusste mich anders einzuwickeln. Es war vielmehr, um ihm zu gefallen, dass ich mich Stück für Stück in ein gehorsames Weib verwandelte. Um das Thema zu wechseln, forderte ich Gabi auf, mir von dem Bosnien-Projekt zu erzählen.

»Lass mich in Ruhe mit deinem Bosnien«, brauste sie zu meiner Überraschung auf. »Hammi spricht den ganzen Tag nur von seinen muslimischen Brüdern in Bosnien. Ich kann es nicht mehr hören. Hast du gestern *Wetten dass…?* gesehen?«

Sie fing an, mir von einer besonders lustigen Wette zu erzählen, und plapperte über dies und jenes, bis die beiden Männer aus dem Keller traten. Bald darauf verabschiedeten wir uns auch schon.

Auf dem Rückweg verkündete Omar, dass er mit Ahmed im Sommer nach Bosnien fahren wolle.

»Wir müssen uns dringend einmal vor Ort umschauen, die Lage begutachten und uns ein Bild davon machen, wie es unseren Brüdern und Schwestern geht. Nur so können wir wissen, welche Art von Hilfe wirklich gebraucht wird. Ich möchte ein paar Wochen dort verbringen.«

Ich war von dieser Idee gar nicht begeistert. Noch tobte dort der Krieg, und ich hatte große Angst, dass Omar verletzt oder gar getötet werden könnte. Außerdem hatte ich nicht die geringste Lust, mehrere Wochen ohne meinen Mann allein zu Hause zu sitzen, aber ich wusste, dass es sinnlos war, ihm diesen Plan auszureden. Schließlich sprach er schon eine ganze Weile davon und wartete im Grunde bloß noch auf seine Einbürgerung.

»Aber du kannst mit deinem ägyptischen Pass gar nicht fahren«, sagte ich.

»Den habe ich doch längst abgegeben. Der Beamte bei der Ausländerbehörde hat mir versichert, dass ich in diesen Tagen meinen deutschen Pass erhalten werde. Bald ist es so weit!«

Zwei oder drei Jahre zuvor hatte Omar die deutsche Staatsangehörigkeit beantragt. Dafür brauchte er Empfehlungsschreiben, und so bat er unter anderen meinen Vater um ein paar entsprechende Zeilen, weil dieser als Geschäftsmann ein gutes Ansehen genoss. Mein Vater hatte sich nach anfänglicher Zurückhaltung mit Omar angefreundet, seine Höflichkeit und seine Hilfsbereitschaft schätzen gelernt und freute sich darüber, dass mein Mann Wert darauf legte, Deutscher zu werden. Also schrieb er einen langen Brief an die Behörden. Was darin stand, weiß ich nicht, wahrscheinlich, dass sein Schwiegersohn ein fleißiger, ehrlicher und anständiger Mann war. Vielleicht auch, dass er die deutsche Sprache perfekt beherrschte, stets bemüht war, sich den deutschen Gepflogenheiten anzupassen, und zu Hause einen deutschen Lebensstil pflegte. Das alles stimmte hundertprozentig, als Omar den Antrag stellte, doch es konnte keine Rede mehr davon sein, als der Staat ihn genehmigte. Der Möchtegern-Europäer, den ich sieben Jahre zuvor kennen gelernt hatte, war mit den Jahren zum glühenden Verfechter eines fundamentalistischen Islams geworden. Aber 1994 war dieser Begriff noch nicht in aller Munde, ganz im Gegenteil. Als die Massaker und Gräueltaten in Bosnien bekannt wurden, wuchs in Europa und ganz besonders in Deutschland die Sympathie für die Muslime, die in den Medien durchweg als Opfer der Serben dargestellt wurden. Die halbe Welt fühlte sich mit ihnen solidarisch, dementsprechend war auch die Spende- und Hilfsbereitschaft enorm.

»Schau her, Aischa, jetzt bin ich Deutscher! Ich war gerade beim Ausländeramt!«

Stolz wie ein Kind führte er mir nur kurz nach unserem Besuch bei Ahmed und Gabi beim Frühstück seinen nagelneuen Pass vor, strich über die noch leeren Seiten. Ich erinnerte ihn daran, dass er sich bei meinem Vater bedanken müsse.

»Das tue ich heute Abend. Ich werde ihn anrufen oder besser, wir fahren zusammen hin und zeigen deinen Eltern den Pass. Aber erst rufe ich Ahmed an, um ihm zu sagen, dass unserer Reise nach Bosnien nun nichts mehr im Weg steht!«

»Wann wollt ihr losfahren?«, fragte ich.

»Das weiß ich noch nicht. Wir müssen einiges vorher regeln, ich sage es dir rechtzeitig«, erwiderte er unbekümmert.

Mir war bei dem Gedanken noch immer nicht wohl. »Nicht nur mich auch deinen Chef musst du rechtzeitig informieren und dir den Urlaub genehmigen lassen«, mahnte ich.

»Meine muslimischen Brüder und Schwestern werden gequält, Unzählige von ihnen sterben, ich will zu ihnen, und du sprichst von Urlaub. Was bist du nur für ein Mensch? Hast du denn kein Herz?«, brauste er plötzlich auf.

Er blickte mich vorwurfsvoll an. Manchmal wandelte sich seine Stimmung so schnell, dass ich ihn kaum wieder erkannte. Er konnte offen und charmant sein, sich freuen und lachen, und mit einem Mal verschloss er sich wegen einer Nichtigkeit, wurde düster und mir unheimlich fremd. Dann war es fast unmöglich, mit ihm zu reden, trotzdem versuchte ich es.

»Es hat nichts mit dem Herzen zu tun, sondern mit Papieren. Ich möchte nur nicht, dass du deine Stelle verlierst.«

Omar sagte etwas auf Arabisch. Ich bat um Übersetzung.

»Wenn Gott möchte, dass ich meine Stelle behalte, dann wird er schon dafür sorgen«, erwiderte er gereizt.

Im Stillen vervollständigte ich den Satz: Nicht die Papiere sind wichtig, sondern Gottes Wille, und Er allein kennt den richtigen Weg. Vielleicht kam man damit in muslimischen Ländern durch, in Deutschland sicher nicht. Wer seinen Urlaub nicht fristgerecht beantragt, wird gefeuert. Das wusste Omar, früher hatte er selbst auf solche Regeln geachtet, jetzt schien es ihm vollkommen egal zu sein. Er hatte Wichtigeres im Sinn.

Anfang Oktober wollten Omar und Ahmed losfahren. Mitte September klingelte bei uns das Telefon. Es war meine Schwester Caro, die sich seit Monaten nicht mehr gemeldet hatte.

»Hör zu, Doris, es ist etwas Furchtbares passiert. Die Mama hat einen Hirnschlag gehabt, sie ist im Krankenhaus. Vater fragt nach dir. Du musst sofort hin. Nach Ruhpolding.«

In diesem Ort hatten wir als Kinder oft unsere Ferien verbracht, und unsere Eltern fuhren jedes Jahr dorthin, um zu wandern und die Landschaft zu genießen.

»Caro, hör auf! Das darf ja wohl nicht wahr sein! Ich habe sie doch kurz vor ihrer Abreise noch mit Omar besucht und mit Mutter verabredet, dass wir uns nach ihrer Rückkehr allein treffen.«

»Wenn du sie noch einmal sehen willst, musst du dich beeilen. Der Arzt sagt, dass es nicht gut aussieht.«

Omar brachte mich noch am selben Tag hin. Ich weinte fast die ganze Strecke, hätte selbst unmöglich fahren können.

Im Krankenhaus versammelte sich die ganze Familie vor dem Zimmer meiner Mutter, in der Nacht hatte sie zwei oder drei weitere Hirnschläge gehabt und lag im Koma. Wir durften nur kurz zu ihr rein. Ihr Anblick nahm mir jede Hoffnung. Ich erkannte sie gar nicht mehr, so verändert war sie. Ihr Gesicht war eingefallen, ausdruckslos, als hätte sich ihre Seele schon von ihrer körperlichen Hülle getrennt. Aber sie lebte. Es wurde beschlossen, sie nach Frankfurt in die Klinik zu transportieren.

Am Abend fuhr Omar mit mir nach Mainz zurück. In den folgenden Tagen tat er sein Bestes, um mich zu trösten, hielt mich fest, ließ mich an seiner Brust weinen und war sehr lieb zu mir. Doch eines Morgens wachte ich später auf als er und sah, dass er seinen Koffer packte.

»Du kannst mich jetzt nicht allein lassen«, protestierte ich. »Bitte, bleib hier, ich brauche dich. Es ist doch egal, ob du jetzt nach Bosnien fährst oder in ein paar Wochen.«

Er schüttelte den Kopf. »Diese Reise ist für Ahmed und mich sehr wichtig. Wir haben dort Termine, die wir nicht verschieben können.«

»Was für Termine? Meine Mutter liegt im Sterben! Als deine Mutter starb, bin ich mit dir nach Ägypten geflogen und bei dir geblieben. Jetzt brauche ich dich, ist das denn nicht wichtig?«

»Doch. Aber ich muss dorthin. Es tut mir Leid, Aischa. Es sind nur vier oder fünf Wochen.«

Seelenruhig packte er weiter. Bald klingelte es an der Tür. Es war Ahmed, der ihn abholte, eine Stunde später waren die beiden weg. Ich war wahnsinnig wütend und verzweifelt zugleich. Noch nie hatte ich mich so einsam gefühlt wie in jener Zeit.

Kurz bevor Omar aus Bosnien zurückkehrte, beerdigten wir meine Mutter, nach endlosen Wochen, in welchen sie dahingedämmert war, ohne das Bewusstsein wiederzuerlangen. Mein Vater war am Ende, wie wir alle, aber ihm ging es besonders schlecht. Er wollte nicht glauben, dass sie tot war, sah mich an und verwechselte mich mit ihr, weil ich ihr ähnlich sah. Immer wieder rief er mich mit ihrem Namen und brach in Tränen aus, wenn ich ihm sagte, dass ich nicht seine Frau, sondern seine Tochter Doris sei.

»Doris, ja, Doris, hör zu, mein Kind, du bist jetzt auch allein. Die Mama ist weg, dein Mann ist weg, wer weiß, ob er wiederkommt. Wir beide sind einsam, zieh doch zu mir in das große Haus«, murmelte er.

»Tu es doch«, meinte Caro, »dann seid ihr beide nicht ganz so allein!«

Auch Karl und Gerda fanden die Idee gut. Nur ich sträubte mich dagegen, weil ich merkte, wie mein Vater schon halb dabei war, mir ein Zimmer bei ihm einzurichten. Er räumte um, leerte Schubladen, um für mich Platz zu machen, und schien nicht zu verstehen, dass ich es nicht wollte. Ich übernachtete einige Male auf dem Sofa im Wohnzimmer, dann begann er, auf mich einzureden, ich solle mich von Omar trennen.

»Er ist nicht gut für dich, ich weiß es, sonst hätte er dich nicht allein gelassen. Ich sehe doch, wie unglücklich du bist.«

»Papa, ich bin unglücklich, weil die Mama gestorben ist.«

»Ja, ja, ich auch, eben. Wir sind beide unglücklich, und wenn du hier einziehst, können wir einander trösten. Ich helfe dir, du weißt, dass du dich auf mich verlassen kannst. Ich bin immer für dich da. Er braucht dich nicht, ich schon, mein Kleines.«

Ich hätte mir gewünscht, mit ihm zusammen um meine Mutter trauern zu können, aber er klammerte sich an mich und übte von Tag zu Tag mehr Druck aus, damit ich bei ihm wohnen blieb. Ich war viel mit ihm zusammen, zu viel. Es tat mir nicht gut.

Ich sehnte mich nach meinem Mann und war heilfroh, als er mich nach mehreren Wochen endlich abholte. Hastig verabschiedete ich mich mit einem Kuss von meinem Vater und versprach ihm, dass ich ihn bald besuchen würde.

»Ich habe dich so sehr vermisst«, sagte ich zu Omar, als wir im Auto saßen. Dann berichtete ich ihm alles, was in der Zwischenzeit geschehen war, das langsame Sterben meiner Mutter, ihre Beerdigung, auch wie schwer es mit meinem Vater gewesen war.

Er zeigte Mitgefühl, schien mit den Gedanken allerdings woanders zu sein, so fragte ich, wie es in Bosnien gewesen sei, wie es ihm gehe.

»Ich erzähle es dir zu Hause in Ruhe«, antwortete er nur. »Es sind wichtige Dinge geschehen. Wir sind ja gleich da.«

Er sah jedenfalls gut aus, als hätte er die ganzen vier Wochen draußen im Freien verbracht, war nicht glatt rasiert wie sonst, sondern hatte sich einen Bart wachsen lassen. Das gefiel mir. Ich wünschte mir, bald in seinen Armen zu liegen und alles zu vergessen. Als wir in der Wohnung waren, holte ich erst Wasser und Saft aus der Küche, dann setzten wir uns ins Wohnzimmer.

»Aischa. Hör mir gut zu. Allah hat nach mir gerufen und ich werde seinem Ruf folgen«, begann Omar völlig unvermittelt. »Ich werde hier alles aufgeben und nach Bosnien ziehen.«

Ich fiel aus allen Wolken, sah ihn sprachlos an. Doch er fuhr ungerührt fort.

»Es ist meine Entscheidung. Du kannst mich nicht umstimmen, du musst akzeptieren, dass es so ist. Und es wird immer so sein. Wenn ich Allahs Ruf vernehme, egal wo ich bin, dann packe ich meine Sachen und gehe.«

»Und ich?«, stotterte ich.

»Du bist meine Frau«, antwortete er und lächelte mich an. »Aischa, ich frage dich jetzt, ob du mit mir kommen oder lieber hier bleiben willst. Du musst für dich selbst entscheiden.«

Ich hörte ihn, hörte jedes Wort. Er sagte, er liebe mich und wünsche sich, dass ich ihn begleite, aber er wolle mich nicht beeinflussen. Ich solle mir gut überlegen, ob auch ich bereit war, diesen Weg zu gehen.

»Welchen Weg? Ich verstehe nicht, wovon du sprichst. Was ist los? Was hast du in Bosnien erlebt? Kannst du mir bitte alles von Anfang an erklären?«, bat ich, als ich mich ein wenig gefasst hatte.

Doch er ging auf meine Fragen nicht ein. »Du musst wissen, ob du dir ein Leben voller Entbehrungen und Gefahren vorstellen kannst. In Bosnien sind die Leute sehr arm und haben nichts zu essen, Aischa, wenn du mit mir kommst, kannst du ihnen helfen. Wir werden zusammen sein, zusammen für eine gute Sache kämpfen. Du wirst nicht mehr für fremde Leute arbeiten, ich werde von der humanitären Organisation bezahlt und für dich sorgen, das verspreche ich dir.«

»Das klingt nicht schlecht«, unterbrach ich, »aber ...«

»Lass mich bitte ausreden. Hör zu. Wenn du lieber hier in Deutschland bleiben willst, werde ich dir nicht böse sein, aber auch nicht für dich sorgen können. Du wirst dann allein auf dich gestellt sein. Also, was möchtest du?«

Ich öffnete den Mund, doch es kam nichts heraus. Mein Hirn war leer, ich konnte keinen klaren Gedanken fassen. Dieser Tag war ein einziger Albtraum, aber das Schlimmste stand mir noch bevor. Mein Mann nahm mich an der Hand und führte mich aus der Küche ins Wohnzimmer zum Sofa.

»Setz dich, Aischa. Ich möchte dir etwas zeigen. Es ist ein Film, den ich aus Bosnien mitgebracht habe.«

Er steckte eine Kassette in den Rekorder, drückte auf die Fernbedienung. Ich weiß nicht, was ich erwartete, vielleicht Aufnahmen von den Orten, an denen er gewesen war. Jedenfalls schrie ich schon nach den ersten Bildern auf, so dass er das Band stoppte. Ich ertrug es nicht, es war grauenvoll. Ich sah ganz deutlich, wie eine Frau von mehreren Männern vergewaltigt wurde, sie lachten dabei. Ich hörte dieses Lachen und die Schreie der Frau, ich sah andere Männer, alles Soldaten, die Schlange standen, bevor sie selbst an die Reihe kamen.

»Das ist ja entsetzlich. Warum zeigst du mir das?«

»Weil ich möchte, dass du mich verstehst. Das ist eine muslimische Frau, der dies angetan wird«, antwortete Omar, der fasziniert auf den Bildschirm starrte.

»Bitte, lieber Gott, lass es nicht wahr sein!«, rief ich und hielt mir die Augen zu.

Ein Sprecher sagte etwas auf Arabisch, dann hörte ich keine Frauenschreie mehr und warf einen vorsichtigen Blick zwischen meine Finger. Zwei oder drei Sekunden lang sah ich eine Szene, die ich niemals vergessen werde: Einer schwangeren Frau wurde bei lebendigem Leib der Bauch aufgeschlitzt. Dann konnte ich nicht mehr, musste würgen, rannte ins Bad, erreichte gerade noch die Toilette und erbrach mich. Ein paar Minuten später kam Omar. Er half mir, aufzustehen und mich zu säubern.

»Verstehst du jetzt, warum ich dorthin muss? So werden unsere Brüder und Schwestern abgeschlachtet! Verstehst du mich? Seit ich das gesehen habe, kann ich hier nicht mehr leben!«

Er sprach wie ein Besessener lange auf mich ein, seine Augen funkelten und fixierten mich, als wollte er mich hypnotisieren, und ich wurde auf einmal so müde, dass ich nur noch ins Bett wollte.

Am nächsten Morgen rüttelte mich Omar wach. Ich fühlte mich wie gerädert, als hätte jemand auf mich eingeschlagen.

»Ich muss weg. Hör zu, Aischa, in drei Wochen werde ich meine Zelte hier endgültig abbrechen. Du hast vierzehn Tage Zeit, um deine Entscheidung zu treffen. Bitte, rede mit niemandem aus der Familie darüber, denn deine Geschwister und dein Vater werden alles tun, um dich hier festzuhalten und uns auseinander zu bringen. Du sollst deine Entscheidung allein mit Gottes Hilfe treffen.«

Mit diesen Worten ließ er mich allein.

Jedes Mal, wenn ich mit Omar über die Angelegenheit redete, wiederholte er nur, dass ich frei sei und Gott um Führung bitten sollte.

»Ich kann dir nichts anderes bieten, Aischa. Entweder du bleibst hier allein oder du fährst mit mir nach Bosnien. Meine Entscheidung ist unwiderruflich.«

Für mich bedeutete es aber, dass ich gar keine Wahl hatte. Seit meine Mutter tot war, brauchte ich meinen Mann mehr denn je, ohne ihn hätte ich gar nicht weiterleben wollen. Wenn ich versuchte, mir vorzustellen, wie es wäre, sah ich meinen Vater, der nur darauf wartete, um mich zu vereinnahmen.

»Ich will dich nicht verlieren«, sagte ich zu Omar. »Wenn du Deutschland verlässt, muss ich mit dir fahren.«

In diesen letzten Tagen vor unserer Abfahrt war ich wie ein Zombie. Ich ging arbeiten, saß an der Kasse, sprach mit Kunden, bestellte mit meinem Chef zusammen die Waren, besuchte meinen Vater und tat so, als kehrte mein Leben nach dem Tod der Mutter zur Normalität zurück. Doch nichts mehr war normal. Zu Hause sortierte Omar seine Sachen, zerriss unsere Fotos, verbrannte im Badezimmer jede Menge Unterlagen. Fast täglich kamen muslimische Bekannte vorbei und gingen wenig später mit unseren Stühlen, Kartons voller Geschirr oder Topfpflanzen davon. Ich stand hilflos mittendrin, sah zu, wie Stück für Stück mein altes Leben abmontiert wurde und verschwand. Wehren konnte ich mich nicht. Ich hatte keinen eigenen Willen mehr, ließ alles geschehen, nur um meinem Mann zu folgen. Er war das Einzige, was mir übrig blieb – so fühlte ich zumindest damals. Ich durfte ihn keinesfalls alleine gehen lassen. Ohne ihn hätte mein Leben keinen Sinn mehr gehabt.

»Ich kümmere mich um dich«, wiederholte Omar bei jeder Gelegenheit. »Mach dir keine Sorgen.«

Bereitwillig überließ ich ihm die Verantwortung für alles. Für den Mietvertrag und den Leasingvertrag des Autos, die beide auf meinen Namen liefen, für die Versicherungen, die geändert oder gekündigt werden mussten. Ein Teil unserer Möbel wurde per Transporter abgeholt und in eine Moschee gebracht, als Spende für arme Moslems. Eine Wagenladung wurde in Heilbronn bei Ahmed und Gabi deponiert, die mir am Telefon sagte, ich sei vollkommen verrückt geworden.

»Ich würde niemals nach Bosnien gehen«, wetterte sie. »Was willst du da überhaupt tun? Hast du dir das überlegt? Du weißt ja nicht, worauf du dich einlässt. Da unten ballern sie alle wie blöd aufeinander. Du kannst froh sein, wenn du da lebendig wieder rauskommst!«

Ich zuckte nur mit den Schultern und legte auf. Es spielte keine Rolle, ich konnte die Maschinerie, die Omar in Gang gesetzt hatte, sowieso nicht mehr aufhalten, versuchte es nicht mal. Ich befolgte seine Anweisungen, bat meinen Chef um eine Woche Urlaub, die er mir sofort genehmigte, und hatte ein schlechtes

Gewissen, weil ich ihn anlog. Noch schlechter ging es mir, sobald ich an meine Familie dachte.

»Es tut mir weh, dass ich meinem Vater und meinen Geschwistern nichts sagen darf«, klagte ich kurz vor unserer Abreise. »Was werden sie von mir denken?«

»Glaube mir, es ist besser so«, sagte er mit seiner weichen Stimme. »Du erklärst ihnen alles in einem Brief, den wir von unterwegs abschicken. Ich will dich nicht verlieren, Aischa.«

Ich kam nicht im Traum auf die Idee, mich seinem Vorschlag zu widersetzen und schrieb mit schwerem Herzen die Briefe. »Bitte, macht euch keine Sorgen um mich, ich bin mit meinem Mann für längere Zeit verreist und melde mich, sobald wir eine feste Adresse haben. Es ist alles bestens, ich denke an euch.« Ich wusste nicht, was ich schreiben sollte. Bis zur Abfahrt überlegte ich, ob ich vielleicht doch jemanden anrufen sollte, tat es allerdings nicht. Gerda hätte nur mit mir geschimpft, mein Vater geweint, Caro und Karl auf mich eingeredet, damit ich bleibe. Es hätte nichts geändert, ich wäre trotzdem gefahren. Meinem Chef teilte ich mit, dass ich nicht wiederkommen würde. Die Briefe gab ich Gabi, die sie später abschickte.

So verschwand ich sang und klanglos von der Bildfläche, und es sollte über drei Jahre dauern, bis meine Familie erfuhr, dass ich am Leben war.

5

Die letzte Nacht in Deutschland verbrachten wir bei Ahmed und Gabi. Am frühen Morgen fuhren wir Richtung Österreich los, belegte Brote und eine Thermoskanne mit Kaffee im Gepäck.

»Wir können unterwegs keine längeren Pausen machen«, sagte Omar, »weil wir einen Zeitplan einzuhalten haben. Wir werden im Auto essen. In Kroatien wartet man auf uns.«

Ich fragte nicht nach, wer auf uns wartete, ich wusste nicht mal, wohin genau wir fuhren. Mir war alles egal.

Als wir die erste Grenze passierten, warf der Zöllner einen Blick in den voll beladenen Wagen und fragte nach unserem Reiseziel.

»Bosnien«, antwortete Omar. »Wir arbeiten für eine humanitäre Organisation …«

Mehr war nicht nötig, schon winkte uns der Mann durch. Jetzt gab es wirklich kein Zurück mehr, aber ich wollte auch nicht zurück, ich hätte nicht gewusst, wohin. An der slowenischen Grenze brach ich in Tränen aus.

»Hier bin ich vollkommen fremd«, schluchzte ich und sah Omar an. »Wenn ich hier aussteige und die Frau da vorne frage, wo die Toilette ist, versteht sie mich nicht. Hier spricht kein Mensch mehr deutsch. Ich fühle mich so ausgeliefert! Erst jetzt verstehe ich, dass jeder Kilometer, den wir fahren, mich mehr und mehr in die Fremde führt. Was steht uns bevor? Ich habe Angst.«

»Vertrau mir«, sagte Omar, »ich bin für dich da. Ich liebe dich. Bitte, hör auf zu weinen, Aischa. Ich weiß, wie schwer es für dich ist, all das hinter dir zu lassen, aber das ist nicht für immer. Wenn der Krieg vorbei ist, so Gott will, kehren wir nach Deutschland zurück.«

Dieser Gedanke beruhigte mich. Ich wusste, dass die UNO sich sehr um den Frieden bemühte, dass ständig verhandelt wurde. Ich dachte an den Abend vor knapp vierzehn Tagen zurück, an dem ich mich endgültig entschieden hatte, mit ihm zu gehen. Er hatte nur von seiner Aufgabe geredet und war Feuer und Flamme gewesen.

»Wo werden wir wohnen?«, hatte ich ihn schließlich unterbrochen.

»In Zenica, einer kleinen Stadt. Dort habe ich eine Wohnung für uns angemietet. Eine gute Wohnung. Du wirst dich schnell dort zurechtfinden, ich werde dir dabei helfen, das verspreche ich dir.«

Omar hüllte mich mit seiner wärmenden Stimme und seinen liebevollen Worten ein. Bald sah alles nicht mehr ganz so dunkel aus, und ich fragte, welche Aufgaben mir zufallen würden.

»Erst brauchst du dich nur um das Haus zu kümmern. Danach werden wir sehen. Es wird sich alles ergeben«, antwortete er.

Ich hatte mich von seiner Zuversicht anstecken lassen und versucht, positiv in die Zukunft zu blicken, doch der Hoffnungsschimmer war längst verflogen. In Kroatien musste ich im Auto warten, während Omar in ein Büro ging, um für uns Ausweise zu holen, wie sie alle Mitarbeiter der Hilfsorganisationen erhielten. Erst danach durften wir bis zu einem Treffpunkt weiterfahren, wo einige Fahrzeuge parkten. Mich fröstelte beim Anblick der bewaffneten Männer, die sich uns näherten.

»Das sind Kuriere, gegen Geld begleiten sie uns nach Zenica«, erklärte Omar. »Die normalen Straßen sind unpassierbar, viele davon durch die Bombardierungen völlig zerstört. Diese Männer wissen, wo gekämpft wird, außerdem kennen sie Umwege und sichere Strecken.«

Er stieg aus und unterhielt sich eine Weile mit den Männern. Nachdem er ins Auto zurückgekehrt war, mussten wir noch ein wenig auf andere Leute warten, die ebenfalls nach Bosnien wollten. Eine halbe Stunde später passierten wir einen Kontrollpunkt.

»Hier beginnt Bosnien-Herzegowina«, erklärte Omar und

fuhr in feierlichem Ton fort. »Die Heimat unserer muslimischen Brüder und Schwestern, unsere neue Heimat.«

Ich blickte mich um. Die Gegend sah arm und verlassen aus, als seien die Bewohner alle weggelaufen, dabei hatte Omar behauptet, die Front sei weit entfernt. Er schien zu wissen, wo wir waren, also überließ ich mich ganz ihm. Auf den Straßen fuhren Militärfahrzeuge der UNO, vor allem Jeeps und Lastwagen, auf denen UNCR in Großbuchstaben stand und in denen bewaffnete Soldaten saßen. Es war beängstigend.

»Das sind die Friedenstruppen?«, fragte ich. »Wo fahren sie hin? Sind wir schon im Kriegsgebiet? Oje! Da vorne sind ja Panzer!«

Ich redete, um mich selbst zu beruhigen, und Omar beantwortete geduldig meine Fragen. Nach einer Weile merkte ich, dass er in Gedanken woanders war, und schwieg. Wir fuhren im Konvoi mit anderen Wagen durch Täler und über Berge, vorne und hinten waren die Kuriere, die uns sicher ans Ziel bringen sollten. Die Straßen waren schmal und schlecht, voller Schlag- und Einschusslöcher, die Fahrt kam mir endlos vor. Einmal mussten wir anhalten, um eine Panzerkolonne vorbeizulassen, ein anderes Mal kam uns ein Konvoi mit leeren Lastwagen entgegen. Wir wurden kontrolliert, durften weiterfahren. Eine Zeit lang ging es über einen Berg auf einer Art Notstraße, die man angelegt hatte, um die Bevölkerung mit Lebensmitteln zu versorgen. Fast alle Brücken waren durch Bomben zerstört worden, wir fuhren endlose Umwege. Ich fühlte nichts, keinen Schmerz, keine Trauer, keine Angst und keine Neugierde, und kam mir vor, als hätte ich eine ganze Packung Beruhigungsmittel genommen. Ich starrte stumpf durch die Windschutzscheibe, ohne etwas zu sehen, und wartete ergeben auf mein Schicksal.

»Wir sind angekommen«, sagte mein Mann irgendwann. »Hier ist Zenica, gleich wirst du unser Haus sehen.«

Doch seine Worte erreichten mich kaum. Als er mir die Wagentür öffnete und sagte, dass ich aussteigen solle, gehorchte ich wortlos und taumelte, weil ich vom langen Sitzen steif war. Er nahm meinen Arm und führte mich hinein, in den ersten Stock des Gebäudes, das für die nächsten zwei Jahre mein Zuhause werden sollte.

Unser Haus stand am Stadtrand von Zenica, in einer fast schon ländlichen Gegend, an einem Berghang. Der Besitzer hatte es für seine Familie gebaut, doch vor kurzem war seine Frau gestorben, und so war er mit seinen beiden Söhnen in die untere Etage gezogen. Wegen des Krieges konnte er seinen Beruf nicht ausüben und verdiente fast nichts, nur das Geld, das ihm Omar für die Miete und für seine Hilfsdienste bezahlte. Das Haus war kurz vor dem Krieg fertig geworden, es hatte Rollläden, eine Zentralheizung, ein gefliestes Badezimmer mit Wanne, eine modern eingerichtete Küche, eine Waschmaschine und sogar einen Fernseher – nur funktionierte leider so gut wie nichts davon, wie ich enttäuscht registrierte.

Ich stellte rasch fest, dass zahlreiche Unzulänglichkeiten meinen Alltag bestimmten, doch ich beschloss, nicht zu verzagen, und versuchte stets das Beste aus meiner Situation zu machen. Ständig wurden die Strom- und die Wasserversorgung unterbrochen, und wir mussten warten, bis sie repariert wurden. Ich war glücklich, wenn es an einem Tag Strom und am nächsten fließendes Wasser gab. Sobald etwas aus dem Hahn tröpfelte, stellte ich Eimer, Kannen und Töpfe darunter, bis sämtliche Gefäße voll gelaufen waren. Gab es Strom, so füllte ich die Waschmaschine mit einem Trichter von oben, schaltete sie ein und hoffte, dass das Programm einmal durchlief. Ich stand die ganze Zeit mit meinen Eimern dabei, um Lauge und Spülwasser für die Toilette aufzufangen. Allein damit war ich dann meist einen halben Tag beschäftigt.

Die Heizung war ganz kaputt. In der Küche stand ein Herd, den man mit Holz anfeuerte. Als ich nach etwa einer Woche zum ersten Mal selbst Feuer machte, legte ich drei Holzscheite hinein, zerknüllte eine alte Zeitung, spritzte großzügig Spiritus darauf, zündete es an und beugte mich über die Öffnung, um nachzusehen, ob es auch klappte. Die aufsteigende Stichflamme sengte mir Haare und Augenbrauen an, aber ich kam mit dem Schrecken davon. Frierend wartete ich, bis Omar von einer seiner zahlreichen Touren zurückkehrte. Tagsüber war er meist im Büro der Organisation beschäftigt oder fuhr durch die Gegend, um sich ein Bild von der Lage zu machen. Manchmal nahm er eine Videokamera mit, zeigte mir jedoch nicht, was er filmte.

»Nie mehr rühre ich dieses Ding an«, fluchte ich. »Sieh nur, wie ich aussehe!«

»Zum Glück ist dir nichts Schlimmeres passiert, Aischa. Du musst es lernen. Wer soll den Herd sonst anzünden, wenn ich nicht da bin?«

Geduldig zeigte er mir, wie man es richtig machte, und bald konnte ich es genauso gut wie er.

In diesem bitterkalten Winter 1994/95 war dieser Herd die einzige Wärmequelle für unsere Dreizimmerwohnung, die ich in den ersten Monaten niemals allein verließ. Noch tobte der Krieg in Bosnien-Herzegowina, und an Spazieren war nicht zu denken, denn die Front war keine hundert Kilometer von Zenica entfernt. Tagtäglich hörte ich das Wummern der Geschosse, ständig gab es Alarm. Oft fühlte ich mich nicht mal im Haus sicher. Einmal, als ich gerade beten wollte, krachte es in unmittelbarer Nähe; an jenem Tag wurde tatsächlich Zenica angegriffen. Zwischen den Fensterläden, die ich auf Omars Anweisung stets geschlossen hielt, sah ich kleine Rauchsäulen mitten in der Stadt aufsteigen. Zwar waren die Einschläge gleich wieder vorbei, dennoch glaubte ich zuerst, dass mein letztes Stündlein geschlagen habe.

Einige Wochen später, im Frühjahr 1995, fiel ich vor Schreck fast in Ohnmacht, als direkt über mir eine Rakete zischte, die wenige Kilometer weiter explodierte. Ich hatte mich nur kurz aus dem Haus gewagt, um Wäsche im Garten aufzuhängen, und stolperte beim Hineinrennen über meinen langen Mantel, den ich auf Omars Wunsch außerhalb unserer vier Wände stets – wenn auch widerwillig – trug.

Gleich nach unserer Ankunft hatte mir mein Mann einen bodenlangen, weiten, schwarzen Mantel, schwarze Handschuhe und einen schwarzen Niqab gebracht. Ich mochte dieses Ding nicht, eine komplizierte Kopfbedeckung aus fünf Schichten dünnen Schleierstoffes, mit dem ich einfach nicht zurechtkam.

»Wenn all diese Schleier vor meinem Gesicht hängen, sehe ich nichts mehr und muss wie eine Blinde an der Hand geführt werden. Außerdem ersticke ich darunter. Ich will das nicht tragen«, hatte ich mich gewehrt, als ich den Niqab zum ersten Mal anprobierte.

»Es ist zu deiner eigenen Sicherheit«, hatte Omar geantwortet. »Ich weiß, was für dich gut ist, Aischa, glaub mir. Bald wirst du nicht mehr ohne deinen Niqab ausgehen wollen. Niemand weiß, dass eine Europäerin sich darunter versteckt. Niemand weiß, wie du aussiehst, ob du alt oder jung bist, schön oder hässlich. Es ist das beste Versteck, das du hast.«

So war es ihm gelungen, mich halbwegs zu überzeugen. Sicher fühlte ich mich unter all diesem Stoff trotzdem nicht, denn Omar warnte mich sehr eindringlich vor den bosnischen Serben. »Niemand darf erfahren, dass hier eine Frau lebt«, erklärte er. »Deswegen will ich auch nicht, dass du dich vom Haus entfernst. Geh nur in den Garten, wenn dich niemand beobachtet. Ich kann nicht immer bei dir sein, um dich zu beschützen, Aischa. Du hast diesen Film gesehen und weißt, was diese wilden Tiere Frauen antun, die ihnen in die Hände fallen.«

»Bitte, erinnere mich nicht daran!«, flehte ich ihn an.

Aber er verschonte mich nicht. Wieder einmal berichtete er von den hinterhältigen Überfällen der serbischen Milizen auf muslimische Zivilisten und von neuen Gräueltaten. Anfang des Jahres hatten sie Handgranaten auf den Marktplatz in Sarajevo geworfen und viele Menschen getötet.

»Diese Verbrecher zünden Moscheen an, sie verbrennen ganze Dörfer, nehmen Frauen gefangen, töten Kinder und zwingen Männer auf Lastwagen, um sie ein paar Kilometer weiter zu erschießen und in Massengräbern am Straßenrand zu verscharren!«

Immer wieder gab es Meldungen, dass der Feind näher kam, und auch ich machte mir große Sorgen um Omar, die er jedoch leichtfertig abtat.

»Um mich brauchst du dich nicht zu fürchten. Du musst aufpassen und dich zu schützen wissen«, betonte Omar.

Für mich waren diese ersten Monate in Zenica, als würde ich im Gefängnis sitzen, ohne Hofgang. Ich war meist den ganzen Tag alleine, und da ich mich nicht am Fenster zeigen durfte, konnte ich nur durch die Rollläden hinausschauen, die ständig zu drei Vierteln geschlossen bleiben mussten. Selbst mit unserem Hausbesitzer hatte mir Omar jeden Kontakt verboten.

»Er ist ein gläubiger Mann und du bist eine verheiratete Frau. Es gehört sich nicht, dass ihr miteinander sprecht«, hatte er mir gleich nach unserem Einzug erklärt. »Du darfst ihn auch nicht hereinlassen, weder ihn noch einen anderen Mann.«

Zwar ließ es sich nicht vermeiden, dass wir uns ab und zu begegneten – einmal traf ich ihn auf der Treppe, und er drehte sich schnell weg, ohne mich anzuschauen –, doch Omar hatte mit diversen Absprachen entsprechend vorgesorgt. Brauchte ich mal wieder Holz oder etwas anderes, stampfte ich dreimal fest auf den Boden, und schon schickte er einen seiner Söhne zu mir hoch. Mit den Kindern durfte ich sprechen und sagte ihnen durch die Tür, was ich wollte. Die leere Holzkiste stellte ich einfach in den Hausflur und wenig später war sie voll mit fertig gehackten Holzscheiten. Vor der Tür wurde mein Müll abgeholt und die Lebensmittel deponiert, die ich bestellt hatte. Die einfachen Worte des Alltags hatte ich bald gelernt: Holz, Brot, Mehl, Salz, Gemüse, Zwiebeln – viel mehr war in Zenica ohnehin nicht zu finden. Die Leute hatten nichts außer dem Wenigen, was sie in ihren Gärten anbauten, und den Waren, die sie von den verschiedenen Hilfsorganisationen bekamen.

Wir waren erst seit wenigen Wochen da, als mir Omar eines Abends verkündete, dass er für mehrere Tage verreisen würde. Bis dahin hatte er mich nur tagsüber allein gelassen, war lediglich einmal über Nacht weggeblieben.

»Wohin fährst du? Bitte, nimm mich mit! Es ist schrecklich, wenn du nicht da bist und ich mit keiner Menschenseele reden kann. Die Zeit vergeht nicht, ich weiß nicht, was ich den ganzen Tag mit mir anfangen soll, und außerdem habe ich Angst«, protestierte ich.

»Ich habe Geschäfte zu erledigen, da kannst du wirklich nicht mitkommen«, erwiderte er leicht ungeduldig. »Sei vernünftig, Aischa, es sind bloß drei oder vier Tage und dir wird nichts passieren. Ich habe dir ein Walkie-Talkie gebracht. Wenn du auf diesen Knopf drückst, antwortet dir sofort jemand, der dir helfen wird, ja?«

Erst erklärte er mir, wie das Gerät funktionierte, dann musste ich mich fertig machen, weil er mit mir wegfahren wollte. Ich freute mich über die unerwartete Abwechslung, zog ohne zu murren Mantel, Handschuhe und Niqab an und folgte ihm. Beim

Einsteigen in den Wagen engten die Schleierschichten meinen Blick ein, ich sah kaum etwas und achtete auch nicht auf die Gegenstände auf dem Rücksitz.

Omar verließ bald die Hauptstraße, um auf einem Waldweg weiterzufahren, und hielt nach einer Viertelstunde an, mitten im Wald.

»Hier ist niemand, du darfst deinen Schleier jetzt heben. Komm, Aischa, steig aus.«

»Schön ist es hier«, sagte ich und holte tief Luft.

Noch hatte ich nicht verstanden, was das Ganze sollte. Ich genoss es, in der freien Natur zu sein, ging ein paar Schritte.

»Es riecht schon ein klein bisschen nach Frühling, findest du nicht?«

Omar antwortete nicht. Ich betrachtete die hohen Bäume, die um die kleine Lichtung standen. Ein schmaler Weg führte tiefer in den Wald hinein.

»Gehen wir spazieren?«, fragte ich, drehte mich um und stieß einen Schrei aus, denn Omar näherte sich mit raschen Schritten und hielt eine Pistole in der Hand.

»Du sollst jetzt schießen lernen. Schließlich musst du dich verteidigen können, falls dich jemand angreift«, antwortete er.

»Ich will aber nicht. Hör zu, ich habe nie in meinem Leben geschossen, höchstens ein- oder zweimal mit Freunden auf dem Jahrmarkt, aber das ist etwas anderes!«

Mein Mann reichte mir tatsächlich eine echte Pistole. Seine. Solange der Krieg andauerte, verließ er das Haus stets bewaffnet, manchmal sogar mit einer Kalaschnikow. Ob er sie je benutzt hat, kann ich nicht sagen. Ich war nie dabei.

An diesem Tag schoss er selbst nicht. Er zeigte mir nur, wie man die Pistole entsicherte, drückte sie mir in die Hand, stellte sich hinter mich und stützte mich. Die Waffe fühlte sich kalt an. Omar hielt meinen Arm, legte seine Hand auf meine und führte meinen Zeigefinger zum Abzug.

»Ich mag das nicht«, protestierte ich noch einmal.

»Jetzt zielst du auf den Baum da vorne und drückst ab«, befahl er. »Worauf wartest du? Stell dir vor, das ist der Feind! Drück ab, drück endlich ab! Du darfst nicht zögern, wenn du zögerst, bist du tot!«

Schließlich drückte ich ab. Allerdings löste ich damit nicht bloß einen Schuss, sondern gleich eine ganze Reihe von Schüssen aus, weil die Pistole auf Automatik gestellt war. Ich erschrak so sehr, dass ich sie fallen ließ.

»Was machst du da?«, brüllte mich Omar an. Er war völlig außer sich. »Bist du blöd oder was? Du hättest uns beide umbringen können mit deiner Dummheit! Weißt du denn nicht, was passiert, wenn man die Waffe loslässt? Dann schießen die Kugeln nach allen Richtungen! Das darfst du nie wieder tun!«

»Ich fasse dieses Ding bestimmt nicht mehr an! Da kannst du dir sicher sein! Und hör auf, mich zu beschimpfen, du bist selbst schuld. Ich habe dir gleich gesagt, dass ich es nicht will! Du hast mich hierher gelockt! Ich denke nicht daran, auf irgendjemanden zu schießen!«

Ich war unheimlich wütend, tobte und schrie, dass ich nach Hause wolle und dass ich die Nase voll davon hätte, ständig eingesperrt zu sein. Omar beruhigte sich auf der Stelle und versuchte mich zu besänftigen.

»Schon gut«, sagte er, »dann brauchst du eben nicht schießen zu lernen, wenn du es nicht möchtest. Aber hör bitte auf zu schreien. Ich möchte nicht, dass jemand auf uns aufmerksam wird. Sei also bitte still!«

»Ich will nach Hause«, wiederholte ich wie ein bockiges Kind und weigerte mich, zurück zum Auto zu gehen.

»Gut. Ich habe es verstanden. Wenn ich nächstes Mal für länger wegfahre, nehme ich dich mit. Ich weiß noch nicht, wann das sein wird und ob ich tatsächlich nach Deutschland fahre oder nach Österreich oder in die Schweiz …«

»Mir ist das egal, solange ich hier aus Zenica rauskomme, ist mir alles recht«, sagte ich.

Damit fuhren wir in unser Haus zurück. Wir redeten auf der Fahrt kein Wort, dennoch fühlte ich mich gut. Ich hatte zwar bloß einen Teilsieg errungen, aber es war immerhin ein Anfang.

Diese Reisen mit Omar, zu denen er mich seit diesem Streit tatsächlich ab und an mitnahm, hatten mit vergnüglichen Urlaubsfahrten, bei denen man ausspannt, vielleicht ein paar Sehenswürdigkeiten besichtigt und am Strand spazieren geht, nichts zu tun. Unsere Reisen waren ganz anderer Natur. Feriengefühl kam bei diesen strapaziösen Touren gewiss nicht auf. Meist fuhren wir ohne Pausen Tausende von Kilometern hin und zurück, weil wir nirgends länger als die paar Stunden blieben, die Omar brauchte, um seine Geschäfte zu erledigen. Trotzdem war ich froh, aus der Enge unserer Wohnung zu entfliehen und andere Landschaften durch das geschlossene Autofenster zu sehen. Und ich liebte es, mit Omar unterwegs zu sein. Endlich hatte ich ihn ein paar Stunden lang ganz allein für mich und spürte wieder ein Gefühl von Nähe zwischen uns, das mir in Zenica fehlte. Dort sah ich ihn viel zu wenig, denn oft kam er nur zum Schlafen und ging vor Tagesanbruch schon wieder.

Die ersten drei Jahre, die ich in Bosnien verbrachte, führte ich eine Art Tagebuch, in dem ich alles notierte, was geschah, auch wer uns besuchte und wann. Darin hielt ich auch die Daten und Ziele unserer Reisen fest. Ich tat es nicht, weil ich ahnte, dass mich eines Tages der Geheimdienst danach fragen würde, sondern weil mein Leben eintönig und grau war. Jeder Tag glich dem anderen, ohne Fernsehen, Radio und Zeitung fühlte ich mich dermaßen getrennt vom Rest der Welt, dass ich meine Notizen brauchte wie Robinson seine Striche in einem Holzpfosten, nämlich als Orientierungspunkte. Eines Tages fand Omar dieses Heft im Schrank zwischen den Handtüchern, zusammen mit den letzten Familienfotos, die ich noch gerettet hatte.

»Aischa, trenn dich endlich von diesen weltlichen Dingen«, sagte er. »Sie sind nicht wichtig, sie belasten dich nur in deinem neuen Leben.«

Vor meinen Augen zerriss er Heft und Fotos, warf die Fetzen in den Herd und verbrannte sie. Von da an schrieb ich nichts mehr auf, sondern versuchte, mir alles einzuprägen. Allerdings kann ich unsere Reisen kaum auseinander halten, weil sie alle mehr oder weniger gleich verliefen.

Omar nahm mich jedenfalls mehrmals nach Deutschland mit, ein oder zweimal in die Schweiz, einmal auch nach Italien, nach Venedig, was jedoch kein bisschen romantisch war. Die Stadt konnte ich mir nicht anschauen, lediglich im Vorbeifahren sah ich ein wenig Wasser und einige Boote in der Ferne. Vermummt und verschleiert stieg ich aus dem Wagen aus, marschierte direkt ins Hotelzimmer, das ich am nächsten Tag verließ, um mich wieder in den Wagen zu setzen und nach Bosnien zurückzufahren. Diesmal mit einer Frau und ihren drei Kindern, die Omar nach Zenica ins Mudschaheddin-Dorf zu ihrem Mann bringen sollte. Das war im Jahre 1996, da hatte ich es mir schon abgewöhnt, gewisse Fragen zu stellen, die Omar ohnehin nicht beantwortete.

Die erste dieser Fahrten ist mir jedoch gut in Erinnerung geblieben. Als Omar mir sagte, er habe in Zürich zu tun und ich könne ihn begleiten, war ich außer mir vor Dankbarkeit.

»Du kannst dir nicht vorstellen, wie sehr ich mich auf diese Reise freue! Meine Güte, Omar, die Schweiz liegt nur einen Katzensprung von Deutschland entfernt, allein dieser Gedanke macht mich glücklich!«

»Aber wir werden keine Zeit haben, nach Deutschland zu fahren«, warnte mich mein Mann, als ich ihn vor Begeisterung stürmisch umarmte. »Also mach dir bitte keine großen Hoffnungen.«

»Tue ich nicht!«, sagte ich und dachte, dass ich vielleicht meine Geschwister anrufen könnte, nur um ein paar Augenblicke mit ihnen zu reden. »Weißt du, was mich so sehr freut? Dass die Leute in Zürich deutsch sprechen!«

Ich war glücklich, bald wieder meine Muttersprache zu hören, und träumte vor mich hin, als wir wenige Tage später durch Kroatien und Slowenien Richtung Schweiz fuhren. Ich hatte den Niqab abgenommen, frische Luft wehte mir durchs offene Fenster übers Gesicht und ich fühlte mich frei.

»Wir kommen gleich zur Grenze, lass deinen Niqab weg, damit dich der Zöllner erkennt«, sagte Omar kurz vor Österreich.

Das Foto in meinem Pass zeigte eine Doris, wie sie früher gewesen war, mit offenen, halblangen Haaren. Ich schenkte dem Zöllner, der sich bückte, um mich genau anzuschauen, ein strahlendes Lächeln.

»Jetzt sind wir in einem zivilisierten Land, hier reicht es doch, wenn ich ein Kopftuch trage«, sagte ich zu Omar, als er wieder anfuhr.

Aber er war nicht einverstanden und verlangte, dass ich mich wieder vollkommen verschleierte.

»Warum? Im Auto sieht mich doch niemand!«

»Hat unser Wagen etwa keine Fenster? Hier ist Stau, die anderen Fahrer können dich sehen!«, erwiderte Omar. »Auf freier Strecke kannst du ihn abnehmen.«

Ich wollte unsere erste gemeinsame Reise nicht durch einen Streit verderben, also hielt ich den Mund und ließ eine der vielen Schleierschichten hinabgleiten, um sie ein paar Kilometer weiter zu heben. Meine schöne, leichte Stimmung war verflogen und ich freute mich mit einem Mal gar nicht mehr auf Zürich. Omar brachte mich dort sofort zu einer moslemischen Familie, die in einem hässlichen Viertel in einem Hochhaus wohnte.

»Aischa, du wartest hier bei Umu Fatma, bis ich dich abhole. Es dauert nicht lange«, sagte er nur, bevor er verschwand.

Umu Fatma, die Mutter von Fatma, konnte nur Arabisch. Ich saß zwei Stunden auf einem Stuhl, trank Kaffee und stopfte vor lauter Frust etliche honigtriefende Kuchenteilchen in mich hinein, die sie mir anbot. Ihre beiden Töchter sprachen eine Mischung aus Arabisch und schweizerdeutschem Dialekt, sonst sah ich niemanden. Zum Glück hatte die Familie einen Fernseher. Ich verbrachte die Wartezeit damit, alles zu gucken, was es zu gucken gab, so ausgehungert war ich nach Bildern aus der normalen Welt.

Als Omar kam, war ich müde und hoffte, dass wir nun in ein Hotel gehen würden, aber ich hatte mich geirrt. Mein Mann wollte nur eine Kleinigkeit essen und auf dem Sofa eine Stunde schlafen, dann würden wir sofort den Rückweg antreten.

»Heute? Aber ich wollte doch noch einkaufen gehen«, wandte ich ein. »Hier gibt es so viele Sachen, die wir dringend brauchen.«

Omar diskutierte kurz auf Arabisch mit Abu Fatma, unserem Gastgeber, dann zückte er seine Brieftasche und gab mir drei Hundertfrankenscheine.

»Umu Fatma wird dich begleiten«, sagte er.

Wir zogen umgehend los, ich tief verschleiert mit schwarzem Mantel und Niqab, sie mit einem hellen Mantel, einem braunen Kopftuch und den Kindern. Auf dem Weg in den Supermarkt merkte ich, wie die Leute uns anglotzten, hörte jemanden auf Schweizerdeutsch fragen: »Was wollen die denn hier?« Im Stillen antwortete ich: »Das Gleiche wie du, Dummkopf, einkaufen, was denn sonst?« Mit erhobenem Kopf ging ich vorbei, nahm mir hastig einen Einkaufswagen, füllte ihn bis zum Rand mit Waren. Ich eilte die Regale entlang, warf Süßigkeiten, Kekse, Kaffee, Öl und Konservendosen in den Wagen, alles doppelt und dreifach, und plünderte zum Abschluss die Regale für Pflegeprodukte. Zahnpasta, neue Zahnbürsten, Damenbinden, Duschgel, Shampoo, Gesichtscreme, Lotionen, von jedem Artikel nahm ich mehrere Verpackungen. Gleichzeitig rechnete ich im Kopf mit, ob Omars Geld reichte, und überlegte, wem ich was schenken könnte. Für die Söhne des Hausbesitzers nahm ich noch eine Großpackung Socken und Unterwäsche mit, für die Nachbarin, die uns Milch lieferte, Kaffee und Schokolade. Meine Begleiterin durfte sich ebenfalls etwas aussuchen und auch ihre Kinder bekamen je eine Tafel Schokolade. Wir hatten keine Viertelstunde gebraucht, um zwei Einkaufswagen zu füllen und das ganze Geld auszugeben. So endete meine Reise in die Schweiz.

Am nächsten Morgen war ich zurück in Zenica. Zwar hatte ich mich dem Telefon der Familie, das im Flur auf einem kleinen Tisch stand, einmal genähert und sogar den Hörer mit dem Zeigefinger berührt, doch ich hatte ihn nicht abgenommen. Mit Gesten hatte mir die Frau zu verstehen gegeben, dass ich telefonieren dürfe. Aber ich wollte es nicht mehr. Es hätte mir zu wehgetan, die geliebten Stimmen zu hören, ich wäre unfähig gewesen, mit ihnen zu reden. Was hätte ich ihnen auch sagen sollen? »Hallo, ihr Lieben, ich lebe jetzt als strenggläubige Muslima in einem Kriegsgebiet, darf mich niemandem zeigen und mit keinem Mann sprechen?« Sie hätten es nicht verstanden. Ich verstand es ja selbst nicht.

6

Ich begann, mir Zeit zu lassen, wenn ich Wäsche im Garten aufhängte. Ich hätte zu gern mein Gesicht den Sonnenstrahlen entgegengestreckt und die laue Frühlingsluft auf der nackten Haut gespürt, doch daran durfte ich nicht einmal denken. Allerdings wagte ich mich, mit Handschuhen, Strümpfen und Niqab bekleidet, allmählich vor die Tür und begann bald, auf der Straße vor dem Haus auf und ab zu laufen.

»Warum tust du, was ich dir verboten habe?«, fragte mich Omar eines Abends, als er von einem seiner Ausflüge zurückkam. »Man hat dich gesehen!«

»Was hat man gesehen? Eine komplett verschleierte Frau, die sich die Beine vertreten hat! Ich muss einfach ab und zu raus«, erwiderte ich. »Seit fast sechs Monaten leben wir hier, der Krieg ist immer noch nicht zu Ende, und es sieht nicht so aus, als würden wir bald nach Deutschland zurückgehen. Dieses ständige Eingesperrtsein macht mich verrückt. Und du bist so gut wie nie da! Das bisschen Haushalt lastet mich nicht aus, ich langweile mich, weil ich nichts zu tun habe. Es ist doch nichts dabei, wenn ich ein paar Meter hin und her gehe!«

»Es gefällt mir zwar nicht besonders«, lenkte Omar zu meiner Freude ein, »aber wenn du mir versprichst, dass du dich nicht weit entfernst, darfst du es tun. Achte nur darauf, dass keine Soldaten in der Nähe sind! Meinetwegen kannst du auch unsere Nachbarn, die uns die Milch verkaufen, besuchen, wenn du dich zu einsam fühlst. Es sind freundliche alte Leute.«

Von da an holte ich mir jeden Morgen selbst die Milch, die

mir bisher die Söhne des Hausbesitzers vor die Tür gestellt hatten, auf dem kleinen Bauernhof auf der anderen Seite der Straße. In zwei Minuten war ich dort, trödelte aber immer, um ein wenig länger draußen bleiben zu können. Wenn Omar mehrere Tage am Stück verreist war oder die Sehnsucht nach Deutschland zu groß wurde, besuchte ich die beiden am Abend noch einmal. Unzählige Stunden verbrachte ich mit diesem Ehepaar. Wir tranken Kaffee, aßen und schauten zusammen fern. Es war herrlich, auch wenn wir nicht miteinander reden konnten. Die Mama, anders habe ich sie nie genannt, war bestimmt über sechzig und hatte einen Buckel, ihr Mann war Hirte und so alt, dass ich mit ihm sprechen durfte. Tagsüber, wenn er mit seinen Tieren unterwegs war, half ich der Mama Obst, Beeren und Kirschen in ihrem Garten zu pflücken.

»Aischa«, rief sie jeden Morgen über die Straße, »die Milch.«

Sobald ich ihre Stimme hörte, fühlte ich mich weniger einsam und lebendiger. Bei ihr im Haus war es laut, das Radio lief, andere Leute kamen vorbei, um Milch oder Gemüse zu kaufen, und die Mama lachte mich mit ihrem fast zahnlosen Mund an, als sei ich wirklich ihre Tochter. Sie war eine bosnische Muslima, trug die Landestracht, lange, weite Hosen und eine Art Zigeunertuch auf dem Kopf. Im Laufe der Monate brachte sie mir Bosnisch bei. Einfache Wörter lernte ich schnell. »Guten Tag«, und »Wie geht's?«, »Bitte sehr« und »Danke schön«, dazu die Begriffe für Kaffee, Zucker, Milch, Stuhl und Tisch – nach und nach konnte ich mich verständigen. Und bald kannten mich die Leute im Viertel, sie wussten, wer ich war, wie ich hieß und dass mein Mann bei einer Hilfsorganisation arbeitete. Man grüßte mich auf der Straße, und manchmal klopfte eine Frau bei mir an oder suchte mich bei den Nachbarn auf. Mit Händen und Füßen erklärte sie mir, wie bedürftig sie und ihre Familie seien.

»Kannst du mir helfen? Mein Mann ist tot, meine Kinder haben Hunger.«

»In welchem Dorf wohnst du?«, fragte ich und ließ mir die Adresse aufschreiben, um sie Omar zu geben.

Einmal im Monat, was für viele Familien jedoch nicht reichte, fanden auf dem Marktplatz groß angelegte Verteilungsaktionen statt. Die Lebensmittel wurden von unserer und anderen Hilfsorganisationen tonnenweise nach Zenica gebracht. Omar nahm mich mehrmals mit dorthin, um mir zu zeigen, wie schnell ganze Lastwagenladungen verschwanden. Eine riesige Halle hatte die HBB angemietet, in der die Hilfsgüter zwischengelagert wurden. Ich selbst hatte bei dieser Organisation keine offizielle Aufgabe, wurde aber nach und nach zum Sprachrohr der Frauen, die keine Männer hatten, um ihre Interessen zu vertreten. Bei der HBB arbeiteten nur strenggläubige Muslime wie Omar. Sie redeten nicht mit Frauen, und keine Frau hätte es gewagt, sie direkt anzusprechen, doch zu mir durften sie kommen. Sie baten mich um Hilfe, und ich gab es an Omar weiter, der sich dann um die Angelegenheit kümmerte. So wurde ich zur Vermittlerin und half, wo ich nur konnte, was wiederum mir half, mich in Zenica einzuleben.

»Ich sehe, dass du viel zufriedener bist, wenn du etwas zu tun hast«, sagte Omar eines Abends. »Ich habe noch eine Aufgabe für dich. Wir haben eine zweite Halle angemietet und werden daraus eine Moschee machen. Unsere Brüder sind dabei, diesen Raum zu reinigen und so herzurichten, dass wir darin beten können. Ich möchte, dass du für uns Gardinen und Kissen nähst. Kannst du das tun?«

»Oh ja! Gerne!«, rief ich voller Tatendrang. »Gibt es irgendwo eine Nähmaschine? Vielleicht finden wir noch ein paar Frauen, die mir dabei helfen …«

Ich war begeistert. Ich liebte es, gebraucht zu werden, genau wie die Aussicht auf ein Nähkränzchen. Doch Omar war noch nicht fertig.

»Du weißt, dass die Kinder hier kaum noch zur Schule gehen, seit der Krieg begonnen hat. Wir werden sie in diesem Raum unterrichten.«

»Du auch?«, fragte ich. »Wirst du wieder Lehrer?«

»Ja. Ich werde allerdings nicht mit den kleinen Kindern arbeiten, sondern die jungen Männer übernehmen.«

Ich traute meinen Ohren kaum, brauchte noch eine Bestätigung.

»Bedeutet das, dass du in deinen alten Beruf zurückkehren und Mathematik unterrichten möchtest?«

»Aber nein, nicht Mathematik. Ich werde Koranunterricht geben«, antwortete Omar. »Am Abend. Tagsüber arbeite ich für die humanitäre Organisation, das weißt du doch. Übrigens, morgen fahre ich wieder weg. Nur zwei oder drei Tage.«

Ich schwieg. Ich hätte meinen Mann so gern als Lehrer gesehen, hoffte, dass dieser Koranunterricht ein Schritt in diese Richtung sei. Dagegen mochte ich es überhaupt nicht, wenn er wegfuhr und ich nicht wusste, wohin. Das letzte Mal war er in Militärkluft mit einer Videokamera in einer Hand und einer Kalaschnikow in der anderen nach Hause zurückgekommen. Ich hatte gesehen, wie er aus einem Jeep voller bewaffneter Mudschaheddin ausgestiegen war. Es seien muslimische Brüder, die mit der bosnischen Armee zusammen kämpften, er habe sie bloß zur Front begleitet, hatte er mir glaubwürdig erklärt. Trotzdem gefielen mit diese Art von Einsätzen nicht.

»Ich freue mich, dass ihr eine Schule in der Moschee einrichtet. Die Kinder sind die Zukunft und nichts ist für die Zukunft wichtiger als eine gute Erziehung, als Bildung und Ausbildung«, sagte ich.

So dachte ich damals und so denke ich auch heute noch. Eine Schule war etwas, was ich aus vollem Herzen befürworten konnte, genau wie die Verteilung von Hilfsgütern. Allerdings weiß ich es heute besser. In Wirklichkeit waren sowohl die humanitäre Arbeit wie auch die Schule nur eine andere Seite des Dschihads, des Heiligen Krieges. Omar und die Mudschaheddin wollten in Zenica ebenso wie im Rest des Landes den Islam verfestigen, und zwar einen strengen und rückständigen Islam. Ihr Ziel war ein islamistischer Staat nach den Gesetzen der Hohen Scharia. Bosnien-Herzegowina sollte zu einem Leitstern für die Muslime in aller Welt werden, ein Vorposten des Islams in Europa.

Diese Schule, über die ich mich so freute, war gleichzeitig ein Treffpunkt der Mudschaheddin. Zunächst versuchten sie, den Krieg mit Waffen zu gewinnen, doch als sie merkten, dass diese nicht reichten, lockten sie Kinder und Jugendliche in die Koranschule, um sie für sich zu gewinnen.

Einige dieser Schulen in Deutschland und in anderen Ländern Europas sind fest in der Hand von Extremisten und gelten laut

Experten als Brutstätten für den Terroristennachwuchs. Ob die Jugend sich verführen lässt, hängt von vielen Faktoren ab. Wenn die jungen Leute zum Beispiel Arbeit haben und sich integriert fühlen, dürfte die Gefahr nicht allzu groß sein. In Bosnien gab es aber keine Arbeit, es war Krieg, es herrschte Chaos, die gesamte Versorgung brach zusammen. Ohne die internationale Solidarität wären die Menschen dort verhungert. Viele litten wegen der Bombenangriffe unter schweren Angstzuständen, fast jeder hatte Tote zu beweinen. Unter den Moslems wurden etliche durch die serbischen Gräueltaten radikalisiert.

Dabei wünschten sich die meisten nichts sehnlicher als Frieden und ein normales Leben. Doch wenn sie nichts zu essen hatten, schickten sie ihre Söhne gern in die Koranschulen, weil man sich dort um sie kümmerte und sie eine warme Mahlzeit bekamen. Sie verschleierten auch ihre Töchter, als bekannt wurde, dass man mit Schleier bei Spendenaktionen bevorzugt behandelt wurde. Einige Frauen tauchten sogar ganz vermummt auf, um mit einer Schubkarre voller Lebensmittel davonzugehen. Oft stolperten sie über den langen Mantel, und man merkte schon an ihrem Gang, wie ungewohnt diese Kleidung für sie war. Kaum außer Sichtweite, zogen sie den Mantel aus. Am nächsten Tag standen sie wieder Zigaretten rauchend an der Straßenecke und lachten offen über diese Idioten von Mudschaheddin, die sie hintergangen hatten.

Auch ich wurde sicher oft hintergangen. Eines Tages stand eine Frau mit drei schmutzigen kleinen Kindern, die alle schrecklich husteten, vor meiner Tür.

»Man hat mir gesagt, dass du mir helfen kannst«, sagte die Frau. »Meine Kinder sind krank, sie brauchen Medikamente, wir haben nichts zu essen …«

Sie begann zu weinen. Ich bat sie zu warten, ging in die Küche, packte alle Lebensmittel zusammen, die ich fand, und brachte sie ihr. Sie bedankte sich, ging die Treppe hinunter und lief davon.

»Weißt du was?«, fragte ich Omar, als ich ihm am Abend davon erzählte. »Ihre Kinder waren plötzlich geheilt. Sie husteten überhaupt nicht mehr!«

Er lachte laut über meine Geschichte.

»Du bist wirklich gutgläubig«, meinte er. »Es mag sein, dass sie dir die Krankheit nur vorgespielt haben, arm und bedürftig waren diese Leute aber trotzdem. Gott wird dich für deine Großzügigkeit belohnen. Hast du dieser fremden Frau alles geschenkt oder bleibt etwas für deinen Mann übrig?«

»Ein paar Eier, Brot und Milch«, sagte ich.

»Das ist mehr als genug. Komm, Aischa, lass uns essen. Du bist eine gute Frau. Übrigens, ich habe jemanden gefunden, der dir im Haushalt helfen wird. Eine bosnische Schwester, die alles verloren hat und dringend ein wenig Geld braucht. Sie kommt morgen früh vorbei.«

Oft gab es zwischen uns solche Momente, in denen sich Omar derart liebevoll und fürsorglich zeigte. Sie nährten meine Gefühle für ihn, daraus schöpfte ich für lange Zeit Kraft und Hoffnung. Ich vergaß dann meine Frustrationen und Enttäuschungen, sah meinem Mann alles nach, weil ich mich wieder geborgen und geliebt fühlte. Wenn es diese Momente nicht gegeben hätte, wäre ich sicher damals schon davongelaufen.

Am nächsten Morgen trat Djamila in mein Leben. Sie war wie ich um die vierzig, aber robust gebaut, man sah ihr auf den ersten Blick an, dass sie ihr ganzes Leben körperlich hart gearbeitet hatte. Sie trug weite Hosen, eine lange Bluse darüber und ein im Nacken geknotetes Kopftuch, hatte warmherzige dunkle Augen und eine raue, sehr tiefe Stimme, fast wie ein Mann.

»Salam alaikum, Aischa, du brauchst jemanden, der dir hilft«, sagte sie. »Jetzt bin ich da. Ich bin Djamila. Was soll ich tun?«

Ich bat sie herein und zeigte ihr die Teppiche.

»Sie müssen draußen ausgeklopft und gebürstet werden. Ich würde es selbst tun, aber damit geht das ja schlecht.«

Ich zeigte auf meinen langen schwarzen Mantel. Djamila nickte und machte sich gleich an die Arbeit.

Sie kam aus einem Bergdorf in der Nähe von Sanski Most, das vielleicht zweihundert Kilometer von Zenica entfernt liegt, und hatte drei Kinder: eine erwachsene Tochter mit einer wunderschönen roten Mähne, die sich zum Leidwesen von Omar stets weigerte, ein Kopftuch zu tragen, und zwei kleine Söhne, beide ganz hinreißende Kinder. Ihr Mann war im Krieg gefallen, sie hatte ihr Dorf verlassen müssen, war vor der serbischen Armee geflüchtet.

»Alles zu Fuß, allein mit den beiden Söhnen, ich musste zuerst den einen tragen, dann den anderen. Zum Glück hatte ich sonst nichts dabei«, lachte sie. »Alles weg!«

Die drei besaßen nur das, was sie am Leib trugen, also nichts. Djamilas Tochter hatte sie und die Geschwister aufgenommen, so teilten sie sich zu viert ein Zimmer. All das erfuhr ich bald, weil wir uns schnell anfreundeten. Djamila kam jeden Tag, und wenn wir mit der Arbeit fertig waren, plauderten wir um die Wette. Mit ihr lernte ich immer besser Bosnisch.

»He, Aischa«, sagte sie eines Tages, »diese Frau, die gestern da war, ist keine gute Frau. Alles, was man ihr schenkt, verkauft sie auf dem Schwarzmarkt. Und sie schickt ihre Tochter zu Männern. Für Geld. Nächstes Mal, wenn sie kommt, gibst du ihr nichts. Ich sage dir, wer wirklich Hilfe braucht und wer nicht. Ich kenne alle Tricks.«

Ich war froh und ließ mir von ihr alles erklären. Doch uns verband mehr. Merkte sie, dass ich traurig war oder Streit mit Omar hatte, bot sie mir wortlos eine Zigarette an, die ich heimlich rauchte, denn das durfte ich nicht. Allmählich wurde sie meine Komplizin und half mir, die Verbote, die mir auferlegt wurden, zu umgehen.

»Ich würde so gern mal richtig spazieren gehen oder zum Markt«, sagte ich eines Nachmittags zu ihr. »Aber mein Mann will es nicht. Allein darf ich nirgendwo hingehen.«

»Wenn Djamila bei dir ist, bist du nicht allein«, gab sie in ihrer schnoddrigen Art zurück. »Komm, Aischa, wir gehen.«

Am Abend erzählte ich Omar, wir hätten dringend Putzmittel gebraucht. Ein anderes Mal, dass ich zum Arzt musste.

»Du bist nicht da, du kannst dich nicht um alles kümmern«, erklärte ich ihm. »Es ist doch eine Entlastung für dich, wenn mich Djamila begleitet.«

Es blieb ihm nicht anderes übrig, als mir diese kleinen Unternehmungen zu erlauben. Bald durfte ich auch das Auto benutzen, wenn ich gute Gründe dafür angeben konnte.

Das alles schweißte mich nur noch enger mit Djamila zusammen. Sie war eine Überlebenskünstlerin, schätzte sich glücklich, weil sie es geschafft hatte, den serbischen Soldaten zu entkommen.

»Weißt du, Aischa, jetzt habe ich kein Haus mehr und es schlafen Serben in meinem Bett, aber mir geht es gut«, erzählte sie mir eines Morgens bei einer Kaffeepause. »Als mich die Blauhelmsoldaten in diese Turnhalle gebracht haben, lagen dort hundert, zweihundert, vielleicht dreihundert Frauen und die meisten von ihnen waren halb tot. Es gab da junge Mädchen, die nur sterben wollen, weil diese Schweine von Serben ihnen das Schlimmste angetan hatten, was ein Mann einer Frau antun kann! Sie haben keine Hoffnung mehr. Man hat ihre Körper gerettet, aber ihre Seelen stecken in der Hölle fest. Sie können keinen Mann sehen, wenn ein Helfer in die Halle kommt, glauben sie, dass er sie abholt, um sie wieder zu vergewaltigen, und fangen an zu schreien, wie Tiere, die abgestochen werden. Ach, Aischa, wenn du ihre Schreie gehört hättest ...«

Mir schnürte es die Kehle zu, wenn sie davon erzählte. Jedes Mal liefen vor mir die schrecklichen Bilder ab, die mir Omar noch in Deutschland vorgeführt hatte, und ich dachte an die große, junge Frau, die eines Tages mit ihrer Mutter vor meiner Tür gestanden hatte. Ich weiß nicht mehr, was die Mutter wollte, erinnere mich nur an die junge Frau. An ihr Gesicht. Es war übersät von schlecht verheilenden Narben von den Wunden, die man ihr im serbischen Lager zugefügt hatte. Dort war sie wochenlang gefangen gehalten und vergewaltigt worden. Seit ihrer Befreiung hatte sie kein Wort mehr gesprochen und kratzte sich permanent Arme und Gesicht blutig. Mir war es nicht möglich, mit ihr in Kontakt zu treten. Sie blickte starr vor sich und in ihren Augen sah ich die Hölle, die sie hinter sich hatte. Doch die Hölle war überall, auch bei den Mudschaheddin.

7

Im Sommer 1995 schien sich die allgemeine Lage zum Besseren zu wenden. Friedensgespräche fanden statt, jede Partei beteuerte ihren guten Willen, Politiker aller Länder mischten sich ein und forderten einen Waffenstillstand. Auch mein Leben war leichter geworden, seit mich Djamila unterstützte. Zenica wurde mir allmählich ein Zuhause, ich fühlte mich bei weitem nicht mehr so isoliert wie am Anfang und war insgesamt guter Dinge, als Omar mich eines Morgens fragte, ob ich mich ihm nach Deutschland fahren wolle.

»Oh ja«, antwortete ich und stieß einen Freudenschrei aus.

»Sei aber nicht enttäuscht, wenn wir nur hin und zurück fahren«, warnte er mich. »Dafür darfst du so viel einkaufen, wie du möchtest. Wir nehmen den großen Jeep der HBB, da passt viel rein.«

Es war heiß und ab Österreich herrschte dichter Urlaubsverkehr auf den Autobahnen. Als wir die Grenze nach Deutschland überquerten, wurde ich plötzlich traurig, weil ich an meine Familie dachte. Ich hatte ihnen in all der Zeit nicht geschrieben.

»Ich habe ein schlechtes Gewissen«, sagte ich zu Omar, der den Wagen souverän durch den stockenden Verkehr lenkte. »Ich hätte meinem Vater und meinen Geschwistern längst eine Nachricht schicken sollen. Ich sollte sie anrufen.«

»An deiner Stelle würde ich es nicht tun. Nicht jetzt. Ein anderes Mal vielleicht, wenn wir Zeit haben, sie zu besuchen.«

»Du hast Recht«, seufzte ich und lehnte mich auf dem Beifahrersitz zurück. »Trotzdem wüsste ich gern, wie es ihnen geht.«

»Nächstes Mal«, tröstete mich Omar. »Heute fahren wir nach München. Ich bringe dich zu einer muslimischen Familie, die du kennst. Esmer heißt die Frau, sie ist Deutsche wie du«, fügte er mit einem Lächeln hinzu.

»Ihr Mann heißt Samir und früher hieß sie Birgit. Ich erinnere mich an die beiden. Ich freue mich, sie wieder zu sehen, mit ihr kann ich mich wenigstens auf Deutsch unterhalten.«

Esmer gehörte zu den Frauen, die allein zum Islam gefunden hatten. Ihren Mann Samir hatte sie später in der Moschee getroffen, als sie sich schon Esmer nannte. Aus einer ersten Ehe hatte sie ein oder zwei Kinder, die beim Vater lebten, mit Samir ebenfalls zwei, und sie war wieder schwanger. Ihren Bauch spürte ich, als wir einander umarmten.

»Aischa, nicht wahr?«, rief sie herzlich, bevor sie lossprudelte. »Willkommen. Setz dich, mach es dir bequem. Du musst mir alles über Bosnien erzählen. Ich finde es so mutig von dir, dort zu leben. Ich selbst hätte viel zu viel Angst. Nicht um mich, sondern um die Kinder. Niemals würde ich sie in ein Kriegsgebiet mitnehmen. Gott sei Dank kommt mein Mann nicht auf solche Ideen!«

»In Zenica sind wir sicher«, erwiderte ich, »die Serben sind weit weg. Das Risiko ist ziemlich gering. Das Schlimmste ist eher, dass es den Leuten dort so schlecht geht und uns auch nicht gerade gut.«

Als wir allein waren, durfte ich ihr Badezimmer benutzen. Für mich war es ein absoluter Luxus, verschwenderisch mit heißem Wasser umzugehen. Dafür hatte Esmer keinen Fernseher.

»Mein Mann ist dagegen«, erklärte sie, als ich sie darauf ansprach. »Und deiner?«

»Meiner auch, was glaubst du?«

Wir beide stöhnten und lachten gleichzeitig.

»Solange die beiden nicht da sind«, meinte Esmer, »können wir tun, was wir wollen. Die Kinder sind noch klein, sie werden uns schon nicht verraten. Also, wenn du jemanden anrufen möchtest, deine Eltern vielleicht …«

»Meine Mutter lebt nicht mehr«, antwortete ich und verspürte eine nagende Sehnsucht, meinen Vater anzurufen.

Mit zitternden Fingern wählte ich die Nummer, legte aber sofort auf, als ich seine Stimme hörte.

»Ich kann mit ihm nicht reden«, erklärte ich Esmer, die mich fragend ansah. »Es hat keinen Sinn. Er würde mich nicht verstehen.«

»Mir geht es ähnlich. Seit ich Muslima bin, habe ich keinen Kontakt mehr zu meiner Familie. ›Mit Kopftuch brauchst du dich hier nie mehr blicken lassen‹, mit diesen Worten haben sie mich verstoßen.«

Mich hatte niemand verstoßen. Ich war von selbst gegangen, einfach so, ohne eine Erklärung, und glaubte, dass sie mich dafür hassen mussten.

»Ich habe ein schlechtes Gewissen, weil ich meinen Vater drei Wochen nach dem Tod meiner Mutter im Stich gelassen habe«, sagte ich Esmer. »Das quält mich sehr. Bei meinen Geschwistern ist es nicht so schlimm, aber ich fürchte mich trotzdem vor ihren Reaktionen. Deswegen wage ich es nicht, mich bei ihnen zu melden.«

»Sehnst du dich nicht manchmal nach den alten Zeiten zurück?«, fragte Esmer vorsichtig. »Ich tue es. Zwar bereue ich es nicht, Muslima zu sein, aber mein Mann hat sich in letzter Zeit sehr verändert …«

»Meiner auch«, sagte ich.

Wir sahen uns an. Ich wollte gerade anfangen, Esmer zu schildern, wie autoritär Omar geworden war, als jemand an die Tür klopfte. Gleich danach drehte sich der Schlüssel im Schloss. Sie legte den Zeigefinger auf den Mund, und wir zogen mit der gleichen Bewegung unsere Kopftücher hoch, bevor die beiden Männer das Wohnzimmer betraten.

»Wenn du einkaufen möchtest, Aischa, musst du sofort gehen«, begrüßte mich Omar. »Wir fahren gleich zurück.«

»Es gibt einen Aldi in der Nähe«, sagte Esmer.

»Kommst du mit?«, fragte ich.

»Darf ich?« Sie blickte ihren Mann an.

»Du hast hier genug zu tun«, antwortete dieser, woraufhin Omar vorschlug, mich zu begleiten.

Esmer ging in die Küche, um Brote für uns vorzubereiten. Ich folgte ihr, half ihr dabei, aber wir redeten nur noch über Belanglosigkeiten, weil sie sich offensichtlich vor ihrem Mann fürchtete.

»Alles Gute für dich und dein Kind, Gott möge euch beschützen«, sagte ich zum Abschied und drückte sie fest.

Diesmal zeigte sich Omar besonders großzügig und gab mir sechs nagelneue Hundertmarkscheine.

»Sind die echt?«, fragte ich. »Sie wirken so frisch gedruckt, ich hoffe, du hast sie nicht selbst gebastelt!«

Er war gut gelaunt und grinste nur über meine Bemerkung. »Die Geschäfte laufen bestens. Ich habe sie eben von der Bank geholt. Mach dir keine Sorgen, nimm alles, was du brauchst, beeil dich, ich warte im Auto vor dem Laden.«

Ich wunderte mich, dass er mich allein gehen ließ, doch es war mir lieber so. Es war ein unbeschreibliches Erlebnis, einerseits soviel Geld auf einmal auszugeben und andererseits wie eine Aussätzige angestarrt zu werden. Wie damals in der Schweiz hörte ich immer wieder bissige Kommentare, schluckte ebenso bissige Antworten hinunter und war schließlich froh, diesem Spießrutenlauf zu entkommen. Mit drei vollen Einkaufswagen kam ich aus dem Supermarkt und überließ es Omar, die Sachen im Auto zu verstauen.

Diesmal wurden unsere Pässe an der deutsch-österreichischen Grenze etwas schärfer kontrolliert. Die Zöllner ließen uns aussteigen, fingen an, den Wagen zu durchsuchen, der bis unters Dach voll war.

»Das kann Stunden dauern«, flüsterte ich Omar zu, der mir mit einem Blick befahl, ruhig zu bleiben.

»Was ist das?«, fragte einer der Zöllner und deutete auf einen Karton.

»Ein Faxgerät für das Büro unserer Organisation. Für die Hilfsorganisation in Bosnien.«

»Und das?«

»Süßigkeiten für die Schulkinder.«

Bald hatten die Zöllner genug gesehen. Da es sich nur um Büromaterial und jede Menge Waren aus meinem Beutezug handelte, ließen sie uns schließlich ziehen. Die weitere Fahrt verlief ohne Zwischenfälle und ich schlief fast die ganze Zeit.

Als wir in Zenica ankamen, schickte mich Omar gleich ins Haus. Er bestand darauf, den Wagen selbst zu entladen, trug Kisten voll mit Schokolade, Pampers, Binden, Seife, Buntstiften und

Malheften herein, während ich das Abendessen vorbereitete. Ich verstand nicht, warum er so lange brauchte, und trat aus dem Haus, um nach ihm zu sehen.

Er war nicht allein. Einer der Mudschaheddin stand neben ihm, die beiden hantierten mit Schraubenzieher und sonstigem Werkzeug und waren dabei, die Innenverkleidung des Wagens abzumontieren. Omar griff hinein, und als ich sah, wie er dem Mudschahed ein Bündel Scheine reichte, der sie in eine Plastiktüte steckte, hielt ich es für besser, ins Haus zurückzukehren.

»Aischa, was machst du da draußen, wenn ich dir sage, dass du im Haus bleiben sollst?«, fragte Omar aufgebracht, als er endlich hereinkam. »Wieso gehorchst du mir nicht?«

»Hör zu, ich habe vorhin das Geld gesehen, das du aus dem Wagen geholt hast, und ich will wissen, wo es herkommt. Hast du eine Bank ausgeraubt, oder was?«

»Das sind Spenden!«, protestierte Omar. »Um diese Spenden abzuholen, sind wir nach München gefahren. Das habe ich dir doch schon vorher gesagt.«

»Ja, aber du warst dort höchstens zwei Stunden weg, also erzähl mir nicht, dass du in zwei Stunden so viel Geld in der Moschee einsammeln kannst.«

»Diesmal waren es anderthalb Millionen Mark«, sagte mein Mann und lächelte selbstzufrieden. »So viel Geld haben die Moslems für den Dschihad gesprendet. Aus ganz Deutschland kommt es und auch aus Saudi-Arabien. Ich erkläre es dir: Filme wie der, den du damals gesehen hast, werden in allen Moscheen gezeigt, um die Menschen zu informieren, damit sie unsere Arbeit unterstützen. Bestimmte Leute sammeln das Geld und tragen es auf die Bank. Und ich hole es ab.«

»Moment mal. Wenn das Ganze legal ist, dann brauchst du es doch nicht zu verstecken! Wieso kann man dieses Geld nicht überweisen? Warum sprichst du vom Dschihad, wenn du für eine humanitäre Organisation arbeitest? Und warum gibst du das Geld einem Mudschahed, wenn es Spenden für die Armen sind? Ich dachte, damit sollen Lebensmittel gekauft werden!«

»Ach, Aischa. Wie kann ich dir das erklären? Dschihad und humanitäre Hilfe sind das Gleiche!«

»Für dich vielleicht, für mich nicht. Ich könnte wetten, dass die deutschen Spender nicht so großzügig wären, wenn du ihnen von deinem Dschihad erzählen würdest.«

Omars Gesicht versteinerte sich. Wenn er diesen harten Zug um die Mundwinkel bekam, machte er mir Angst, aber ich ließ nicht locker.

»Du brauchst gar nicht so böse zu schauen«, sagte ich. »Ich möchte nur eins wissen: Wird dieses Geld für humanitäre Zwecke benutzt?«

»Ja«, antwortete Omar. »Und für ein paar andere wichtige Sachen. Bist du jetzt zufrieden?«

Ich nickte, war es jedoch nicht. Ich hätte ihn gern gefragt, was er unter »ein paar andere wichtige Sachen« verstand, ob Waffen damit gemeint waren, auch was er selbst genau mit den Mudschaheddin zu tun hatte, wagte es allerdings nicht, ihn weiter zu reizen, und verschob meine Fragen auf später.

Bald wurde mir klar, dass Omar mit diesen Mudschaheddin ziemlich viel zu tun hatte, nur was genau, das wusste ich nicht. Natürlich dachte er nicht im Traum daran, es mir zu erklären. Ich musste mir nach und nach alles selbst zusammenreimen, konnte mit niemandem darüber reden. Nicht mal mit Djamila.

Um diese Zeit fuhr Omar oft nach Split, um dort Männer am Flughafen abzuholen, und nahm mich meistens mit. Damals dachte ich, er tue es mir zuliebe, damit ich aus Zenica herauskam, und fuhr gern mit. Diese Männer landeten in europäischer Kleidung und sahen wie Geschäftsleute oder Touristen aus. Ihre Namen erfuhr ich nicht, Omar stellte sie mir nicht vor. Sie stiegen in unser Auto ein, als säße ich nicht da, grüßten nicht, sprachen mich nie an. Ich existierte für sie nicht, musste die ganze Strecke schweigen, weil es sich nicht ziemte, dass eine gläubige Muslima ihre Stimme hören ließ. Die darin enthaltene Sinnlichkeit hätte schließlich die armen Männer durcheinander bringen können!

Das hatte mir Omar erklärt, als ich eines Tages mit Djamila laut in der Küche lachte, während er mit Freunden im Wohnzimmer saß. »Ja, sind die denn bescheuert? Wenn schon der Klang unserer Stimmen sie zwischen den Beinen kitzelt, dann sollen sie sich gefälligst Watte in die Ohren stopfen, aber uns doch nicht das Sprechen verbieten«, hatte ich ausgerufen und eine Ohrfeige bekommen, die mich wahnsinnig erschreckt hatte. Seitdem gab ich mir Mühe, meine scharfe Zunge zu hüten.

Im Auto saß ich meistens neben Omar, es sei denn, er holte eine wichtige Person ab, dann musste ich hinten sitzen. Ob vorne oder hinten, reden durfte ich nur, wenn wir allein waren oder er Frauen abholte. Für sie galt dann dieses Schweigegebot, das vollkommen idiotisch war und alles verkomplizierte. Wollten sie dennoch etwas sagen, zum Beispiel, dass sie auf die Toilette mussten, teilten sie mir das mit, indem sie mich berührten und sich mit Gebärdensprache verständigten. Wild gestikulieren durften sie selbstverständlich auch nicht. Wenn sie ein Kind hatten, konnten sie es als Sprachrohr benutzen und ihm ihren Wunsch zuflüstern. Allerdings nur in dringenden Fällen. Meist wurde geschwiegen. Die Männer dagegen redeten. Ob sie sich übers Wetter unterhielten oder über ihre Geschäfte, vermochte ich nicht zu sagen. Sie sprachen nur arabisch untereinander, wohl wissend, dass ich sie nicht verstehen konnte. Doch ich beobachtete sie durch meinen Niqab.

Einige von ihnen sah ich später in Mudschaheddin-Kluft, mit Patronengürteln und Kalaschnikows. Diese Männer, die Omar allein oder mit mir in Split holte, erhielten alle Mitarbeiterausweise der humanitären Organisation, sonst hätten sie nicht nach Bosnien-Herzegowina einreisen dürfen. Aus dem gesamten arabischen Raum, aus Europa, aus der ganzen Welt kamen sie, um gemeinsam mit der bosnischen Armee zu kämpfen. Sie wollten keine Reissäcke verteilen, sie wollten an die Front. Omar ließ sich von mir – wie mir später klar wurde – übrigens nur deshalb begleiten, weil er mit seiner Ehefrau an seiner Seite leichter die Kontrollen passierte.

Eines Morgens klingelte unser Telefon. Es war Gabi aus Heilbronn. Noch ehe ich auch nur einen Ton sagen konnte, kam sie gleich zur Sache.

»Weißt du, wo mein Mann ist?«, schrie sie in den Hörer, als sei ich taub. »Doris, er meldet sich nicht mehr, ich werde wahnsinnig vor Angst. Sag mir, was passiert ist! Du weißt es.«

Ich wusste es tatsächlich – von Omar. Ahmed war im Kampf angeschossen worden und lag schwer verletzt im Krankenhaus von Zenica. Ich hatte Gabis Anruf erwartet. Ich sollte ihr sagen, dass er krank sei, nichts von der Schießerei berichten und sie davon abbringen, nach Bosnien zu kommen.

»Hammi ist im Krankenhaus und ich soll zu Hause bleiben und Däumchen drehen?«, rief sie aufgebracht. »Du bist wohl nicht bei Sinnen. Was bist du für eine Freundin, Doris? Von dir hätte ich das nie gedacht, dass du mich nicht mal selbst anrufst!«

»Gabi, ich hätte es getan, aber von diesem Apparat kann ich keine Auslandsgespräche führen. Man muss dafür zur Post fahren.«

»Ja, dann fährst du eben zur Post!«

»Du hast keine Ahnung von den Zuständen hier«, sagte ich, »man fährt nicht einfach zur Post und ich schon gar nicht. Als Frau kannst du dich hier nicht allein auf der Straße zeigen. Wir sind mitten im Kriegsgebiet, es wimmelt von Soldaten, auch du kannst nicht einfach hier in Bosnien hereinspazieren.«

»Wieso nicht? Richte deinem Mann aus, dass ich den nächsten Bus nehme!«

»Das geht nicht, Gabi. An der Grenze wirst du aufgehalten. Du brauchst einen Ausweis …«

»Dann sage Omar, er soll mir einen besorgen! Wo ist er? Im Büro habe ich es schon probiert, da antwortet keiner. Wenn ich ihn bis heute Abend nicht an der Strippe habe, stehe ich übermorgen bei euch vor der Tür, egal, was ich dafür tun muss!« Gabi holte tief Luft, ihre Stimme verlor jede Schärfe, sie klang, als würde sie weinen. »Bitte Doris, jetzt erkläre mir genau, was passiert ist. Ich flehe dich an.«

»Ich habe deinen Mann nicht gesehen, ich weiß nur, dass es ihm nicht gut geht. Sein Leben steht jedoch nicht auf dem Spiel. Er wird sich vollkommen erholen, hat mir Omar gesagt, aber das dauert seine Zeit.«

»Und er braucht mich an seiner Seite. Doris, du würdest deinen Omar in der Not doch auch nicht allein lassen, oder?«

»Nein, sicher nicht«, antwortete ich.

Es rührte mich, meinen alten Vornamen fast in jedem ihrer Sätze zu hören. So lange hatte mich niemand mehr Doris genannt! In Bosnien hieß ich immer nur Aischa. Ich dachte wehmütig daran, was für eine Frau diese Doris gewesen war, doch ganz verschwunden war sie nicht. Ich würde nicht zulassen, dass sie ganz verschwand! Was hätte Doris getan? Selbständig gehandelt! Das tat ich dann auch und rief Omar unter der Geheimnummer an, die ich nur im Notfall benutzen durfte.

»Gabi kommt her«, sagte ich. »Besorge ihr bitte einen Ausweis!«

Wir holten sie schließlich wenige Tage später in Deutschland ab. Es war wieder einer dieser Kurztrips, bei denen es Omar schaffte, zwischen Tür und Angel hunderttausend Mark Spendengelder aufzutreiben. Als wir in Heilbronn ankamen, hatte Gabi schon den Supermarkt geplündert, um Zeit zu sparen.

»Was trödelt ihr noch? Lasst uns endlich fahren«, drängelte sie.

Omar warf mir einen Blick zu, den ich sofort verstand. Gabi hatte ein Jahr nach mir den Islam angenommen, aber sie dachte nicht im Traum daran, sich wie eine züchtige Muslima zu benehmen. Ihre Bluse war so durchsichtig, dass man den Umriss ihres BHs sah, dazu trug sie eine bunte Pluderhose.

»Willst du dich nicht noch umziehen?«, sagte ich vorsichtig. »In Bosnien wirst du mit diesen Kleidern ziemlich auffallen und die Leute schockieren …«

»Mir ist vollkommen egal, was die Leute meinen. Aber keine Sorge, ein Kopftuch habe ich dabei! Und Anziehsachen auch. Die Regeln kenne ich. Komm schon, Omar, ich werde mich auch mucksmäuschenstill verhalten, wenn es sein muss. Aber doch nicht mit euch beiden! Außerdem ist es furchtbar heiß!«

Die Fahrt verlief problemlos, und da Gabi es kaum erwarten konnte, steuerten wir sofort nach unserer Ankunft das Krankenhaus an. Erst beim Aussteigen setzte sie sich ein Kopftuch auf, band es wie die bosnischen Frauen und die Zigeunerinnen im Nacken fest und zog ein winziges Jäckchen über ihre Bluse. Omar begleitete sie, ich wartete im Auto.

In diesem Krankenhaus lagen die verletzten Mudschaheddin alle auf einer Station. Sie waren strenggläubige Muslime, die als Märtyrer sterben wollten. Ich stellte mir ihre Gesichter vor, wenn Gabi in ihrem absolut unpassenden Outfit hineinmarschierte, und fragte mich, ob sie überhaupt bis zu Ahmed durchkommen würde. Zwanzig Minuten später stieg sie wieder ins Auto und schwieg beharrlich, bis wir bei uns ankamen.

»Sobald der Arzt es erlaubt, werden wir Ahmed ein paar Tage bei uns aufnehmen, während sein Rückflug nach Deutschland organisiert wird«, erklärte mir Omar zu Hause, als wir unter vier Augen sprachen.

Dann meinte er noch, ich solle Gabi ein paar Benimmregeln beibringen, und verließ das Haus, um in die Moschee zu gehen. Ich beschloss, sofort mit ihr zu reden, und fand sie völlig aufgelöst auf dem Bett im Gästezimmer.

»Er hat sich gar nicht gefreut, mich zu sehen«, weinte sie. »Er hat mich gebeten, wegzugehen! Du hättest seinen Blick sehen sollen. Was ist denn so furchtbar an mir, liebt er mich nicht mehr?«

»Er liebt dich mehr denn je, aber hier mit den anderen Indianern muss er das Gesicht wahren, Gabi, das ist alles. Wenn du ihn noch einmal besuchst, leihe ich dir einen Mantel und einen Niqab aus.«

Sie sah mich entrüstet an. »Wenn das hilft, würde ich sogar das für meinen Hammi tun«, seufzte sie nach einer kurzen Pause. »Weißt du, Doris, ich dachte, er reist mal wieder, um Nachrichten, Videos oder andere Dinge zu überbringen. Wenn er mir gesagt hätte, dass er hierher zum Kämpfen kommt, hätte ich ihn gar nicht erst gehen lassen! Ja, ist dieser Mann denn bescheuert, dass er an die Front will? Hat ihm Afghanistan denn nicht gereicht?«

Gabi und ich redeten noch ein bisschen, doch ich merkte, dass sie meine Situation nicht verstand. Wir hatten uns voneinander entfernt.

Zehn Tage später wurde Ahmed liegend nach Split transportiert, von dort flog er mit Gabi nach Deutschland zurück, wo sie einen Arzt kannte, der ihn bei sich zu Hause behandelte. Es dauerte lange, bis er sich von seinen Schusswunden erholte. Und als es so weit war, kam er wieder nach Bosnien. Nicht um zu kämpfen, sondern als Kurier-Mudschahed.

Im Jahr 1995 gab es in Bosnien an die dreitausend Mudschaheddin aus aller Welt, die ihre eigenen Kampfeinheiten bildeten, mit ihren eigenen Offizieren oder Führern. Viele waren wie Ahmed Veteranen aus Afghanistan, andere waren Neulinge. Manche kamen nur, um sich in einem Trainingslager ausbilden zu lassen und ein paar Wochen für den Dschihad zu kämpfen. Danach kehrten sie nach Hause zurück, gingen wieder arbeiten und nahmen ihr altes Leben auf, als sei nichts gewesen. Andere blieben. Ein junger Deutscher war im Kampf gefallen, kurz bevor wir nach Zenica umsiedelten. In dieser Stadt befand sich eine ihrer wichtigsten Kommandozentralen, in den umliegenden Dörfern waren mehrere Trainingslager und Übungsplätze. Und mein Mann verbrachte seine Zeit mit diesen Leuten. Nicht nur das, er war einer von ihnen. All das begriff ich an einem schwarzen Tag im Herbst 1995.

8

Das genaue Datum habe ich vergessen. Es dürfte Ende Oktober oder Anfang November gewesen sein, kurz bevor die Kriegsparteien in Dayton/Ohio einen Friedensvertrag unterschrieben. Am frühen Morgen befahl mir Omar, mich anzuziehen. Ich sollte mich beeilen, wir mussten los.

»Aber Djamila kommt gleich«, protestierte ich.

»Nein, ich habe ihr ausrichten lassen, dass wir nicht da sind.«

»Na gut. Wohin fahren wir?«, fragte ich, erhielt keine Antwort, zuckte mit den Schultern und gehorchte, wenn auch langsam.

Die Fahrten mit meinem Mann hatten ihren Reiz verloren, die Landschaft in der Gegend kannte ich zur Genüge und das ewige Herumsitzen im Auto war mir lästig. In Split, wenn sich ein Flugzeug verspätete, musste ich manchmal mehrere Stunden auf dem Parkplatz warten, ohne aussteigen zu dürfen. Gelegentlich besuchten wir auch Omars Bekannte zu islamischen Feiertagen oder zu Familienfesten, aber das war für mich nicht unterhaltsam. Ich saß meist nur mit den Frauen herum, lernte zwar viele kennen, doch es war keine Einzige dabei, mit der ich mich angefreundet hätte. Es waren nur Mudschaheddin-Frauen, brave Ehefrauen, die kein anderes Gesprächsthema als ihre Kinder und ihre Männer hatten. Mit Djamila oder allein fühlte ich mich viel besser.

An jenem Tag fuhren wir allerdings weder jemanden besuchen noch abholen. Omar verließ bald die Hauptstraße und steuerte den Wagen auf einen ungeteerten Weg, der in die Berge führte. Die Fahrt dauerte vielleicht zwanzig Minuten, länger nicht.

Unterwegs sagte mein Mann, er müsse etwas filmen. Er wirkte angespannt. Ich ließ ihn in Ruhe, hatte keine Ahnung, was mich erwartete. Einerseits war ich ein wenig neugierig, weil er mich noch nie zum Filmen mitgenommen hatte, andererseits auch wieder nicht, weil ich wusste, was sein Ziel war: Er wollte genau diese Art von Filmen machen, die man in den Moscheen zeigte, um die Leute zum Spenden zu animieren. Ich hatte Teile von diesen religiösen Kriegsreportagen gesehen; man sah Mudschaheddin im Trainingslager, kämpfende Mudschaheddin auf dem Weg zur Front, betende Mudschaheddin und Mudschaheddin mit gehobenen Gewehren, tote Mudschaheddin und ihre Beerdigungsszenen. Auch von Massengräbern, Lebensmittelverteilungen und Koranschulen sah man Bilder, meist begleitet von Propagandatexten auf Arabisch.

Wir hielten in der Nähe des Dorfes Guca Gora, an einer Stelle, wo nur vier oder fünf Häuser standen. Vor dem Krieg hatten dort Hirten mit ihren Familien gewohnt, wie auf einer Alm in den Alpen, mit schönen Wiesen, wo die Tiere grasen konnten. Dann hatten sie das Feld geräumt, ob freiwillig oder nicht, das wusste ich nicht. Jetzt benutzten es die Mudschaheddin als Trainingslager. Neuankömmlinge aus Deutschland, Holland, England und allen arabischen Ländern wurden dort ausgebildet, lernten Waffen zu gebrauchen und verschiedene Nahkampftechniken. Der Ort war isoliert und befand sich auf einem Berg.

»Ein idealer Platz für unsere kämpfenden Brüder«, erklärte mir Omar. »Es ist wie eine Festung, niemals kann der Feind diese Stellung erobern. Die Wachen sehen von weit weg jeden, der versucht, sich zu nähern.«

Ich hörte nur halb zu, schloss die Augen und dachte, dass ich viel lieber zu Hause geblieben wäre.

»Der Lagerkommandeur ist Karate-Instruktor, er lebt hier mit seiner ganzen Familie«, sagte mir Omar, der diesen Mann offensichtlich bewunderte. »Wir sind angekommen. Warte einen Augenblick hier.«

Er stieg aus, ging auf eine Gruppe bewaffneter Männer zu und wechselte mit ihnen ein paar Sätze. Ich entdeckte zahllose graugrüne Militärdecken auf Wäscheleinen und fragte mich, was das sollte. Es nieselte. Sie werden ganz nass werden, dachte ich und sah noch einmal genauer hin. Es wirkte, als hätte man die große Wiese in verschiedene Abschnitte unterteilen wollen. Was sich hinter diesen Decken abspielte, konnte ich von der Straße aus nicht erkennen. Zwei weitere Fahrzeuge hielten an, einige Männer stiegen aus, manche in afghanischen Gewändern, andere in Tarnkleidung und alle bewaffnet. Unter ihnen entdeckte ich zwei Jungen, die zwölf oder dreizehn Jahre alt waren, die Söhne eines Mudschaheddin-Führers. Wenn Kinder dabei sind, wird schon nichts Schlimmes passieren, dachte ich. Auch die schwarzen Mäntel von Frauen sah ich, als der Wind eine der Decken hob. Da öffnete Omar die Wagentür.

»Aischa, du steigst jetzt aus, gehst zu den Frauen und bleibst bei ihnen, hast du verstanden? Ich komme gleich nach.«

Ich gehorchte, obwohl mir die Sache langsam unheimlich wurde. Diesmal hätte ich liebend gern im Auto gewartet. Irgendetwas lag in der Luft, es war eine merkwürdige Stimmung, auch unter den Frauen. Sie hatten sich auf einer Seite versammelt, etwa zwanzig oder dreißig, alle wie ich schwarz gekleidet und von Kopf bis Fuß verschleiert. Einige hatten kleine Kinder dabei oder trugen Babys auf dem Arm. Mir fiel auf, dass die Frauen nicht wie sonst, wenn sie unter sich waren, die Schleier lüfteten, trotzdem erkannte ich mehrere an ihrer Körperhaltung. Noch während ich mich umsah, kam Umu Haiman auf mich zu. Wir waren einander einige Male begegnet, weil ihr Mann Abu Haiman mit Omar zusammenarbeitete. Sie war immer freundlich zu mir, aber ich hatte das Gefühl, dass sie alles, was man ihr sagte, ihrem Mann weitererzählte, und mochte sie nicht besonders.

»Salam alaikum, Aischa«, flüsterte sie, »du bist ja auch da.«

Sie schien darüber erstaunt zu sein. Ich grüßte sie zurück und sie stellte mir einige andere Frauen vor. Wie üblich wurden neben den Namen auch die Herkunftsländer genannt, aber sie sprach so leise und es ging so schnell, dass ich mir keine Namen merkte. Wieder war ich die einzige Europäerin.

Plötzlich traten Männer seitlich zwischen den Decken hindurch und begannen, den Frauen Waffen auszuteilen. Ich ging einen Schritt zurück, um deutlich zu machen, dass ich keine wollte. Aus den Augenwinkeln erblickte ich Omar. Er hatte sich mit seiner Videokamera links in einer Ecke postiert und filmte, wie eine Frau eine Pistole entgegennahm, die nächste eine Kalaschnikow oder ein anderes Gewehr. Er stand auf einer leichten Anhöhe, unweit von einem Baum. Ich dachte, es handele sich um eine Schießübung, und dankte Gott dafür, dass mir keine Waffe gereicht wurde. Eine der Frauen gab Umu Haiman ihr Baby, um eine Maschinenpistole zu ergreifen. Auf Arabisch wurden knappe Befehle erteilt, die ich nicht verstand. Als die Frauen mit den Waffen nach vorne traten, hoffte ich nur, Omar würde sich aus ihrer Schusslinie entfernen.

Von links eilte eine kleine Gruppe auf die Anhöhe zu. Durch meinen Niqab erkannte ich zwei Mudschaheddin, die einen Mann zwischen sich führten oder vielmehr schleppten. Er stolperte, weil er nichts sehen konnte, denn er trug eine Art Sack auf dem Kopf, seine Hände waren hinter dem Rücken gefesselt. Omar filmte diese Szene, er filmte, wie der Mann etwa vierzig Schritte von mir entfernt an den Baum gebunden wurde. Einer der Mudschaheddin ging zur Seite, der andere nahm dem Mann die Kapuze ab, bevor er sich ebenfalls entfernte. Ich starrte das Gesicht dieses Mannes an. Er war noch jung, zwischen dreißig und fünfunddreißig Jahre alt, wirkte aber, als sei er nicht mehr von dieser Welt. Wieder wurde ein lauter Befehl gerufen. Fassungslos sah ich die Frauen ihre Waffen heben und auf den Mann zielen, dann hörte ich Schüsse knallen. Er fiel auf die Knie, sein Kopf bewegte sich noch. Wieder rief jemand Befehle. Die Frauen liefen nach vorne, schossen erneut auf den Mann. Dann wurde er losgebunden. Viele Frauen näherten sich ihm, als wollten sie ihn ansehen, ich hörte wieder Schüsse, wusste, dass sie in den leblosen Körper schossen, und drehte mich weg, um davonzulaufen.

Eine mir fremde Frau stellte sich mir in den Weg, forderte mich mit Gesten auf, nach vorne zu gehen, eine Waffe zu nehmen und zu schießen. Eine andere kam hinzu und reichte mir ihre Pistole. Ich schüttelte nur stumm den Kopf, wendete mich ab. Ich weiß nicht, was ich damit getan hätte, ob ich die Waffe auf diese Frauen oder auf mich selbst gerichtet hätte.

Es gibt keine Worte, um zu beschreiben, was ich diesen Minuten spürte. Eine überwältigende Angst. Ein unvorstellbares Ekelgefühl. Hass, Zorn und wieder Ekel. Verzweiflung auch. Solche

Gefühle möchte ich nie wieder in meinem Leben empfinden. Allein daran zu denken und das aufzuschreiben, spült sie wieder hoch und macht mich fertig.

Ich wollte davonrennen, aber jemand führte mich nach vorne, und durch den Niqab sah ich, wie einige Frauen ihre Schleier hoben, um auf den Leichnam spucken zu können. Andere traktierten ihn mit Tritten, riefen dabei »Sheitan«, Satan. Und sie jubelten. Sie stießen Jubelschreie aus, sie freuten sich, weil sie gerade einen Menschen erschossen hatten! Sie waren glücklich, weil er in die Hölle kommen würde! Das war zu viel für mich.

Aber es kam noch schlimmer. Nun wurden rechts die Decken weggezogen und auf der anderen Seite erblickte ich viele bewaffnete Mudschaheddin. Es waren mindestens zweimal so viele Männer wie Frauen, und alle blickten in die gleiche Richtung, auf einen Teil der Anhöhe, den ich vorhin wegen der Decken nicht hatte sehen können. Unweit von dem Baum, an dem sie den ersten Mann erschossen hatten, stand ein zweiter Mann an einen Holzpfahl gefesselt, ein paar Schritte weiter kniete ein dritter, die Hände auf den Rücken gebunden.

Ich starrte die Gefangenen an, die ziemlich weit von mir entfernt waren, und betete um ihr Leben, obwohl mir bewusst war, dass sie nicht die geringste Chance hatten. Sie selbst kannten ihr Schicksal, sie hatten miterleben müssen, wie der erste Mann hingerichtet worden war. Eine unheimliche Stille breitete sich aus, niemand rührte sich. Plötzlich zerriss der Ruf »Allahu akbar«, Allah ist groß, die Stille. Ich schloss die Augen und wartete auf die Schüsse, doch nichts kam, also öffnete ich sie wieder und schaute hoch. Neben dem knienden Mann erkannte ich Scheich Abu Abdul Ahmed al Masri, den Führer der Mudschaheddin, und neben ihm die beiden Jungen, die ich auf dem Parkplatz gesehen hatte. Auf eine schnelle Bewegung hin sackte der kniende Mann zusammen, etwas flog durch die Luft. Es war sein Kopf. Der Scheich hatte ihn persönlich mit dem Schwert enthauptet und seine beiden ältesten Söhne standen neben ihm. Dann kam der dritte Gefangene an die Reihe. Er wurde erschossen, aber langsam, als wollte man seine Qualen verlängern. Ein Mudschaheddin nach dem anderen schoss auf ihn, ich hörte die einzelnen Schüsse, ebenso wie die Jubelschreie der Männer und der Frauen um mich, aber ich schaute nicht mehr hin, denn ich sah nur noch eines: wie Omar mit seiner Videokamera diese Hinrichtungsszenen filmte. Ich konnte mich nicht von der Stelle rühren. Mir wurde von diesem Anblick so übel, dass mir die Galle in den Mund stieg.

Diese Bilder verfolgen mich bis heute. Ein Schwert zerreißt die Luft, trennt einen Kopf von einem Rumpf. Der Kopf fliegt davon, das Gesicht des hingerichteten Mannes mir zugewendet, er blickt mich an, als wollte er fragen: Warum hilfst du mir nicht? Der Kopf landet unsanft auf dem Boden, rollt ein Stück die Wiese hinab und bleibt liegen, wieder so, dass mich die Augen fixieren. Dann beginnen die Männer, mit diesem Kopf Fußball zu spielen, und ich wache schreiend auf. Oder ich sehe den letzten Gefangenen zucken, jedes Mal wenn ihn eine Kugel in Arm oder Bein trifft. Manchmal sehe ich dem ersten Mann, den die Frauen erschossen haben, ins Gesicht. Auch er blickt mich an, nicht vorwurfsvoll, sondern friedlich, beinahe freundlich, als sei er mit dem Tod einverstanden, als wüsste er, dass es für ihn keine Rettung gab.

Manchmal wache ich nach diesen Träumen schweißgebadet auf und wünsche mir, ich wäre selbst tot. Nie wünsche ich mir, dass ich eine Waffe genommen und um mich geschossen hätte. Nicht weil es ein Akt der Verzweiflung gewesen wäre und man mich dann ebenfalls erschossen hätte. Sondern weil ich keine Mörderin bin und auch nie eine werden will. Aber ich habe diese Morde gesehen. Mein Mann hat mich zur Zeugin dieser Gräueltaten gemacht, und ich schwöre, dass sie genau so stattgefunden haben, wie ich es beschreibe. Vielleicht haben die Mudschaheddin nicht wirklich mit diesem Kopf Fußball gespielt und ihn bloß getreten, um ihre Verachtung auszudrücken, wie die Frauen es mit dem anderen Opfer getan haben. Was macht das für einen Unterschied? Für mich sind Menschen, die einen anderen auf diese bestialische Weise töten, einfach Monster.

Nach der dritten Hinrichtung löste sich alles auf. Ich zitterte am ganzen Leib, als Umu Haiman mich ins Haus führte. Dort nahm ich meinen Schleier ab.

»Aischa, Aischa, du bist so blass. Was ist denn mit dir los? Möchtest du einen Kaffee?«, fragte mich Umu Mahmud auf Bosnisch.

Sie war die Mutter von Mahmud, einem der jüngsten Koranschüler, und hatte mir geholfen, die Kissen für die Moschee zu nähen.

»Bist du des Wahnsinns? Bist du nicht ganz bei Trost? Ihr seid alle Verbrecherinnen, ihr gehört alle eingesperrt! Gott wird euch strafen! Was fällt euch ein, auf einen Menschen zu schießen? Du bist eine Mörderin und du und du und du auch!«, brüllte ich auf Deutsch und zeigte auf die Frauen um mich. »Ihr und euere Männer seid eine Verbrecherbande!«

Sie sahen mich betreten an, sprachen untereinander. Dann kam Umu Jasmin auf mich zu, eine Frau, die ein wenig Englisch sprach, und legte mir eine Hand auf den Arm. Ich schlug ihre Hand weg.

»Rühr mich nicht an, du Mörderin!«, schrie ich diesmal auf Bosnisch.

»Aischa, you don't understand, may I explain to you what happened, these men were ...«

Sie fand das englische Wort nicht, nach dem sie suchte, doch ich wollte ihre Erklärungen ohnehin nicht hören. Noch immer war ich von all diesen Frauen umringt, die mich sanft auf den Boden zwangen und mir ein Glas Wasser brachten. Sie behandelten mich wie eine Kranke.

»Du darfst dich nicht so aufregen, Aischa. Diese drei Gefangenen waren Verbrecher, sie sind unsere Feinde. Schau, diese Frau hier, diese Schweine haben ihren Mann umgebracht. Und diese drei Frauen hier sind alle drei Witwen, ihre Kinder sind Waisen geworden. Durch die Hand solcher Schweine haben sie ihre Ehemänner und ihre Väter verloren. Ist es da nicht gerecht, wenn diese Frauen sich rächen?«

Umu Mahmud und Umu Jasmin redeten abwechselnd auf mich ein, andere mischten sich ein, doch ich hörte nicht mehr zu. Das Gesicht einer jungen Frau glänzte, als sei sie glücklich und stolz, einen Mann erschossen zu haben. Auch die drei anderen drehten sich zu mir um und sahen mich an, als erwarteten sie eine Bestätigung, dass sie gerecht gehandelt hatten!

»Ihr seid alle verrückt geworden«, sagte ich nun wieder auf Deutsch. »Lasst mich bloß in Ruhe! Fragt mich nichts weiter, ich weiß nur eins: Eines Tages werdet ihr vor Allah stehen und Er wird über euch richten. Dann möchte ich nicht an eurer Stelle sein.«

Mit diesen Worten wandte ich mich ab und ließ sie stehen.

Auf dem Rückweg saß ich neben Omar und schwieg. Hinten waren zwei Frauen, die man mir gerade erst vorgestellt hatte, Umu Tarik mit ihrem Baby und Umu Eris mit ihrem zweijährigen Sohn, beide waren Witwen und hatten auf den serbischen Gefangenen geschossen. In mir brodelte ein irrsinniger Zorn, den ich nur mühsam zurückhielt. Ich musste die beiden Frauen bis an die Haustür bringen, kehrte ins Auto zurück und explodierte. Mir war es egal, ob uns jemand beobachtete oder mich hören konnte. Ich begann, mit beiden Fäusten auf Omar einzudreschen, der mich erst entsetzt ansah und mir dann so heftig ins Gesicht schlug, dass mein Kopf gegen die Wagentür donnerte. Wütend schrie er etwas auf Arabisch und fuhr wie ein Irrer los. Ich schluchzte bis zu uns nach Hause.

»Geh rein, aber wehe, wenn du hier draußen auch nur einen Ton von dir gibst«, warnte er mich beim Aussteigen.

Kaum hatte er die Wohnungstür hinter uns geschlossen, warf ich mich erneut auf ihn, brüllte ihn an und weinte gleichzeitig.

»Was fällt dir ein, mich zu einer Hinrichtung mitzunehmen? Ist es das, was du tust, wenn du das Haus verlässt? Du filmst, wie Leute umgebracht werden! Oder bringst du sie vielleicht selbst um? Du bist ein Mörder! Ein Mörder!«

»Halt endlich den Mund!«, brüllte er zurück und versuchte mich dabei festzuhalten. »Du verstehst gar nichts, du bist gegen uns. Ich habe dir vertraut und du benimmst dich wie eine Wahnsinnige! Was für ein Teufel ist bloß in dich gefahren? Gib endlich Ruhe und hör mir zu!«

Wir schrien beide gleichzeitig, schließlich hob er mich hoch, warf mich in unser Schlafzimmer und sperrte mich ein. Ich brüllte weiter, trommelte und trat gegen die Tür, bis ich merkte, dass es sinnlos war, dann warf ich mich aufs Bett und weinte nur noch. Ein paar Stunden später öffnete Omar die Tür und blieb einige

Meter von mir entfernt stehen, als fürchtete er sich davor, dass ich wieder handgreiflich wurde.

»Aischa. Diese Männer waren schuld am Tod mehrerer Brüder«, sagte Omar. »Ich hätte dich darauf vorbereiten sollen. Es war mein Fehler, dass ich dich so mitgenommen habe. Die anderen Frauen wussten vorher Bescheid. Glaube mir, diejenigen, die eine Waffe bekommen haben, waren froh um die Gelegenheit, ihre Männer zu rächen. Für die anderen war es eine Mutprobe.«

»Für mich etwa auch?« Ich sprang auf und schrie ihn an. »In was für Geschichten hast du mich da hineingezogen, Omar! Kannst du mir das vielleicht mal erklären? Ich will damit nichts zu tun haben und mit dir auch nicht mehr! Ich will die Scheidung. Und ich will nach Deutschland. Bring mich sofort nach Deutschland zurück!«

»Das geht nicht«, antwortete er. »In diesem Zustand kannst du nicht nach Deutschland. Erst musst du wieder zu dir kommen. Setz dich bitte, Aischa, du hast Recht, ich schulde dir eine Erklärung. Möchtest du sie jetzt hören?«

Ich nickte und setzte mich auf unser Bett, noch immer bebend vor Wut und Abscheu.

»Diese drei Männer hätten gerettet werden können«, sagte Omar. »Sie wollten es aber nicht. Sie haben den Tod selbst gewählt. Weißt du, man hat sie nicht einfach getötet. Sie sind schon vor mehreren Wochen gefangen genommen worden, wir haben sie verhört und vor ein Tribunal gestellt. Die Richter haben sie für schuldig befunden und bestimmt, dass sie die Todesstrafe verdienen. Dann aber sind sie alle drei gefragt worden, ob sie den Islam annehmen wollen. Hätten sie ja geantwortet und das Glaubensbekenntnis gesprochen, ›Ich bekenne, dass es keinen Gott außer Gott gibt und dass Mohammed sein Gesandter ist‹, wären sie noch am Leben, aber sie haben abgelehnt und sind so des Satans geblieben.«

»Ihr seid selbst des Satans«, unterbrach ich Omar und drehte mich zur Wand, um ihn nicht mehr sehen zu müssen.

Dann hörte ich, wie sich die Tür hinter ihm schloss, aber er sperrte sie nicht ab.

Die nächsten Tage verbrachte ich im Schlafzimmer. Ich weinte viel, dachte darüber nach, ob ich aus eigenen Kräften flüchten könnte. Der Autoschlüssel hing nicht mehr am Nagel neben der Tür, Omar hatte ihn sicher eingesteckt. Ich wünschte mir Djamila herbei. Sie hätte mir geholfen, schließlich kannte sie viele Leute, sie hätte gewusst, wo ich mich verstecken konnte. Aber sie kam nicht, und ich wusste nicht, warum, ob Omar es ihr verboten hatte oder ob sie gar nicht in der Stadt war, denn sie hatte noch Verwandte in einem Dorf. Wenn mein Mann nach Hause zurückkehrte und nach mir sah, weigerte ich mich, mit ihm zu reden. Ich wiederholte immerzu, dass ich nach Deutschland zurückwolle.

»Sobald du dich beruhigt hast, fahren wir nach Deutschland, ich verspreche es dir«, so antwortete er dann nur und legte sich zum Schlafen ins Wohnzimmer.

Am vierten oder fünften Morgen nach den Hinrichtungen lauschte ich, bis er das Haus verließ, hörte ihn wegfahren und wartete noch fünf Minuten. Ich war fertig angezogen mit Mantel und Niqab, öffnete die Wohnungstür, sah nach, ob jemand auf der Straße war, und ging die Treppe hinunter. Es war eiskalt und nieselte ein wenig, aber mir war das Wetter egal, ich wollte nur weg und machte mich auf den Weg. Zu Fuß und mit nichts in der Hand verließ ich Zenica. Ich wagte nicht, zu Djamilas Haus zu laufen, weil sie ganz in der Nähe des Mudschaheddin-Treffpunktes wohnte, sondern rannte Richtung Sarajewo, durchquerte bald die nächste Ortschaft. Ich schaute weder nach links noch nach rechts, versuchte mich unsichtbar zu machen. Drei Dörfer weiter hielt ein Wagen neben mir an. Omar stieg aus und stellte sich vor mich hin.

»Wohin willst du? Steig ein, Aischa.«

Seine Stimme bebte vor Wut. Bevor ich etwas tun oder sagen konnte, packte er mich am Arm, schob mich rückwärts zum Auto, riss die Beifahrertür auf und stieß mich hinein. Ich sackte heulend zusammen.

»Ich sollte dich verprügeln«, sagte er mit eiskaltem Ton. »Was hast du dir nur dabei gedacht? Dass du zu Fuß nach Sarajewo kommst? Dass ich dich gehen lasse? Aischa, Aischa, du bist so dumm. Kaum bist du aus dem Haus, schon klingelt mein Telefon, und man erzählt mir, dass meine eigene Ehefrau wie eine Irre die

Straße entlangrennt! Jeder hat dich gesehen! Schämst du dich eigentlich nicht?«

Ich kauerte so weit wie möglich von ihm entfernt in meinem Sitz, antwortete nicht.

»Das wirst du nicht noch einmal tun. Ich bringe dich jetzt nach Bocinja. Ab sofort wird Umu Haiman auf dich aufpassen, bis du wieder vernünftig bist!«

Omar raste an unserem Haus vorbei. Die Straße war nass und voller Kurven, er musste mehrfach scharf bremsen und scherte einmal hupend aus, um ein anderes Fahrzeug zu überholen. Ich hielt mich die ganze Fahrt über an der Türklinke fest und biss die Zähne zusammen. Ich kannte Bocinja. Es war ein bewachtes Tal, in dem nur Mudschaheddin mit ihren Familien lebten. Von dort würde mir die Flucht niemals gelingen. Einige Kilometer weiter, auf einer bergigen, besonders kurvigen Strecke, rutschte der Wagen weg. Während Omar bremste, öffnete ich die Tür, um mich in den Abgrund zu stürzen, so verzweifelt war ich. An dieser Stelle ging es steil den Berg hinunter, ich hing schon halb aus dem Wagen, als mich Omar am Arm packte.

»Tu es nicht!«, schrie er. »Bist du denn wahnsinnig?«

Mit einer Hand zerrte er mich zurück ins Auto und beugte sich über mich, um die Tür zu schließen. Dann fuhr er langsam noch ein paar Meter und hielt am Straßenrand an. Er stützte sich mit den Ellenboden aufs Steuer, legte den Kopf in die Hände, als würde er weinen oder beten und verharrte so. Ich saß stumm und steif neben ihm, erschrocken, weil ich nur knapp dem Tod entronnen war. Ich dachte daran, dass ich Omar mein Leben verdankte, und fragte mich, warum er es getan hatte, immerhin war doch alles vorbei. Schließlich drehte er sich zu mir um.

»Aischa, hör mir gut zu. Du bist meine Frau vor Gott, und vor Gott schwöre ich, dass ich dir niemals etwas antun möchte. Ich will mit dir zusammenleben. Hasst du mich denn so sehr, dass du mich auf diese Weise verlassen willst?«

»Ich hasse dich nicht«, antwortete ich nach einer Weile und wählte meine Worte vorsichtig. »Du hast mir gerade das Leben gerettet, wie könnte ich dich hassen? Aber nach allem, was in Guca Gora geschehen ist, weiß ich nicht, ob ich noch mit dir leben kann. Ich möchte nach Deutschland, um über alles nachzudenken.«

Mir liefen die Tränen nur so übers Gesicht.

»Bitte, Aischa, weine nicht. Danke Gott dafür, dass Er meine Hand geführt hat. Er war es, der dich gerettet hat. Hör zu: Ich schwöre, dass ich dich selbst nach Deutschland bringen werde, wenn du es von mir verlangst. Aber ich möchte, dass du erst zur Ruhe kommst und wir noch einmal darüber reden. Bist du damit einverstanden?«

»Ja«, sagte ich nur. Ich war mit meiner Kraft vorerst am Ende, und so gab ich mich mit seinem Versprechen zufrieden. Ich wusste, dass er es nicht nur so dahingesagt hatte, daher war mir in jenem Moment nur noch eines wichtig. »Aber bitte, bring mich jetzt zu uns nach Hause zurück. Nicht zu Umu Haiman. Ich verspreche dir, dass ich nicht mehr weglaufen werde.«

9

Wenige Tage später klingelte unser Telefon. Omar war unterwegs, also nahm ich den Anruf entgegen und erkannte die Stimme von Abu Mustafa. Seit ich verschleiert lebte, hatten sich meine Sinne um das Vielfache geschärft. Ich erkannte Stimmen wieder, auch wenn ich sie nur einmal durch eine Tür gehört hatte, identifizierte einzelne Leute an ihrem Geruch, konnte Frauen, die von Kopf bis Fuß vermummt waren, am Gang erkennen oder an ihrer Art, den Kopf zu bewegen. Mit diesem Abu Mustafa hatte ich nie ein Wort gewechselt, trotzdem wusste ich, wer er war. Er war einen Abend lang Omars Gast gewesen, währenddessen hatte Umu Mustafa, seine Frau, bei mir gesessen, mit dem kleinen Mustafa, den sie noch stillte.

»Ist Abu Omar da?«, fragte er auf Englisch.

So nannten die Mudschaheddin meinen Mann, Abu Omar al Masri, der Zusatz al Masri bedeutete, dass Omar aus Ägypten kam.

»No«, antwortete ich.

»Habt ihr heute ferngesehen? Die BBC?«, fragte er weiter.

Was für eine komische Frage! Wir hatten zwar einen Fernseher und sogar eine Satellitenschüssel, aber Abu Mustafa hätte wissen müssen, dass ich nicht fernsehen durfte! Nur Omar und seine Gäste saßen davor und schauten internationale Sender an. Mein Mann vergaß nie, das Zwischenkabel abzumontieren, das er meist mitnahm oder irgendwo versteckte, damit ich in seiner Abwesenheit nicht jede freie Minute am Tag davor verbrachte, was ich sonst sicher getan hätte.

Wieder verneinte ich.

»Weißt du etwas über den Scheich? Über Abu Abdul Ahmed? Ist er noch am Leben?«

Er sprach von Scheich Abu Abdul Ahmed al Masri, dem Mudschaheddin-Führer, dem Henker mit dem Schwert. Seine Stimme klang enorm beunruhigt.

»Ich habe ihn gestern vorbeifahren gesehen«, antwortete ich, immer bemüht, meine Sätze so knapp wie möglich zu formulieren. Dennoch konnte ich mir nicht verkneifen hinzuzufügen, dass der Scheich bei bester Gesundheit zu sein schien.

»Wenn dein Mann nach Hause kommt, richte ihm aus, er soll in London anrufen. Es ist wichtig«, sagte er.

Kaum hatte er aufgelegt, rief ich Omar bei der Organisation an und merkte sofort an seiner Stimme, dass etwas passiert war.

»Ein Massaker. Ich kann jetzt nicht mit dir reden«, sagte er nur. »Bis später.«

Fünf Mudschaheddin waren in einem Hinterhalt erschossen worden. Sie fuhren mit einem Jeep auf einer Landstraße, der Scheich saß vorne neben dem Fahrer, hinten seine drei Leibwächter. Als sich der Jeep einem am Straßenrand stehenden Lastwagen näherte, hob sich die Plane des Wagens. Die dahinter versteckten Soldaten durchsiebten das Auto mit unzähligen Kugeln. Der Scheich und seine Begleiter waren sofort tot. Einige Tage später holte Omar mit einigen Männern den Jeep ab, der offiziell der humanitären Organisation gehörte, und brachte ihn nach Zenica zurück. Ganze 287 Einschüsse wurden gezählt, die Sitze waren dunkelbraun vom Blut der Männer. Ich habe diesen Wagen gesehen, ein Einschussloch mit dem Finger berührt. Wer Gewalt sät, erntet nichts als Gewalt, dachte ich in jenem Augenblick und dankte Gott, dass Omar nicht in diesem Wagen gewesen war.

»Es sind Kroaten, die unseren Scheich ermordet haben, Gott habe ihn selig«, erklärte er mir am Abend, »Kroatische Banditen, die glauben, dass die Mudschaheddin das Land verlassen, wenn sie den Anführer töten, aber sie irren sich. Niemals werden wir den Ungläubigen Bosnien überlassen! Niemals!«

»Aber wenn wieder Friede ist …«, wendete ich ein.

»Dieser Friede ist kein Friede. Dieses Stück Papier, das in Dayton unterschrieben wurde, hat nicht den geringsten Wert. Warum sollten die Muslime die Macht teilen? Allein Allahs Wille zählt, und wenn Allah die Gläubigen zum Dschihad in Bosnien auffordert, dann gehorchen wir. Hier werden wir einen reinen muslimischen Staat errichten.«

Woher maßte sich Omar an, Gottes Willen so genau zu kennen? Woher kam seine Gewissheit, dass Gott den Dschihad wollte? Auch ich las ständig den Koran und einige islamische Bücher, etwas anderes hatte ich ja nicht, aber ich interpretierte diese Texte anders als er! Und ich lernte viele Verse auswendig, die das Gegenteil von dem bewiesen, was Omar behauptete. Im Islam begegnete ich einem Gott des Erbarmens, der Liebe und des Mitgefühls! Keinem, der Männer aufforderte, einander niederzumetzeln und ihre Frauen einzusperren! Doch es war nicht der richtige Augenblick für eine Diskussion über den Glauben.

»Ein muslimischer Staat? Aber Präsident Izetbegovic hat doch auch diesen Friedensvertrag unterschrieben, das bedeutet, dass er mit einer demokratischen Verteilung …«

»Alija Izetbegovic ist auf unserer Seite«, unterbrach mich Omar. »Er ist unser Bruder, du weißt, dass ich ihn kenne. Er wird niemals zulassen, dass Serben und Kroaten dieses Land mitregieren, und er wird nichts gegen die Mudschaheddin unternehmen. Im Gegenteil, er hat ihnen das Dorf Bocinja geschenkt und seine Beamten angewiesen, unseren Brüdern und Schwestern aus dem Ausland bosnische Pässe zu geben. Auch wir werden welche bekommen.«

»Wofür brauche ich bitte schön einen bosnischen Pass? Ich habe bereits einen Pass, einen sehr guten sogar! Wenn du glaubst, dass ich Bosnierin werden möchte …«, erwiderte ich.

»Warum regst du dich so auf? Ein bosnischer Pass ist praktisch, wenn du hier zum Arzt gehst oder wenn die Polizei dich mit dem Wagen anhält.«

Seine Erklärungen klangen einleuchtend, trotzdem war ich nicht überzeugt. Bald brachte er mir diesen bosnischen Pass, den ich mich aber zu benutzen weigerte. Als ich einmal mit mehreren Frauen unterwegs war, die ich ins Krankenhaus begleitete, wurde ich von der Polizei kontrolliert. Ich zeigte meine deutschen Papiere, dazu den Ausweis der HHB, und die Beamten ließen uns sofort durch.

Welche Jonglierererei Omar mit Pässen betrieb, bekam ich erst viel später mit, und sicher nur zum Teil. Es muss irgendwann im Herbst 1997 gewesen sein, als er eines Tages beiläufig erwähnte, er müsse nach Sarajewo, um sich einen neuen Pass ausstellen zu lassen, seiner sei abgelaufen. Als ich daraufhin das Datum in meinem eigenen Ausweis überprüfen wollte, fand ich ihn nicht mehr.

»Du hast ihn sicher verloren oder er ist gestohlen worden«, sagte mein Mann als ich ihn darauf ansprach. »Mach dir nichts daraus, wir lassen dir auch gleich einen neuen machen.«

All das geschah nebenbei, deshalb zerbrach ich mir nicht weiter den Kopf darüber und fragte mich auch nicht, ob er selbst vielleicht meinen Pass entwendet hatte, um ihn jemand anderem zu geben. Ich war in seine Aktivitäten nicht eingeweiht, dachte, dass sich dank des Friedens alles normalisieren würde.

Wenn Omar für zwei, drei oder vier Tage verreiste, sagte er mir selten, wohin er fuhr. Einmal flog er angeblich nach Kuwait, dann wieder nach Katar, ein anderes Mal richtete er mir Grüße von einem syrischen Bruder aus, den ich in Deutschland kennen gelernt hatte. Mir kamen diese Reisen damals nicht suspekt vor, schließlich wollte er sich eine Existenz als Journalist aufbauen. Journalisten reisen nun mal viel, dachte ich. Allerdings erhöhte jeder neue Stempel im Pass die Wahrscheinlichkeit, am Zoll kontrolliert zu werden. Das war auch der wahre Grund, warum mein Mann seinen Pass als gestohlen oder verloren meldete und sich von der deutschen Botschaft einen blütenreinen Ausweis machen ließ. Er musste seine zahlreichen Besuche in den arabischen Länder vertuschen, denn er war für den Dschihad unterwegs.

Präsident Alija Izetbegovic und seine Regierung verteilten seinerzeit recht großzügig neue bosnische Ausweise. Ihnen wurde nach den Attentaten vom 11. September 2001 vorgeworfen, dass sie im Jahre 1993 Osama bin Laden, der damals schon von den internationalen Geheimdiensten gesucht wurde, einen bosnischen Pass ausgestellt hatten. Dies ist durchaus möglich. Unter den Mudschaheddin aus aller Herren Länder, die in Bosnien lebten, hatten etliche nagelneue Papiere, die ihnen erlaubten zu reisen, nach Tschetschenien zum Beispiel, wo ein anderer Heiliger Krieg stattfand. Auch Omar besaß ein Visum für dieses Land, ob er je dort war, weiß ich nicht. Manche Leute halten den inzwischen verstorbenen Präsidenten Alija Izetbegovic für einen friedliebenden und toleranten Staatschef, der alles tat, um in Bosnien eine multikulturelle Gesellschaft zu ermöglichen, andere sehen in ihm einen Lügner und Heuchler, einen geheimen Anhänger des Dschihads. Sicher ist, dass er den Mudschaheddin half, wo er nur konnte.

»Morgen fahren wir nach Split, Aischa, wir werden dort übernachten. Bereite bitte alles vor«, sagte Omar Anfang Dezember, kurz nach der Beerdigung des Scheichs.

»Was machen wir da?«, fragte ich.

»Wir müssen zwei Frauen und ihre Kinder dorthin bringen«, erklärte er, vergaß aber zu erwähnen, dass es sich um Umu Eris und Umu Tarik handelte, die beiden Frauen, die mit uns am Tag der Hinrichtungen nach Zenica zurückgefahren waren.

Als ich sie erblickte, dachte ich sofort an die schrecklichen Szenen und konnte nicht begreifen, dass diese Frauen ihre Emotionen in keiner Weise zeigten. Was fühlten sie? Trauerten sie nur um ihre verstorbenen Männer? Dachten sie an den Gefangenen, den sie getötet hatten, spürten sie überhaupt Reue? Oder war ihnen alles egal? Umu Eris kam aus Ägypten, Umu Tarik aus Algerien. Beide hatten ihre Männer nach Bosnien begleitet, beide mussten nun als Witwen mit ihren Kindern zu ihren Familien zurückkehren. Sie würden von Split nach Istanbul fliegen, um anschließend nach Kairo und Algier weiterzureisen. Dieser rein geografisch betrachtet unsinnige Umweg war notwendig, um etwaige Spuren zu verwischen. In der Türkei wurden Ausweise von Stempeln gereinigt oder neue besorgt, damit die Zöllner in den Heimatländern der beiden nichts von dem Aufenthalt in Bosnien und somit vom Dschihad erfuhren. Aber all das wusste ich damals nicht.

In Split nahmen wir uns zwei Hotelzimmer, eins für die beiden Frauen und ihre Kinder, das andere für Omar und mich. Umu Eris, die Zaynab hieß, konnte ein paar Worte Englisch, Umu Tarik, mit Namen Safiya, die ich später viel zu gut kennen lernen musste, sprach ein wenig Bosnisch. Am nächsten Morgen ging

Zaynabs Flug, einen Tag später erst Safiyas. Die zweite Nacht schlief ich bei ihr im Zimmer, weil eine muslimische Frau nie allein in einem Hotel bleiben darf. Wir unterhielten uns ein wenig. Safiya war unendlich traurig, weil sie ihren Mann verloren hatte.

»Du hast ihn wohl sehr geliebt«, sagte ich zu ihr auf Bosnisch.

»Er war der beste Mann auf der ganzen Welt, er ist als Märtyrer gestorben, jetzt ist er bei Allah im Paradies«, meinte sie und begann zu weinen.

Ich versuchte, ihr mein Mitgefühl zu zeigen, sie ein wenig zu trösten. Sie tat mir Leid, weil sie so jung war und schon Witwe. Allein mit ihrem kleinen Sohn in Algerien, was hat sie noch vom Leben zu erwarten?, fragte ich mich.

»Du bist so nett zu mir, Aischa, du kümmerst dich um mich wie eine Schwester. Wie kann ich dir denn nur danken? Ich möchte dir etwas schenken!«

»Ich danke dir, Safiya, aber ich will nichts. Gar nichts. Wenn du etwas für mich tun möchtest, dann bete für mich. Weißt du, auch mein Leben ist nicht einfach. Ich verstehe nicht, warum mein Mann einerseits für die humanitäre Hilfe arbeitet, andererseits bei den Mudschaheddin ist, es ist ein tiefer Riss zwischen uns entstanden.«

»Ich sehe, dass du nicht glücklich bist und dass es schwer für dich ist, das zu ertragen«, seufzte Safiya. »Ich werde für dich beten. Aber denke daran, dass du deinen Mann noch bei dir hast, ihr könnt wieder zusammenkommen. Der meine lebt nicht mehr, nie mehr wird er mich in die Arme nehmen ...«

In jener Nacht haben wir zusammen ein paar Tränen vergossen und einander getröstet. Am nächsten Morgen packte sie ihre Sachen und versprach ein letztes Mal, dass sie für mich beten werde, auch damit mein Mann und ich wieder zueinander fanden. Ich wünschte ihr einen guten Flug und dachte über ein Jahr lang nicht mehr an sie.

»Du hast versprochen, mich nach Deutschland zu bringen, wann fahren wir denn endlich?«, fragte ich Omar einige Wochen später, als wir nach dem Abendgebet zusammen auf dem Sofa saßen.

Ich hatte tatsächlich keine weiteren Fluchtversuche unternommen und versucht, mich mit meiner Situation so gut wie möglich zu arrangieren, wirklich zur Ruhe gekommen war ich jedoch nicht. Das Jahr 1996 hatte begonnen. Zwar sprachen wir miteinander und ich spürte, dass er mich liebte, doch fühlte ich mich selbst sehr weit weg von ihm.

»Bald«, antwortete er und sah mich besorgt an. »Sehr bald. Bist du immer noch unglücklich mit mir, Aischa? Möchtest du dich immer noch von mir trennen?«

Ich wusste es nicht. Ich wollte nachdenken, ein paar Tage allein sein, weg von diesem Land, in dem der Krieg im Prinzip vorbei war, aber kein Frieden herrschte. Es hatte sich nichts geändert. Überall waren Soldaten, Scharmützel fanden statt, noch immer starben Menschen, nach wir vor fühlte sich niemand sicher. Auch wollte ich weg von diesem Mann mit den vielen Gesichtern. Von dem Mudschaheddin Abu Omar, von dem Mann, der über mich zu bestimmen versuchte und schon mal handgreiflich geworden war, hätte ich mich auf der Stelle getrennt. Aber doch nicht von diesem Ehemann, der mich voller Liebe anschaute, meine Hand in die seine nahm und versicherte, dass demnächst alles besser werden würde. Und den aufmerksamen Liebhaber, der mich danach in die Arme nahm und zärtlich mit mir schlief, als wollte er all meine Zweifel verscheuchen, den wollte ich unbedingt behalten.

Im katholischen Religionsunterricht hatte der Pfarrer uns eingehämmert, das alles Sexuelle schmutzig sei. Geschlechtsverkehr sei etwas, das Mann und Frau nur miteinander machen durften, um Kinder zu bekommen. Diese Lustfeindlichkeit war mir erst aufgefallen, als ich begann, die christliche Lehre mit dem Islam zu vergleichen. In dieser Religion sind Liebe und Sexualität heilig, und nicht nur das: Der Geschlechtsakt muss Freude machen! Fühlt sich ein Ehepartner nicht ausreichend befriedigt, kann er oder sie die Scheidung beantragen. »Wenn zwei Menschen in der Hochzeitsnacht zusammenkommen, vergibt ihnen Allah alle vorhergegangenen Sünden, so sehr liebt er die Ehe.« Sätze wie diesen, oder: »Wenn Ehemann und Ehefrau einander die Hände halten, entweichen ihre Sünden durch ihre Fingerspitzen« hatte der Prophet gesagt. »Im Himmel gibt es eine Belohnung für jeden Akt der Vereinigung zwischen einem Mann und seiner Frau«, sagte Omar manchmal, wenn wir miteinander schliefen, oder: »Weißt du, Aischa, irdische Freuden sind ein Vorgeschmack auf das Paradies.« So schaffte er es ständig von neuem, mich zurückzugewinnen, deswegen brauchte ich Jahre, bevor es mir gelang, mich endgültig von ihm zu trennen. Wenn ich diesen Mann verliere, werde ich bis an mein Lebensende allein bleiben und nie mehr lieben dürfen, dachte ich. Das war ein schrecklicher Gedanke.

Eine Woche später erhielt Omar frühmorgens einen Anruf. Zwar sprach er arabisch, doch ich spitzte sofort die Ohren, als ich das Wort Lindau hörte. Als er auflegte, fragte ich, ob ich es richtig verstanden hätte.

»Ja«, antwortet er. »Es ist so weit, Aischa. Wir fahren übermorgen nach Deutschland, nach Lindau. Nimm aber bitte nicht so viel Gepäck mit, wir fahren nämlich mit dem Bus, weil wir dort ein neues Auto abholen, das man der HHB gespendet hat.«

»Stopp. Davon war nie die Rede. Hast du es schon vergessen? Ich will nicht wieder hin und zurück fahren. Du hast mir Zeit zum Nachdenken versprochen«, erinnerte ich ihn.

»Die wirst du bekommen. Wir fahren zu einer muslimischen Familie, dort ist ein Gästezimmer für dich hergerichtet. Dort kannst du allein sein und in aller Ruhe überlegen, was du tun möchtest.«

»Und du?«, fragte ich.

»Du weißt, was ich dazu meine. Ich will, dass du bei mir bleibst, aber ich werde deine Entscheidung respektieren.«

»Ja, das hast du mir schon gesagt. Aber was tust du, während ich nachdenke?«, fragte ich erneut.

»Warten«, antwortete er.

Omar fügte hinzu, dass er einige Kleinigkeiten zu regeln hätte, nur in der Nähe und nichts Besonderes. Auch er brauchte Erholung nach den letzten Monaten. Während der Fahrt schlief er fast die ganze Zeit neben mir. Manchmal rollte sein Kopf auf meine Schulter. Er hatte sich wie immer, bevor er verreiste, frisch rasiert und sah im Schlaf entspannt und genau so aus wie damals, als ich mich in ihn verliebt hatte. Je mehr wir uns von Bosnien entfernten, desto absurder schien es mir, an eine Trennung zu denken. Es tat regelrecht weh.

In München stiegen wir in einen Zug nach Lindau um, wo Omars Bekannte auf dem Bahnsteig warteten. Ich stand voll verschleiert hinter den Männern, die sich mit einer herzlichen Umarmung begrüßten, als eine Frau heftig zu schimpfen begann. Ich rührte mich nicht, da sah ich durch den Niqab, wie sie mich anspuckte. Omar und seine Freunde stellten sich sofort schützend um mich.

»Was ist hier los?«, fragte Omar.

Der Begleiter der Frau versuchte, sie wegzuziehen, doch sie wehrte sich und begann wieder zu schimpfen.

»Sei doch nicht so feige, tu doch etwas. Warum unternimmt hier niemand was gegen diese Ausländer, die sich in Deutschland benehmen, als gehöre ihnen das ganze Land? Sie bringen sogar ihre Sklaven mit! Hast du diese Frau nicht gesehen? Dann schau sie dir doch an!«, schrie sie mit schriller Stimme.

»Sie beleidigen gerade meine Ehefrau«, erwiderte Omar mit erschreckender Ruhe. »Bitte hören Sie damit auf. Wir haben ihnen nichts getan.«

Die Leute auf dem Bahnsteig warfen uns verstohlene Blicke zu, einige blieben stehen, als wollten sie sich in den Streit einmischen. Ich berührte Omar am Arm.

»Lass uns gehen«, flüsterte ich ihm zu. »Diese Frau weiß es nicht besser. Sie ist betrunken.«

»In diesem Land möchtest du also unbedingt leben! Sieh nur, wie man dich hier behandelt!«, sagte er auf Deutsch zu mir.

Nachdem die Frau endlich weitergegangen war, nahmen Omars Freunde unsere Reisetaschen und wir folgten ihnen zum Ausgang. Den ganzen Weg spürte ich auf meinem Rücken die mal mitleidvollen, mal verächtlichen Blicke der Herumstehenden. Es war, als würden sie sich durch die Kleidung in meinen Körper einbrennen. Sicher fühlte ich mich erst, als ich im Auto saß. Die Reaktion dieser Frau verletzte mich zutiefst, gleichzeitig begriff ich sehr wohl, dass sie mich, dieses schwarze Ungeheuer, als Bedrohung ansah. Schließlich empfand ich mich selbst als Fremdkörper in dem niedlichen Städtchen am Bodensee.

Dieser unschöne Empfang steckte mir so sehr in den Knochen, dass ich nicht mehr in der Lage war, auch nur einen einzigen klaren Gedanken zu fassen. Ich wusch meinen Mantel aus, um ihn vom Speichel dieser Frau zu reinigen. Was wäre mir am Bahnhof geschehen ohne die Männer, die mich beschützten? Ich konnte in diesem Land allein nicht leben. Mich würden die Menschen nicht akzeptieren, nicht solange ich diese Kleidung trug, und mit Leuten, die sich dermaßen intolerant und herzlos verhielten, wollte ich nichts zu tun haben. Es war eine jener extrem schwarzen Zeiten, in welchen ich nah daran war, mich ganz aufzugeben. Auch diesmal rief ich niemanden an, weder meine Familie noch Gabi, die nur wenige Kilometer weiter wohnte, ließ mich von Omar trösten und verließ das Gästezimmer nur, um ins Bad zu gehen. Eigentlich wartete ich bloß, bis er sagte, dass wir nach Zenica zurückfahren konnten. Zwar wogen die Erlebnisse von Guca Gora nach wie vor sehr schwer und ich sah die schrecklichen Bilder noch immer in aller Deutlichkeit vor mir, doch in jenen Tagen in Deutschland fühlte ich mich dermaßen ausgeliefert und verloren, dass ich mich regelrecht an Omar klammerte.

Drei oder vier Tage blieben wir in Lindau, am letzten Tag zwang ich mich aus dem Haus, um in einem Großmarkt Berge von Waren für meine Schützlinge einzukaufen. Omar begleitete mich, ich hatte ihn darum gebeten. Nur mit ihm an meiner Seite fühlte ich mich sicher.

In der Nacht darauf wälzte ich mich schlaflos im Bett und hörte gedämpfte Männerstimmen arabisch sprechen, darunter Omars Stimme und die unseres Gastgebers, die anderen kannte ich nicht. Ich lauschte ihrem Klang, verstand kein einziges Wort, nahm an, dass es die Männer waren, die uns das neue Auto gebracht hatten, und genauso war es. Als mir Omar am Morgen zurief, dass wir fahren könnten, stand ein weißer Jeep mit dem Steuer auf der rechten Seite, laut Omar die Spende eines Engländers, schon fertig beladen vor der Tür.

Wir waren beide nicht besonders gesprächig. Ich döste vor mich hin, schloss die Augen und wachte erst auf, als Omar auf einem Parkplatz anhielt, damit ich Mantel und Schleier abnahm. Die Grenze war nah, ich sollte nur mein Kopftuch anbehalten. Nach fünf Minuten fuhren wir wieder los. Zehn Minuten später wurden wir verhaftet.

Als wir noch auf der deutschen Seite der Grenze anhielten, war der Wagen plötzlich von Polizisten umringt. Sie schienen auf uns gewartet zu haben. Ich blickte aus dem Fenster direkt in die Mündung eines Gewehrs und schrie auf.

»Hab keine Angst, Aischa«, sagte Omar leise.

»Keine Bewegung«, brüllten die Polizisten. »Aussteigen!«

Sie rissen beide Türen gleichzeitig auf, zerrten uns aus dem Wagen. Es war genau wie in einem Film, alles geschah in Sekundenschnelle. Wir mussten mit erhobenen Händen stehen bleiben, durften kein Wort miteinander reden und wurden sofort getrennt. Als ich sah, wie Omar weggebracht wurde, wehrte ich mich.

»Lassen Sie mich los, ich will zu meinem Mann!«, schrie ich.

»Bleib ruhig, Aischa, alles wird gut!«, rief er mir zu.

Während er durch eine Tür verschwand, schob man mich in einen anderen Raum, dann weiter durch einen Gang bis in ein kleines Zimmer, wo nur eine Beamtin war. Ich musste mich nackt ausziehen, nichts durfte ich anbehalten, obwohl ich meine Tage hatte. Sie weigerte sich, mir zu erklären, warum, streifte sich Plastikhandschuhe über, um all meine Körperöffnungen zu untersuchen, und ich konnte nichts dagegen tun.

»Sie dürfen sich jetzt wieder anziehen«, sagte sie, als sie fertig war.

Gnädigerweise ließ sie mir eine neue Binde aus dem Wagen holen, danach wurde ich erkennungsdienstlich behandelt. Man fotografierte mich und nahm meine Fingerabdrücke. Der Beamte rückte damit heraus, dass der Jeep gestohlen worden sei. Mir war schlecht vor Angst. Seit wir in Deutschland waren, plagte mich ein ständiges diffuses Gefühl der Beklemmung, eine Furcht, die mal kleiner und mal größer war. Was ich aber nun in dieser Polizeiwache an der Grenze empfand, war blanke Panik. Ich hatte keine Ahnung, was mit Omar los war, fürchtete um sein Leben mehr als um mein eigenes. Es war entsetzlich.

»Bitte, bringen Sie mich zu meinem Mann«, flehte ich die Polizisten an, die mich stundenlang verhörten. »Ich habe nichts getan, ich habe kein Auto gestohlen und mein Mann auch nicht. Fragen Sie ihn, er hat die Ausweise unserer Organisation, er arbeitet für die HHB, das bedeutet Humanitäre Hilfe für Bosnien. Er kann Ihnen alles erklären.«

»Wir glauben, dass Ihr Mann nicht nur ein Dieb ist, sondern

auch ein Waffenhändler«, antwortete der eine, »ein Terrorist. Es ist besser für Sie, wenn Sie uns gleich die Wahrheit sagen. Sonst wird man Sie dem Haftrichter als Komplizin vorstellen müssen. Wenn Sie bereit sind, mit uns zu kooperieren, wird es für Sie sofort viel besser aussehen.«

»Ich kooperiere doch mit Ihnen, beantworte all Ihre Fragen. Ich weiß nicht, was Sie wollen. Mein Mann ist Angestellter einer humanitären Organisation. Er ist ein Muslim, der seinen leidenden Brüdern und Schwestern in Bosnien helfen will, das ist alles. Wir leben schon anderthalb Jahre in diesem Land, das können Sie überprüfen!«

»Wo haben Sie dieses Auto her?«, fragte der andere.

»Keine Ahnung«, antwortete ich. »Es ist uns von jemandem gespendet worden, für die humanitäre Arbeit. Schauen Sie doch rein, Sie werden keine Waffen finden, sondern Schokolade und Geschenke für die Kinder und Pflegeprodukte für die Frauen. Es ist sonst nichts drinnen.«

»Dieses Auto ist in London gestohlen worden. Wo war Ihr Mann gestern tagsüber?«

»Bei mir, wo denn sonst? Gestern Nachmittag waren wir einkaufen, er hat mich in den Großmarkt begleitet, auf dem Kassenzettel steht das Datum, und Sie können mir ruhig glauben, dass er dabei war. Allein hätte ich das niemals schleppen können.«

Immer wieder stellten sie die gleichen Fragen. Immer wieder gab ich die gleichen Antworten. Über unsere Gastgeber wurde ich ausgefragt, erklärte wahrheitsgemäß, dass ich sie kaum gesehen hätte, weil ich die meiste Zeit in meinem Zimmer geblieben war. Ihre Adresse kannte ich nicht. Ich log kein einziges Mal. Die Beamten brachten mir Kaffee und ein bisschen Brot zu essen. Doch ich wollte nichts, fragte nach meinem Mann.

»Was haben Sie mit ihm gemacht? Ich will ihn sehen, ich muss wissen, dass es ihm gut geht. Bringen Sie mich bitte zu ihm«, bettelte ich erfolglos.

Schließlich sperrte man mich in eine Art Zelle mit einem winzigen vergitterten Fenster ein. Ich betete zu Gott, dass Er uns helfen möge, legte mich danach auf die schmale Pritsche und wie ein Kind weinte ich mich in den Schlaf. Am nächsten Morgen war ich schon lange wach, als ein Beamter die Tür öffnete.

»Sie dürfen raus, Ihr Mann wartet auf Sie«, sagte er.

Eine Minute später stand ich im Freien und blinzelte in die Sonne. Omar sah unversehrt, aber sehr müde aus, er lächelte. Erleichtert umarmte ich ihn.

»Allamdulilla, Aischa«, begrüßte er mich freudig. »Siehst du, Gott hat uns befreit. Es ist alles in Ordnung, wir werden mit dem Taxi weiterfahren.«

Das Auto hatte die Polizei selbstverständlich beschlagnahmt, um es seinem Besitzer zurückzugeben. Aber gegen uns lag nichts vor. Man hatte darin nichts Verdächtiges gefunden, nur unsere Privatsachen und die Waren, die wir eingekauft hatten. Ohne uns vorher abzusprechen, hatten wir beide stets die gleichen Antworten auf die gleichen Fragen gegeben.

»Sie können nichts beweisen und schon gar nicht, dass ich dieses Fahrzeug gestohlen habe, weil ich bei dir war. Deine Aussage hat mich gerettet, ich danke dir«, raunte Omar, als das Taxi davonfuhr.

Ich konnte gar nichts sagen, so tief saß mir der Schreck in den Knochen, und starrte nur wie betäubt aus dem Fenster.

10

Von der österreichischen Grenze bis nach Zenica lag mir die ganze Zeit eine Frage auf der Zunge, aber wir waren nie allein. Erst fuhren wir im Taxi, dann im Bus und schließlich im Jeep eines Mudschahed, der uns nach Hause brachte. Ich hastete in die Wohnung, wartete ungeduldig, bis Omar unsere Taschen abgestellt hatte, und legte sofort los.

»Wusstest du, dass der Wagen gestohlen war?«

Ich war auf eine lange Diskussion gefasst. Die Verhaftung und die Nacht schienen meinen Mann sehr erschüttert zu haben. Während der Fahrt hatte er meist still neben mir gesessen und nur manchmal leise vor sich hingemurmelt, als würde er beten. An der bosnischen Grenze hatte er sich plötzlich zu mir umgedreht. »Vielleicht ist doch alles falsch, vielleicht wäre es besser, nach Deutschland zurückzufahren«, hatte er auf Deutsch gesagt. Danach war er wieder in Schweigen versunken. Über diesen scheinbaren Gesinnungswandel konnte ich mich nicht freuen. Ich war selbst in Gedanken verloren, in düsteren Gedanken. Nach Deutschland zurückfahren, ging das überhaupt noch? Würde man uns je wieder in dieses Land hineinlassen? Es waren deutsche Beamten, die uns verhaftet hatten, für sie waren wir nach wie vor verdächtige Personen, das hatte mir einer der Polizisten deutlich zu verstehen gegeben! Was würden mein Vater und meine Geschwister sagen, wenn sie erfuhren, dass ich in einer Verbrecherkartei geführt wurde!

»Bitte, beantworte meine Frage. Wusstest du, dass der Wagen gestohlen war?«, wiederholte ich.

»Lass uns später reden, Aischa. Ich muss jetzt in die Moschee«, antwortete er nur und ging zur Tür.

»Moment mal! Ich will mit dir reden!«, wandte ich ein. »Wann kommst du wieder?«

»Später.«

Ich beobachtete, wie er davonfuhr. Es war Zeit für das Abendgebet, und ich hoffte, er würde gleich danach zurückkommen und endlich antworten. Es machte mich nervös, auf ihn zu warten. Ich räumte ein wenig auf und lief zum Fenster, sobald ich Motorgeräusche hörte. Stunden später brachte ihn Abu Musa nach Hause. Er zählte zu den hohen Mudschaheddin-Führern und genoss besonderen Respekt. Mir war klar, dass Omar ihn um Rat gefragt hatte. Was sie besprochen hatten, konnte ich nicht wissen, aber ich sah auf dem ersten Blick, dass mein Mann nicht mehr niedergeschlagen war. Diesmal hielt ich mich zurück, fragte ihn erst, ob er eine Tasse Tee wolle.

»Nein danke, ich habe schon welchen getrunken«, sagte er.

»Kannst du mir jetzt bitte sagen, ob du wusstest, dass wir mit einem gestohlenen Fahrzeug zurückfahren?«, fragte ich.

»Aischa, ein Viertel der Autos, die hier im Balkan herumfahren, sind wahrscheinlich in Europa geklaut worden. Was spielt es für eine Rolle, ob ich es wusste oder nicht? Wir haben bloß Pech gehabt. Es war eine Prüfung, die Allah uns auferlegt hat, um die Festigkeit unseres Glaubens auf die Probe zu stellen«, erklärte er.

»Für mich spielt es durchaus eine Rolle, ich bin keine Diebin und ich will auch nicht die Frau eines Diebes sein!«, ließ ich nicht locker. »Antworte mir, hast du es gewusst oder nicht? Ja oder nein?«

Doch er schüttelte nur den Kopf und wechselte das Thema.

»Wir werden nach Bocinja umziehen, Aischa. Ich war eben mit Abu Musa dort, wir haben uns Häuser angeschaut. Eins davon habe ich für uns ausgesucht, ein schönes, großes Haus. Es wird dir gefallen.«

In Bocinja wohnten vor dem Krieg hauptsächlich bosnische Serben. Die Ortschaft, die aus einzelnen Häusern und vielen Ferienwohnungen besteht und sich über acht bis zehn Kilometer hinstreckt, befindet sich zwischen Maglaj und Zavidovic abseits der Hauptstraße in einem Tal. Nachdem die Serben geflüchtet oder verjagt worden waren, standen ihre Häuser leer und wurden von den Mudschaheddin übernommen.

Ich dachte an meinen Besuch bei Umu Mahmud in ihrer einsamen Datscha am Waldrand. Aus den Fenstern sah man rechts und links nur Bäume, hinter dem Haus war ein steiler Hang mit Bäumen und Büschen, vor dem Haus ein Stück Garten und eine Wiese, sonst nichts, nur Natur. Ich hatte meine Gastgeberin gefragt, ob sie sich nicht ein wenig einsam dort fühle, worauf sie auf ihre Kinder zeigte. »Sie sind immer bei mir, wenn mein Mann weg ist«, hatte sie geantwortet. Ich aber hatte noch keine Kinder bekommen. Ich war inzwischen fast vierzig, über vier Jahre hatte ich Monat für Monat gehofft, endlich schwanger zu werden, und wusste nicht, ob es an mir oder an Omar lag, dass meine Hoffnung ständig enttäuscht wurde. Es machte mich traurig, daran zu denken.

»Ich will nicht nach Bocinja, ich habe mich gerade erst in Zenica eingelebt. Du kannst nicht verlangen, dass ich das mitmache«, protestierte ich, »im Bus hast du von Deutschland gesprochen, als wolltest du wieder hinziehen. Was ist denn damit?«

»Nichts. Du musst dich verhört haben. In Bocinja werden wir ein ganzes Haus für uns allein haben, auch einen eigenen Garten. Du kannst dort pflanzen, was du möchtest.«

»Das Dorf ist mir viel zu einsam. Hier sehe ich wenigstens andere Menschen!«

»In Bocinja leben die meisten unserer Brüder und Schwestern und es werden noch mehr dorthin ziehen. Du wirst nicht allein sein, du wirst auch mich öfter sehen, weil ich dabei bin, mir einen Arbeitsplatz im Haus einzurichten.«

Omar zählte meine zukünftigen Nachbarn auf: Alles Mudschaheddin und ihre schwarz verschleierten Ehefrauen. Zwar kannte ich die meisten vom Sehen oder sogar etwas besser, aber befreundet war ich mit keiner von diesen Frauen.

»Meine einzige Freundin in diesem Land heißt Djamila, und ihr hast du verboten, noch mal herzukommen!«

»Aischa, du warst außer dir, du wusstest nicht mehr, was du tust und was du sagst. In diesem Zustand hättest du ihr vielleicht von Dingen erzählt, die sie nichts angehen!«

»Heißt das, sie darf wiederkommen?«

»Ja. Solange wir hier wohnen und unser Geld reicht, habe ich nichts dagegen.«

»Trotzdem will ich nicht nach Bocinja ziehen«, wiederholte ich trotzig.

»Aischa, es ist genug. Ich habe es so entschieden und du wirst mitkommen. Wir fahren am Wochenende hin, um nachzusehen, in welchem Zustand unser Haus ist und was du brauchst, um es einzurichten.«

»Du sprichst dauernd von unserem Haus. Von wem hast du es gekauft?«, fragte ich misstrauisch. »Gibt es einen Kaufvertrag, einen Beweis, dass dieses Haus dir wirklich gehört, oder ist es gestohlen wie das Auto?«

»Hör zu: Die Eigentümer sind weg. Präsident Alija Izetbegovic überlässt uns dieses Dorf mit allen Häusern, ist dir das legal genug? Und fang jetzt bloß nicht wieder mit dem Auto an!«

Wütend verließ Omar den Raum.

»Wer sagt mir, dass ihr die armen Leute nicht umgebracht habt?«, rief ich ihm nach, doch das hörte er nicht mehr.

Ich konnte die Augen nicht länger vor der Wahrheit verschließen: Der Mann, mit dem ich seit neun Jahren verheiratet war, mochte weder selbst den Wagen gestohlen noch jemanden getötet haben, aber er hatte ständig mit Kriminellen zu tun und zog mich in seine schmutzigen Geschäfte hinein. Verhaftete man ihn, würde man mich auch verhaften. Meine einzige, winzige Chance sah ich darin, dass er sich eines Tages vom Dschihad distanzierte. Wenn er sich einmal schon ganz gedreht hat, kann ich vielleicht etwas bewirken, damit er sich in die andere Richtung wieder dreht, redete ich mir ein. Damals glaubte ich noch, tatsächlich etwas ausrichten zu können.

In »unserem« Haus in Bocinja verbrachte ich vorerst nur die Wochenenden, denn ich durfte die Wohnung in Zenica behalten. Was ich für ein Zugeständnis meines Mannes hielt, war letztlich bloß Taktik. In der Stadt befand sich nämlich das Büro der HBB, die als Deckmantel für die Dschihad-Aktivitäten notwendiger denn je war, aber all das begriff ich erst später. Seit Kriegsende wurde auf internationaler Ebene der Abzug der ausländischen

Mudschaheddin verlangt, diese hatten aber keineswegs vor, das Land zu verlassen, sondern wollten mittendrin eine islamische Festung errichten. Das Bocinja-Tal war der Beginn davon, eine Enklave, die für extremistische Mudschaheddin und ihre Familien reserviert war. Im hinteren Teil des Tales wurden weiterhin Männer in Trainingslagern für den Kampf ausgebildet. Von hier aus sollte sich der reine, der fundamentalistische Islam, den die Gotteskrieger dem Rest der Welt aufzwingen wollten, verbreiten. Das Dorf wurde musterhaft nach den Gesetzen der Hohen Scharia geführt. Für uns Frauen bedeutete das finsteres Mittelalter.

In Zenica musste ich zwar von Kopf bis Fuß verschleiert vor die Tür gehen, durfte aber immerhin noch die Nachbarn besuchen, in den Supermarkt gehen und selbst die Lebensmittel aussuchen, die ich brauchte. In Zenica fuhr ich mit Djamila regelmäßig zum Markt, wo ich Frauen begegnete, die nichts mit den Mudschaheddin zu tun hatten, die sich über den Frieden freuten und jedes Stück Normalität feierten, das in ihren Alltag zurückkehrte. Eine Zigarette rauchen, an einer Seife riechen, ein neues Lied im Radio hören, Söckchen und Höschen für die Kinder, ein Päckchen Kaffee, eine Flasche Shampoo, diese einfachen Sachen machten die Frauen glücklich. In Bocinja galt das als überflüssiger oder gar schädlicher Luxus. Wenn es nach Omar und seinen muslimischen Brüdern gegangen wäre, hätten sich Mudschaheddin-Frauen niemals mit einer duftenden Seife waschen dürfen. Schließlich bestand immer Gefahr, dass sie in Riechweite von fremden Männern kamen!

Das Dorf wurde von bewaffneten Gotteskriegern streng bewacht. An der Abzweigung von der Hauptstraße hielten sie jedes fremde Fahrzeug an, patrouillierten Tag und Nacht und niemand hätte sich unbeobachtet in der Gegend bewegen können. Schon wenn ich zum Haus nebenan lief, um ein paar Sätze mit der redseligen Umu Islam zu wechseln, hatte ich stets das Gefühl, beobachtet zu werden. Falls ich, was oft geschah, eine Regel übertrat, erfuhr es Omar sofort.

»Aischa, man hat dich heute Morgen auf der Terrasse gesehen«, warf er mir eines Nachmittags vor.

»Wenn mein Haus eine Terrasse hat, werde ich dort wohl

meine Wäsche aufhängen dürfen«, widersprach ich und musste mir anhören, dass ich nicht züchtig bekleidet gewesen sei.

Es stimmte. Ich hatte es nicht für nötig gehalten, meinen Mantel und den Niqab anzuziehen, um die Terrasse zu betreten, die man nicht von der Straße einsehen konnte, sondern nur durch mehrere Bäume hindurch von einer etwas höher gelegenen Datscha.

»Wer da etwas sehen will, muss sich ganz schön anstrengen«, wehrte ich mich. »Höchstens fünf Minuten habe ich da verbracht, außerdem war es die Gebetszeit, seid ihr Männer da nicht alle in der Moschee?«

»Mir gefällt dein Ton nicht, Aischa. Du wirst diese Terrasse nicht mehr unverschleiert betreten. Und den Garten auch nicht«, sagte er nur und ließ mich stehen.

Selbst bei strahlend schönem Wetter durfte ich keine Sekunde lang den Schleier lüften und mein Gesicht der Sonne entgegenhalten, denn selbst zwischen den Bäumen wurde patrouilliert. An einem Samstag wollte ich vor lauter Langeweile Umu Mahmud besuchen, die am anderen Ende des Tales wohnte, ging mit dem Autoschlüssel in der Hand zu Omar, der im Garten arbeitete, und bat ihn um seine Erlaubnis.

»Warte ein wenig, dann bringe ich dich hin. Ich möchte nicht, dass du hier Auto fährst«, sagte Omar. »Das gehört sich nicht. Gib mir den Schlüssel.«

»Ich bleibe keine Sekunde hier, wenn ich das Auto nicht mehr benutzen darf!«, rief ich zornig, »Wenn etwas passiert, will ich Hilfe holen können, du und deine Indianer, wenn ihr mit euren Spielchen beschäftigt seid …«

Es machte Omar rasend, wenn ich das Wort Indianer benutzte oder von Spielchen sprach. Ich wusste es und tat es trotzdem, doch diesmal war es mir herausgerutscht. Damit war die Diskussion jedenfalls vorerst beendet und ich zog mich ins Haus zurück. Am Abend, als Omar erneut den Wagenschlüssel verlangte, ging ich diplomatischer vor.

»Sieh nur, Umu Samira, die im Haus über uns wohnt, geht es nicht gut, sie ist hochschwanger. Die Frauenärztin hat gesagt, dass es eine schwere Geburt wird, sie braucht nur von ihrer Terrasse nach unten zu rufen, schon kann ich sie ins Krankenhaus nach Zenica bringen. Dafür brauche ich das Auto, du siehst es doch ein, oder willst du, dass ihr Baby stirbt?«

»Wenn Gott will, dass sie und ihr Kind leben, wird Er schon dafür sorgen«, entgegnete Omar ungerührt.

»Sicher, aber im Koran steht auch, dass man seinem Nächsten helfen soll. Frag doch den Imam nach seiner Meinung«, sagte ich.

Ich gewann, durfte weiter Auto fahren, wenn auch nicht zum Vergnügen. Mit Niqab vor dem Gesicht fuhr ich schwangere Frauen zu Ultraschalluntersuchungen nach Zavidovic, nach Maglaj oder nach Zenica ins Krankenhaus. Auf dem Rückweg gönnte ich uns manchmal einen kleinen Zwischenstopp bei einem Supermarkt, je nachdem, welche Frauen mit von der Partie waren und ob ich fürchten musste, dass sie mich verrieten. Nicht jede genoss den harmlosen Einkauf, einige waren genauso borniert wie die Männer und fest davon überzeugt, dass Allah sie dafür in die Hölle schicken würde. Natürlich erfuhr Omar davon. »Du bist ein ungehorsames Ungeheuer«, sagte er.

Für mich war das ein Kompliment. Der Beweis, dass ich mich nicht klein kriegen ließ.

»Tut mir leid«, murmelte ich anstandshalber.

»Warum habe ich bloß eine so ungehorsame Frau geheiratet?, klagte er, aber er war nicht wirklich verärgert und rief mich zu sich. »Komm her, Aischa. Zeig mir, wofür du unser Geld ausgibst.«

Unser Haus in Bocinja war tatsächlich sehr groß. Wer immer vorher darin gelebt hatte, durfte eher zu den wohlhabenden Serben gehört haben. Wenn man von Zavidovic kam, sah man erst die Moschee und nebenan das Haus, in dem die Frauenärztin einmal pro Woche Sprechstunde hielt. Dort war auch eine still gelegte Tankstelle. Ganz in der Nähe war das frühere Post- und Telefonamt, das inzwischen ein Laden geworden war. Bei unserem Einzug funktionierte das Telefon überhaupt nicht, später konnten wir immerhin innerhalb des Dorfes anrufen – natürlich nicht, um mit jemandem ein wenig zu plaudern, wie es in Deutschland üblich ist, sondern nur in dringenden Fällen. Direkt neben unserem Haus waren zwei weitere Häuser, in denen

Umu Haiman und Umu Islam mit ihren Familien wohnten, ein Stück höher stand ein wunderschönes Ferienhaus mit einem lang gezogenen Dach und einem offenen Kamin. Dort lebte Umu Samira mit Mann und Kindern.

Wir hatten im Erdgeschoss eine geräumige Küche und ein kleines Wohnzimmer, ein Schlafzimmer, ein großes Bad und eine Toilette. Die Einrichtung stammte aus den achtziger Jahren, war aber noch in gutem Zustand. Im ersten Stock waren ein kleiner Raum, der stets abgeschlossen wurde, ein Gästezimmer und unser Schlafzimmer. Omars Arbeitszimmer befand sich unterm Dach in einem großen Raum, dessen Fenster mit Rollläden versehen waren. Darin hatte er sich ein komplettes Fernsehstudio eingerichtet, mit Schnittplatz, mehreren Rekordern und allem, was man so braucht, um Videos herzustellen. Stolz hatte mir Omar sämtliche Geräte vorgeführt und ihre Verwendung erklärt. Wenn er das Haus verließ, sperrte er sein Studio stets ab und legte den Schlüssel immer an die gleiche Stelle, auf einem Schrank im Flur. Die Filme meines Mannes sah ich meist im Entstehungsstadium, er führte mir die verschiedenen Schnittfassungen vor und bat mich sogar manchmal um Rat.

»Wie findest du den Anfang?«, fragte er wenige Wochen nach unserem Einzug, als er an einem Film arbeitete, in dem er einige Szenen mit der Öffnung von Massengräbern montierte.

Man sah halb verweste, gekrümmte Leichen am Straßenrand, dazu eine weinende Bosnierin mit ihren Kindern.

»Diese Bilder sind unerträglich, aber an deiner Stelle würde ich sie trotzdem ein bisschen länger zeigen«, meinte ich. »Auch die Kinder in der Schule würde ich länger zeigen, ich glaube, dass es die Leute mehr zum Spenden animiert als die Szenen mit den Militärübungen.«

Daneben gab es aber auch Reportagen über Leben und Tod der Märtyrer, wie er die Mudschaheddin nannte, die im Kampf gefallen waren. Sie waren mit Zitaten aus dem Koran und einem arabischen Text untermalt, den Omar für mich übersetzte. Wo es mir möglich war, betonte ich die humanitären Aspekte, als könnte ich ihn damit ein bisschen beeinflussen.

Es war mir nicht erlaubt, diesen Raum ohne ihn zu betreten, aber ich tat es trotzdem, warf meist nur einen kurzen Blick hinein und achtete darauf, keine Spuren zu hinterlassen. Einmal, als Omar beim Freitagsgebet war, entdeckte ich einen Stapel Bilder von erschossenen Mudschaheddin auf seinem Tisch. Es waren nur Gesichter in Großaufnahmen, Männer jeden Alters, darunter auch sehr junge. Einige sahen abgemagert aus, als seien sie von langen Kämpfen ausgezehrt, andere wirkten friedlich, fast selig. Omar würde sagen, dass sie Gott begegnet waren. Lange betrachtete ich diese Bilder, besonders von einem Foto konnte ich mich nicht trennen, so glücklich und unschuldig wirkte dieser junge Mudschaheddin. Ob er je eine Frau in den Armen gehalten hatte, bevor er starb? Oder ob er sich wirklich darauf verließ, dass in Allahs Paradies zweiundsiebzig Jungfrauen auf ihn warteten?

Ende 1996 holte mich Omar in Zenica ab, um mit mir nach Bocinja zu fahren. Wir hatten einander einige Tage nicht gesehen, ich wollte dieses Wochenende mit ihm reden. Über unsere Zukunft, über eine eventuelle Rückkehr nach Deutschland. Der Krieg war schon über ein Jahr zu Ende, ich wusste nicht, warum wir noch länger in Bosnien bleiben sollten. Außerdem bildete ich mir ein, dass sich diese ganzen Dschihad-Geschichten von allein erledigen würden, wenn es mir nur gelang, Omar dem Einfluss seiner Mudschaheddin-Brüder zu entreißen. Wie die Mutter eines drogensüchtigen Kindes weigerte ich mich, einzusehen, dass mein Mann sich dieses Leben selbst ausgesucht hatte.

»Omar«, begann ich, als wir beide nach dem Abendessen entspannt auf dem Sofa lagen, »was wollen wir tun? Nicht heute oder morgen, aber in den nächsten Monaten? Wir sind schon zwei Jahre hier, ich mache mir manchmal Sorgen um unsere Zukunft. Wir werden nicht jünger, unsere Altersversorgung ruht und das Leben wird schwieriger. Auch wenn du hier ein paar Hühner und Hasen züchtest, ist es für uns auf die Dauer doch nichts ... «

»Gott wird für uns sorgen, Aischa. Wenn es sein Wille ist, werde ich bald ein neues Geschäft anfangen«, antwortete er.

»Ach ja?« Ich war angenehm überrascht, dass auch er sich Gedanken über die Zukunft zu machen schien. »Erzähl mir von deinen Plänen. Welche Art von Geschäft denn?«

»Es ist zu früh, um darüber zu reden, ich muss noch Gespräche mit unseren Geldgebern führen. Hab keine Angst, Aischa, es wird dir an nichts mangeln, Gott wird dafür sorgen.«

»Uns mangelt es aber bald an allem«, erwiderte ich. »Das Geld, das du mir letztes Mal gegeben hast, ist längst weg, ich habe damit gerade noch Djamila bezahlen können. Wir haben keine Vorräte mehr, und du sagst selbst, dass die Spenden immer weniger werden. Es ist gut, wenn bald etwas passiert. Dieses neue Geschäft, das du planst, wo wird es sein? In Deutschland?«

»Wie kommst du denn darauf, dass ich nach Deutschland zurück möchte? Aischa, hast du etwa schon vergessen, wie die Deutschen uns letztes Mal behandelt haben?«

»Du hast gesagt, das sei bloß eine Prüfung gewesen, die uns Allah auferlegt hatte!« Ich mäßigte meine Stimme, vermied es, von dem gestohlenen Auto zu sprechen. »Von mir aus muss es gar nicht unbedingt Deutschland sein, es ist nur so, dass meine Familie dort ist, und ich vermisse sie.«

Wie schwer fiel es mir, diese einfachen Worte auszusprechen! Kaum waren sie draußen, sprudelte es auch schon aus mir heraus, und ich erzählte Omar alles, was ich vermisste: die vertrauten Landschaften, den Duft des Frühlings in den Parkanlagen, das Bummeln in der Fußgängerzone, die Spaziergänge am Rhein, das Tuckern der Kähne und vor allem Menschen, mit dem ich reden konnte!

»Ich wusste nicht, dass du all diese Dinge so sehr vermisst. Es macht mich traurig, das zu hören«, sagte Omar nachdenklich. »Ich habe gehofft, du würdest dich mit den Frauen aus Bocinja anfreunden und hier mit mir glücklich werden, aber das scheint nicht der Fall zu sein. Wenn du meinst, dass dein Glück in Deutschland ist, musst du allein dorthin gehen. Ich werde jedenfalls hier bleiben. Wie lange noch, das kann ich dir nicht sagen. Wenn Gott mich ruft, werde ich gehen. Vielleicht nach Deutschland, vielleicht woandershin.«

»Ich will aber mit dir zusammenleben!«, rief ich. »Das ist mir viel wichtiger als alles andere.«

»Dann bleib bei mir, Aischa, genau das wünsche ich mir«, sagte Omar und nahm mich in die Arme.

In solchen Momenten liebte ich meinen Mann über alles und

sah über alle unangenehmen Dinge hinweg. Ich verdrängte sie regelrecht und war bereit, fast alles auf mich zu nehmen, nur um bei diesem Mann bleiben zu können.

In jenem Winter versickerte der Spendenfluss fast vollständig. Irgendwann begann ich mit Omars Einverständnis und Djamilas Hilfe den Goldschmuck zu verkaufen, den er mir in Ägypten geschenkt hatte. Meine Ringe, Ketten und Armbänder, all die schönen Pfandstücke unserer Liebe, landeten nach und nach auf dem Schwarzmarkt von Zenica.

»Verkauf auch meine Halskette«, schlug er eines Tages selbst vor. »Sie liegt hier nur herum, Männern ist das Tragen von Gold nicht erlaubt. Sieh zu, dass du einen guten Preis für all die Sachen bekommst.«

Von dem Erlös kaufte ich Lebensmittel. Zuerst nur für die Familien, die ich unterstützte, für Djamila und ihre Söhne, für meine Nachbarn und schließlich sogar für uns. Doch bald schon hatten wir kein Geld mehr. 1997 verließ Omar die HBB, die nach und nach ihre Tätigkeiten aufgab, und ich musste die Wohnung in Zenica verlassen, was mich unendlich traurig stimmte. Außer Djamila hatte ich zwar keine engen Freunde dort, aber für mich war es doch ein Zuhause geworden. Viele Menschen kannten mich vom Sehen, grüßten und fragten, wie es mir gehe, und mit den Frauen konnte ich mich inzwischen auf Bosnisch fließend unterhalten.

»Wir können uns die Wohnung nicht mehr leisten«, erklärte ich Djamila, die wie vom Donner gerührt am Tage unseres Auszugs vor mir stand, weil sie nicht fassen konnte, dass wir tatsächlich gingen. »Wir haben das Haus in Bocinja, und Omar will eine Wohnung in Sarajewo anmieten, weil er dort arbeiten wird.«

Djamila schlug die Hände über dem Kopf zusammen.

»Geh nicht nach Sarajewo, Aischa, die Stadt ist nicht gut für dich«, sagte sie. »Die Bewohner von Sarajewo kennen dich nicht, sie mögen keine Mudschaheddin und auch keine Niqab-Frauen. Wenn sie dich sehen, wissen sie sofort, dass du zu denen gehörst!«

Sie deutete mit einer verächtlichen Geste nach draußen, wo einige Brüder das Auto mit unseren Habseligkeiten beluden.

»Bleib hier bei mir, in meiner Wohnung ist es eng, aber für dich ist immer genug Platz.«

Da mussten wir beide lachen. Ihr Zimmer war ohnehin schon viel zu klein für die vier Menschen, die darin wohnten! Wir umarmten uns und drückten einander, dann brach sie in Tränen aus.

»Bitte hör auf zu weinen, Djamila, wir sehen uns bald wieder. Du nimmst einfach den Bus und kommst mich in Bocinja besuchen. Im Garten und im Haus brauche ich deine Hilfe.«

»Wenn Gott will, komme ich sofort, gleich morgen, sobald du nach mir rufst. Kein Mensch auf der Erde wird mich daran hindern. Aber Sarajewo? Was soll ich dort?«

»Zunächst bin ich ja noch in Bocinja«, erklärte ich. »Bisher ist nicht alles mit Omars Arbeit geklärt.«

Ich warf einen letzten Blick in die halb leere Wohnung, ließ meinen Niqab vors Gesicht fallen, weil Omar nach mir rief, und ging die Treppe hinunter. Vor dem Haus stand eine Gruppe Leute, die gekommen waren, um sich von mir zu verabschieden, darunter mehrere Frauen mit Kindern, die Mama von nebenan, ihr Mann und einige andere Nachbarn auch. Unter meinem Schleier weinte ich Rotz und Wasser.

»Komm bald wieder nach Zenica, Aischa, meine Tochter, unser Haus ist dein Haus«, sagte die Mama.

Ihr Mann nannte mich ebenfalls Tochter und schüttelte traurig den Kopf, die Kinder riefen, dass ich da bleiben solle. Omar drängte schon zur Abfahrt, aber dann kam noch eine Frau angerannt und versuchte mir die Hände zu küssen.

»Ohne dich wäre mein Mann nicht mehr am Leben, was werden wir nur ohne dich tun?«, klagte sie. »Bitte komm wieder zu uns, Aischa, wir brauchen dich so sehr.«

Ihr Mann war zuckerkrank und hatte im Krieg durch das Embargo sein Insulin nicht erhalten. Ich hatte ihr über Gabi größere Mengen von diesem Medikament besorgt. An dem Tag, als ich es ihr brachte, hätte sie mir beinahe die Füße vor Dankbarkeit geküsst.

Ich stieg ins Auto. Ein paar Meter weiter standen zwei Frauen am Straßenrand, die mir zuriefen: »Auf Wiedersehen, Aischa, Gott schütze dich. Besuch uns bald wieder!«

»Wie sehr dich diese Menschen lieben«, sagte Omar. »Was tust du denn, dass sie dich so lieben? Woher kennen sie dich?«

Einerseits bewunderte er mich, doch er beneidete mich auch wegen der Zuneigung der Leute. Kein Einziger hatte sich von ihm herzlich verabschiedet, nicht einmal unser Vermieter. Andererseits war es meinem Mann nicht geheuer, dass ich mit all diesen Menschen Kontakt gehabt hatte. Während seiner Abwesenheit hatte ich mir stets kleine Freiheiten herausgenommen. Würde das in dem Mudschaheddin-Dorf auch möglich sein? Darüber dachte ich nach, als ich auf der Fahrt dorthin schweigend neben ihm saß. Und ich dachte an Djamila, die eine einfache Lösung für mich parat gehabt hatte: »Wenn es dir da nicht gefällt, Aischa, dann haust du einfach ab. Du gehst zurück nach Deutschland. Dort hast du doch auch Freunde, oder?«

11

In Bocinja verschlechterte sich meine Stimmung zunehmend. Omar und ich lebten wieder unter einem Dach, sahen uns häufiger denn je, trotzdem entfernten wir uns mehr und mehr voneinander. Er arbeitete in seinem Studio, empfing Gäste, die ich nicht sehen durfte, und manchmal wurden ihre Gattinnen bei mir abgestellt, so empfand ich das. Die Männer lieferten ihre Frauen wie Pakete bei der Gepäckaufbewahrung ab, um sie wieder abzuholen, wie es ihnen beliebte, genau wie es Omar auch mit mir tat, wenn wir irgendwo zu Besuch waren. Ob es mir und den anderen Frauen passte oder nicht, spielte keine Rolle, gefragt wurden wir nicht, allein der Wille des Mannes galt. Ich kochte Tee für die Gäste, wir Frauen versuchten, gemeinsam die Kinder ruhig zu halten, redeten über dies oder jenes, so weit es wegen der verschiedenen Sprachen möglich war. Unter den Mudschaheddin-Frauen befanden sich viele Ausländerinnen, die kein Bosnisch sprachen, und ich verstand nach wie vor kein Arabisch. Diesen Frauen zeigte ich meine gastfreundliche Aischa-Fassade, die ich automatisch aufbaute, sobald eine von ihnen an meine Tür klopfte. Wie es dahinter aussah, wusste niemand.

Wenn ich allein war, hatte ich oft das Gefühl, in ein schwarzes Loch zu stürzen, das weder Ränder noch Boden hatte. Ich konnte nicht mal die Arme ausbreiten, um mich irgendwo festzuhalten. Es war, als würde ich mich selbst im freien Fall beobachten, tatenlos meinem eigenen Untergang zuschauen. Ich verbrachte Stunden auf einem Stuhl sitzend, dachte, dass es so nicht weitergehen könne und ich etwas unternehmen müsse, um mich aus dieser schweren Depression herauszuziehen, schaffte es aber nicht. Ein Kind hätte mich gerettet. Warum hatte uns Gott nur kein Kind geschenkt? Warum hatte er mir und Omar diese Freude nicht gegönnt? Darüber grübelte ich ständig, und manchmal tat es mir wirklich weh, die Kinder der anderen Frauen um mich herumspringen zu sehen. Omar tröstete mich in jenen schweren Tagen und versuchte mir über meine Schwermut hinwegzuhelfen, doch je mehr Zeit verging, desto geringer war meine Hoffnung, ein Baby zu bekommen. Schließlich verschwand sie ganz. Dadurch fühlte ich mich nur noch wertloser, verzweifelter, wünschte nur noch zu sterben. Ich brauchte dringend Hilfe.

Eines Tages holte Omar einige Männer vom Flughafen in Split ab. Wie immer wartete ich im Auto auf dem Parkplatz, als ich draußen eine Stimme hörte, die Deutsch sprach. Sie klang wie die meines Bruders! Das versetzte mir einen Stich, ich drehte mich um, sah einen Mann, der Gepäck in seinen Kofferraum ein- oder auslud. Ich bewegte den Rückspiegel, um ihn diskreter beobachten zu können. Der Mann sprach nicht nur wie Karl, er sah ihm auch sehr ähnlich. Er war ungefähr so groß wie mein Bruder, hatte ebenfalls leicht gewellte, braune Haare und den gleichen süddeutschen Akzent, der mir sofort Tränen in die Augen trieb. Eine Minute später kam Omar mit zwei Männern, die hinten einstiegen. Ich bewegte den Rückspiegel zurück und sah darin, wie der eine sein Hemd öffnete, weil ihm offensichtlich zu heiß war. Darunter kamen mehrere Bündel von Geldscheinen zum Vorschein, die mit Klebestreifen an seiner Brust befestigt waren. Er hatte sie offensichtlich durch die Kontrollen geschmuggelt.

»Woher kamen diese beiden Männer?«, fragte ich Omar am Abend.

»Aus Istanbul.«

»Ja, aber sie sind keine Türken. Aus welchem Land sind sie?«

Omar schaute mich misstrauisch an. »Warum möchtest du das wissen, interessierst du dich etwa für sie?«, fragte er zurück.

»Nein. Für sie nicht, aber für das Geld, das der eine unter dem Hemd trug. Ich habe es zufällig im Rückspiegel gesehen. Kriegen wir etwas davon? Ich habe nicht mehr mal genug, um einen Sack Kartoffeln zu kaufen!«

»Das sind Spenden aus Saudi-Arabien«, antwortete Omar. »Dort gibt es viele reiche Leute, die den Dschihad mit Geld unterstützen. Ich werde dir morgen Kartoffeln bringen. Brauchst du sonst noch etwas?«

»Zucker, Mehl, Kaffee, Waschmittel …« Ich listete alles auf, was mir durch den Kopf ging, dachte gleichzeitig an etwas anderes und sprach es ohne darüber nachzudenken aus.

»Weißt du, Omar, vorhin am Flughafen war ein Mann, der meinem Bruder Karl unheimlich ähnlich sah. Seit über drei Jahren habe ich mich bei niemandem aus meiner Familie gemeldet, sie müssen alle stockwütend auf mich sein. Bei meinem Vater und meinen Schwestern traue ich mich nicht anzurufen, weil ich mich zu sehr schäme, aber vielleicht kann ich es bei Karl probieren. Damals, in seinen wilden Zeiten, habe ich ihm mehrmals geholfen …«

»Was willst du von deinem Bruder?«, unterbrach mich Omar.

»Erst mal bloß mit ihm Verbindung aufnehmen. Vielleicht legt er ja nicht gleich den Hörer auf, wenn er meine Stimme hört«, antwortete ich.

Omars Gesicht war verschlossen. Er blickte mich misstrauisch an. »Und dann? Das wird doch nicht alles sein, was du dir überlegt hast. Worüber möchtest du so dringend mit deinem Bruder sprechen?«, fragte er. »Was willst du ihm erzählen? Wo du lebst und was dein Mann tut?«

»Daran habe ich keine Minute gedacht. Nein, mir geht es einfach nicht gut, ich fühle mich in letzter Zeit nur noch krank und kaputt, bin ständig traurig und deprimiert. Ich habe bloß gehofft, wenn ich Karl anrufe und er nicht allzu sauer auf mich ist, dass er mich vielleicht einlädt, ein paar Tage bei ihm in Deutschland zu verbringen.«

»Du willst weg von mir«, meinte Omar.

»Nur für eine kurze Zeit. Ein paar Tage, um zu mir zu kommen, um mich zu erholen.«

»Vielleicht ist es gut, vielleicht nicht. Ich werde darüber nachdenken«, sagte er.

Eine Woche später verkündete er mir seine Entscheidung: Ich

durfte meinen Bruder anrufen, aber er wollte bei dem Gespräch anwesend sein.

»Und pass auf deine Worte auf, Aischa. Vergiss bitte nicht, wir arbeiten hier für eine humanitäre Organisation und abgesehen davon bin ich noch als Journalist tätig. Mehr braucht dein Bruder nicht zu wissen.«

»Ich glaube kaum, dass sich Karl für deine Geschäfte interessiert«, sagte ich. Du kennst ihn doch, er hat mit seiner Firma, seiner Familie und seinen Freunden genug zu tun. Außerdem weiß ich nicht, wovor du dich fürchtest. Du redest mit mir nicht über deine Geschäfte, und wenn ich Fragen stelle, antwortest du nicht. Mit deinen Brüdern sprichst du arabisch, selbst wenn ich den ganzen Tag an der Tür lauschen würde, ich würde kein Wort verstehen. Du solltest mich inzwischen gut genug kennen, um zu wissen, dass ich nicht über Dinge rede, von denen ich nichts verstehe! Und am Telefon schon gar nicht.«

»Dann ist ja gut«, meinte Omar.

Mir war selbst schon lange klar, dass ich von all den schrecklichen Dingen, die ich erlebt hatte, nicht berichten durfte. Entweder hätte man mich für verrückt gehalten oder mir ganz einfach nicht geglaubt, wenn ich von den Hinrichtungen oder unserer Verhaftung erzählt hätte. Dass ich so viel verheimlichen musste, war einer der Gründe, warum ich darauf verzichtete, mit meiner Familie Kontakt aufzunehmen. Ich wollte nicht ausgefragt werden. Bei Karl war ich mir einigermaßen sicher, dass er es nicht tun würde. Er war von Natur aus nicht neugierig. Trotzdem musste ich meinen ganzen Mut zusammennehmen, bevor ich mich traute, ihn anzurufen. Als ich so weit war, bat ich Omar, mich nach Zenica zur Post zu fahren. Mir zitterte die Hand, als ich die Nummer meines Bruders wählte.

»Bist du es wirklich, Doris?«, fragte Karl nach einer langen Pause, bei der mir fast schwarz vor den Augen wurde. »Klar, du bist es. Von wo aus rufst du an? Doch nicht aus dem Jenseits? Wo bist du?«

»In Jugoslawien«, quäkte ich in den Hörer.

»Ja, aber das ist doch gleich um die Ecke!« Karl schrie vor Freude auf und rief seine Familie herbei. »Kommt alle her, Kinder, Brigitte, es ist Doris! Doris ist wieder da!«

»Noch nicht ganz, aber bald!«

Ich war so erleichtert, dass ich lachte. Karl wollte meine Nummer haben, um mich zurückzurufen, am liebsten hätte er gleich den Rest der Familie benachrichtigt und für meine Rückkehr ein Riesenfest veranstaltet.

»Wann kommst du?«

»Ich weiß es noch nicht. In zwei Wochen vielleicht …«

»Geht es nicht früher? Doris, komm doch gleich. Betrachte dich als eingeladen. Brauchst du Geld für den Zug? Soll ich dich irgendwo abholen?«

»Karl, bitte. Hör mir zu. Die letzte Zeit war ziemlich anstrengend für mich, ich muss mich erholen, verstehst du? Mir wäre es recht, wenn du noch niemandem sagst, dass ich komme. Später vielleicht.«

»Ist mit Omar und dir alles in Ordnung? Seid ihr noch zusammen?«, fragte er.

Mein Mann stand neben mir. Ich sagte bloß, dass ich wahnsinnig müde und ein wenig krank sei. »Ich brauche nur Ruhe. Und eine Matratze, mehr nicht.«

»Schwesterlein, wir haben sogar eine Einliegerwohnung, die leer steht. Ich werde sie für dich herrichten. Wann kommst du denn? Morgen? Übermorgen?«

»Nicht ganz so schnell«, antwortete ich. »Sobald mich Omar fahren kann. Magst du mit ihm reden?«

»Wehe, du kommst nicht«, sagte Karl. »Gib ihn mir.«

Er hatte immer schon meine Andeutungen verstanden und unterhielt sich ein paar Minuten mit Omar, dann gab mir mein Mann den Hörer zurück.

»Ich habe ihm gesagt, dass ihr beide in Tübingen bei uns willkommen seid und so lange bleiben dürft, wie es euch gefällt. Und dass ich mich um dich kümmern werde, das war doch, was er hören wollte, nicht wahr?«, fragte Karl.

»Perfekt«, sagte ich. »Versprich mir, dass du niemandem von meinem Besuch erzählst.«

»Wenn du dich beeilst, halte ich mich zurück, bis du hier bist. Aber früher oder später werde ich es ihnen sagen müssen. Vater glaubt, dass du tot bist. Er trauert um dich, man darf deinen Namen in seiner Gegenwart nicht aussprechen, sonst kommen ihm gleich die Tränen. Und Gerda möchte dich suchen lassen. Eine Zeit lang war sie besessen von der Idee, es über das Fernsehen zu tun, du weißt schon, es gibt doch diese Sendung *Bitte melde dich*. Ich glaube nicht, dass sie mit den Leuten schon Kontakt aufgenommen hat. Ich sage es dir nur, damit du merkst, wie sehr wir dich vermissen. Komm bald, Schwesterlein, ich warte auf dich!«

Wenige Wochen später fuhren Omar und ich tatsächlich nach Deutschland. Ich fühlte mich miserabel, weil er seit Tagen kaum mit mir sprach, und fragte ihn, ob er nicht etwas netter zu mir sein könne.

Daraufhin explodierte er. »Was erwartest du denn? Dass ich dich lobe und belohne, wenn du dich von mir entfernst?«, schrie er. »Du gehst zurück zu den Ungläubigen ...«

»Doch nur zu meinem Bruder«, unterbrach ich ihn.

»Ja, und wegen deines Bruders willst du Mantel und Schleier ablegen, und du verlangst von mir, dass ich das akzeptiere. Wer sagt mir, dass du wirklich bei ihm bleibst und dich nicht wie eine Hure herumtreibst? Noch bist du meine Frau!«

»Ich verspreche dir, dass ich bei ihm bleiben werde. Bitte, glaub mir, ich will doch nur nachdenken. Über mich, über uns. Ob wir als Paar noch eine Chance haben.«

Omar sagte nichts mehr. Eine Zeit lang saßen wir nebeneinander wie zwei Fremde, dann begannen wir erneut zu streiten. Über den Glauben, über uns, über meine Art, die Ehe zu sehen, darüber, dass ich immer alles in Frage stellte. Schließlich sagte ich gar nichts mehr und biss die Zähne zusammen, weil ich nicht vollkommen verheult ankommen wollte. Auf das Wiedersehen mit Karl konnte ich mich nicht freuen. Ich hoffte bloß, dass Omar keine Szene machen würde.

In Tübingen traten mein Bruder, seine Frau Brigitte und die beiden Töchter Sabrina und Cora vors Haus, um uns zu empfangen. Es gab eine herzliche Begrüßung, mit Umarmungen und Küssen für mich, Karl und Omar gaben einander die Hand, trugen zusammen meine Taschen in die Einliegerwohnung. Ich konzentrierte mich auf die Kinder, wunderte mich laut darüber, wie groß und schön sie waren. Das half mir, Haltung zu bewahren. Karl und Brigitte hatten ein kleines Mahl vorbereitet, und so blieb mein Mann höflichkeitshalber eine Stunde da. Die Stimmung war beklemmend. Ich konnte nichts zu mir nehmen, auch Omar aß bloß eine Scheibe Brot mit etwas Käse und stand sofort auf, als Brigitte die Teller in die Küche brachte.

»Es tut mir Leid, aber ich muss jetzt fahren«, sagte er. »Vielen Dank für alles, Karl, du bist sehr großzügig zu uns.«

Mein Bruder wollte nichts davon hören.

Ich begleitete Omar zum Wagen. Unser Abschied war kühl. Ich fühlte mich plötzlich nackt ohne meine übliche Verschleierung, weil der Nachbar neugierig über den Gartenzaun zu uns herüberschaute. Ich blickte zu Boden, damit mich niemand weinen sah. Die Trennung tat mir unendlich weh, obwohl ich sie mir gewünscht hatte.

»Es gefällt mir nicht, dass du hier bleibst, aber du weißt es selbst«, sagte Omar. »Wie lange wird es dauern?«

»Bitte. Ich bin gerade erst angekommen. Zwei, drei Wochen, vielleicht länger. Bis ich wieder klar denken kann. Bis ich weiß, ob ich mit dir weiter zusammenleben kann. Bis sich etwas ändert.«

»Aischa. Möge Allah dir den richtigen Weg weisen! Warte bitte nicht zu lange mit deiner Entscheidung. Wenn du mich verlässt, werde ich sehr traurig sein, aber du musst wissen, dass ich nicht lange allein bleiben werde. Ich werde eine andere Frau heiraten, eine Witwe, die Kinder hat und einen Mann braucht, der für sie sorgt.«

»Omar, bitte! Du sprichst darüber, als seien wir schon geschieden. Ich halte es nicht aus, wenn du so mit mir redest!«

Er schüttelte den Kopf, deutete mit einer Handbewegung an, dass er mich nicht verstand, und stieg ins Auto.

»Ich werde dich jede Woche anrufen. Hier, nimm das.« Er gab mir einen Zettel mit einigen Namen und Telefonnummern. »Es kann sein, dass du dich unter den Ungläubigen doch nicht wohl fühlst. Es kann sein, dass du deine muslimischen Schwestern vermisst und in eine Moschee gehen möchtest. Hier kannst du anrufen. Diese Menschen wissen, wer du bist, sie werden dich mit offenen Armen empfangen und dir helfen, falls du hier nicht mehr bleiben willst.«

Nachdem er gefahren war, verkroch ich mich in die Einliegerwohnung wie ein verletztes Tier in seine Höhle, legte mich ins Bett und zog mir die Decke über den Kopf. Über mir hörte ich die Kinder freudig lärmen, dazwischen die gedämpften Stimmen von Karl und Brigitte. Was dachten sie wohl von mir? Es musste ihnen jetzt schon Leid tun, dass sie mich aufgenommen hatten! Ich benahm mich wie eine Asoziale! Kam wie eine Bettlerin an, ließ mich bewirten, ohne mich dafür zu bedanken, ging mit meinem Mann hinaus und kehrte nicht mal zurück, um zu erklären, dass ich schlafen wollte. Bestimmt würden sie mich bald vor die Tür setzen! Und Omar war weg. Würde ich ihn je wieder sehen? Mit dem Gefühl, allein auf der Welt zu sein, weinte ich mich in den Schlaf.

Als ich aufwachte, saß Karl an meinem Bett und fragte, ob er einen Arzt rufen solle.

»Um Himmels willen, nein«, erwiderte ich. »Mir geht es nur schlecht wegen Omar.«

»Das merkt man. Was hat er dir angetan? Du siehst so blass und ausgehungert aus, als hätte er dich die ganze Zeit in einem Keller eingesperrt und dir nicht mal genug zu essen gegeben. Brigitte hat ein paar Butterbrote für dich geschmiert, hier sind Chips und Schokoriegel von den Kindern, für den Fall, dass du unbedingt hier unten allein bleiben willst. Oben gibt es gleich Gulasch mit Knödeln.«

»Ich kann nicht. Sei mir nicht böse, Karl, ich schaffe es nicht. Morgen vielleicht. Du hast keine Ahnung, was es für ein Gefühl ist, dich vor mir zu sehen, nach so langer Zeit … Du bist so lieb zu mir, womit habe ich das nur verdient?«

»Ach was. Komm, Doris. Wenn du Unterhaltung willst, sind wir da, wenn nicht, bleibst du eben hier, bis es dir besser geht. Alles klar?«

»Ja«, antwortete ich und war ihm unendlich dankbar.

Aber ich litt unter Panikattacken und mein Zustand besserte sich nicht. In den nächsten Tagen und Wochen versuchten Karl und Brigitte mehrmals, mich zu einem Arztbesuch zu bewegen, doch immer lehnte ich ab.

»Ich bin nicht krank. Im Gegenteil, ich bin sehr kräftig geworden da unten. Macht euch bitte keine Sorgen um mich. In Bosnien musste ich hart arbeiten, allein um den Alltag zu bewältigen. Du wirst es nicht glauben, Karl, aber in Zenica habe ich gelernt, mein Holz selbst zu hacken. Ich habe Muskeln bekommen. Ja, wir haben mit Holz geheizt, nicht wie hier, wo ihr einfach den Thermostat höher stellt, wenn euch kalt wird. Und in dem Dorf, wo ich jetzt wohne, habe ich einen Garten vor dem Haus …«

Ich beschönigte alles, erzählte von den Schwierigkeiten der Versorgung in dem vom Krieg verwüsteten Land, als sei es eine Art Abenteuerurlaub. Dafür behielt ich für mich, dass ich in unserem Bocinja-Garten Kartoffeln einsetzte, weil wir nichts zu essen hatten, und erwähnte auch nicht, dass die Gartenarbeit mir eine Riesenszene beschert hatte. Ein Mudschahed hatte meinen schwarz verhüllten Körper in einer Stellung gesehen, die als extrem unanständig gilt. Angeblich hatte ich mich so sehr nach vorne gebückt, dass mein Hintern zur Straße zeigte und jeden beleidigte, der vorbeiging. »Deine heiligen Brüder haben nichts als einen Haufen schwarzer Kleider gesehen. Wenn dieser Anblick ihre Gelüste weckt, dann sind sie selbst schuld«, hatte ich wie ein Rohrspatz geschimpft, als Omar mich deswegen zur Rede gestellt hatte. »Sie sollen eben wegschauen. Niemand zwingt sie, sich den Hals zu verrenken, nur damit sie etwas haben, worüber sie sich aufregen können!«

Für meine Frechheit hatte ich wieder eine Ohrfeige bekommen, aber das erzählte ich auch nicht. Die Probleme in meiner Ehe reduzierte ich auf diverse kleinere Meinungsverschiedenheiten und normale Konflikte, nahm die Schuld auf mich.

»Wir haben viel zu wenig Zeit füreinander, Omar kann nichts dafür, ich will mich nur damit nicht abfinden und verlange immer mehr. Das ist alles, sonst geht es mir wirklich gut. Der Alltag dort hat mich körperlich stärker gemacht. Ich bin kerngesund. Glaubt mir.«

Meine Seele war verwirrt und krank, vielleicht hätte ich für sie einen Arzt suchen sollen, aber von welchem Geld hätte ich ihn bezahlt? Omar hatte mir etwas dagelassen, ein Taschengeld, mehr nicht, doch das hätte niemals gereicht. Und krankenversichert war ich nicht mehr, seit wir Deutschland verlassen hatten. Ich war nirgends gemeldet, ohne festen Wohnsitz würde ich keine Arbeit bekommen und kein Geld verdienen. Mehr als das verunsicherte mich das Gefühl, entwurzelt zu sein. Wie schon bei unserem letzten Deutschlandbesuch zweifelte ich daran, ob ich hier allein überleben könnte. Ich trug zwar kein Kopftuch, aber mir war, als hätte ich es samt all den Regeln der Scharia verinnerlicht. Ich würde mich nicht mehr trauen, einen fremden Mann anzusprechen, auch nicht, um mich für eine Stelle zu bewerben. Und wer würde mir überhaupt eine anbieten, wenn ich keine Zeugnisse vorzuweisen hatte? Omar hatte doch alles verbrannt!

An ihn dachte ich ständig. An unser Leben. Die einzelnen Stationen unserer Ehe spulten sich ununterbrochen vor meinem inneren Auge ab, schöne Momente und verliebte Stunden wechselten im rasenden Tempo mit Krisen, Streitereien und Geschrei, ohne dass ich diese Bilderfolgen steuern konnte. Ich schaffte es nicht, eine Ordnung in dieses Gefühlschaos zu bringen. Jedes Mal, wenn Omar anrief, fragte er, ob es mir besser gehe.

»Nein«, antwortete ich dann immer. »Noch nicht. Und wie geht es dir?«

»Gut. Ich habe viel zu tun, ich rufe dich nächste Woche an.«

Manchmal sagte er auch, dass er zum Gebet müsse oder in die Stadt, so dass unsere Gespräche nie lang waren. Ich hatte gehofft, durch diese Trennung auf Zeit würde wieder Nähe zwischen uns entstehen, aber das Gegenteil war der Fall. Nie sagte er, dass er mich vermisste, nie vermittelte er mir das Gefühl, dass er es tat.

Mein Bruder und seine Familie waren all die Zeit so verständnisvoll, wie ich es mir nur wünschen konnte. Sie waren für mich da, ließen mich aber in Ruhe, wann immer ich nachdenken und allein sein wollte. So tolerant hätten sich gewiss nicht viele Menschen verhalten.

Nach einem Monat antwortete ich Omar, dass es mir etwas besser gehe, dass ich mich stärker fühlte.

»Allamdullilah!«, rief er und fragte, ob ich vorhätte, bald zurückzukommen. »Es gibt etwas, worüber ich mit dir reden möchte. Jedoch nicht am Telefon.«

Es klang so, als legte er Wert auf meine Meinung, als sei eine Veränderung im Busch.

»Ist es etwas, was mich auch betrifft?«, fragte ich vorsichtig.

»Ja.« Mehr war nicht aus ihm herauszubekommen.

Aber ich brauchte noch ein wenig Zeit. Mir war Deutschland fremd geworden und es fiel mir schwer, mich hier zurechtzufinden.

Seit zwei Wochen versuchte ich es. Ich half meiner Schwägerin im Haushalt, kümmerte mich um die Kinder, begleitete die beiden Mädchen in den Kindergarten, holte sie ab, schaffte mir auf dieser Weise Gründe, das Haus zu verlassen und wie eine normale Frau zu leben. Aber nach allem, was ich in Bosnien erlebt hatte, verstand ich in Deutschland die Welt nicht mehr. Warum nur waren die Menschen ständig so unzufrieden und so gehetzt? Ihr Leben war nicht in Gefahr, niemand war vor ihren Augen umgebracht worden, sie mussten nicht fürchten, dass eine Handgranate in ihrer Nähe explodierte oder dass man auf ihren Wagen schoss, wenn sie durch die Wälder fuhren. Nirgends standen gepanzerte Fahrzeuge mit bewaffneten Soldaten, die kugelsichere Westen trugen. Sie konnten zwischen Dutzenden von Läden auswählen, und diese Läden waren voll mit Waren und mit Menschen, die gut gefüllte Brieftaschen oder Kreditkarten besaßen!

Als meine Schwägerin mich bat, den Wäscheschrank der Mädchen aufzuräumen, betrachtete ich die Unmengen von Socken, Höschen, T-Shirts und Hosen und dachte dabei an die Kinder von Djamila und ihre hundertmal geflickten Kleider. Meine Schwägerin flickte nichts, sie warf die Socken weg, sobald sie an der Ferse ein bisschen dünner wurden, und benutzte verblichene T-Shirts als Putzlappen. Die Spielwaren der Mädchen füllten mehrere Regale und Truhen, doch sie spielten kaum damit, sondern unterhielten sich hauptsächlich darüber, was sie sich als Nächstes wünschten! Diese Gier, die ich überall wahrnahm, fand ich abstoßend. Gab es hier denn keine anderen Werte mehr als das Geld? Mit Karl und Brigitte konnte ich nicht darüber reden, sie hätten mich nicht verstanden. Omar dagegen schon. Ich sehnte mich danach, mich länger mit ihm zu unterhalten, anders als in unseren knappen Telefonaten.

»Es ist für einen Mann nicht gut, wenn er zu lange allein ist, Aischa«, erklärte er beim nächsten Anruf.

Ich horchte auf. Der Satz bedeutete entweder, dass er hoffte, ich würde bald wiederkommen. Oder etwas, was mir gar nicht gefiel. War vielleicht eine andere Frau im Spiel? Hatte er jemanden kennen gelernt? Aber das war kaum möglich. In dieser Scharia, die er praktizierte, gab es zwischen Männern und Frauen so gut wie keine Berührungspunkte. Trotzdem beunruhigte mich dieser Gedanke so sehr, dass ich ihn unverblümt fragte. Eine direkte Antwort bekam ich nicht. Er war ein Meister in der Kunst, Fragen elegant auszuweichen und mit Andeutungen zu sprechen. Damit verunsicherte er mich oft.

»Ich kann dir nichts anderes sagen, Aischa, es ist nicht gut für einen Mann, allein zu sein. Wann kommst du nach Hause?«

»Ich weiß es nicht«, sagte ich, »jetzt noch nicht. Vielleicht bald.«

»Ich warte auf dich.«

Es zerriss mich, das zu hören, trotzdem zögerte ich noch. Ich war einfach noch nicht so weit und fühlte mich von der Entscheidung überfordert.

Kurz darauf feierte mein Bruder Geburtstag und lud den Rest der Familie dazu ein. Mir tat dieses Wiedersehen nicht gut. Mein Vater, meine Schwestern und ihre Männer begrüßten mich, als sei ich von den Toten auferstanden, Karl öffnete sogar Champagner, um auf mich anzustoßen, doch mir war das zu viel. Ich fühlte mich von Stunde zu Stunde unwohler, kam mir wie das schwarze Schaf in der Familie vor, weil ich so anders lebte als sie. In Leggins und T-Shirt saß ich am Tisch, lachte mit, wenn jemand einen Witz erzählte, und schaffte es dennoch kaum, den Anwesenden eine Doris vorzuspielen, die ich nicht mehr war. Die mir gestellten Fragen beantwortete ich ausweichend und doch täuschte ich niemanden mit meinen Märchen. Ich erzählte gerade von Omars Hühnern und Hasen und dass es mir davor grauste, das Geflügel zu rupfen, so dass er es selbst tun musste, als Gerda mich ziemlich aggressiv unterbrach.

»Wenn alles so toll in deinem Bergdorf ist, warum bist du dann hier und siehst aus wie ein begossener Pudel? Und warum ist dein Mann nicht dabei? Muss er seine Viecher hüten oder hat er vielleicht wieder eine andere?«, warf sie mir beim Nachtisch zu.

»Wir haben zurzeit ein paar Probleme, erwartest du vielleicht, dass ich dir hier die Einzelheiten erzähle?«, keifte ich zurück.

»Nachdem du es damals nicht für nötig gehalten hast, uns darüber zu informieren, dass du auswanderst, erwarte ich gar nichts mehr von dir! Und warum du überhaupt mit Omar zusammenbleibst, verstehe ich sowieso nicht!«

Nach diesem Schlagabtausch mischte sich Karl ein und befahl Gerda, mich in Ruhe zu lassen. Caro kam Gerda zur Hilfe.

»Nur eins, Doris, was hast du dir nur dabei gedacht, als ihr in dieser Nacht-und-Nebel-Aktion abgehauen seid? Bist du freiwillig dorthin oder hat er dich gezwungen?«

»Niemand hat mich gezwungen«, antwortete ich vollkommen gereizt. »Können wir jetzt bitte über etwas anderes reden?«

»Oh ja!«, rief mein Neffe Wolfgang. »Du, Doris, gibt es da, wo du wohnst, echte Panzer?«

»Viele. Überall sind da welche. Heute nicht mehr so viele, aber am Anfang schon.«

Ich erzählte ihm eine kurze Anekdote, mein Neffe war völlig fasziniert und wollte sofort mehr Kriegsgeschichten hören. Bei den Kindern ging es mir besser als bei den Erwachsenen. Zum Abschied nahmen mich Gerda und Caro in die Arme. Beide teilten mir mit, sie hofften, ich würde hier bleiben. Dann kam mein Vater. Wie schon nach dem Tod unserer Mutter fragte er, ob ich nicht ganz mit ihm zusammenleben wolle.

»Du weißt, dass es nicht geht, Papa«, antwortete ich, »aber ich werde dich besuchen.«

Einige Tage später zog es mich zur den muslimischen Frauen, deren Telefonnummern Omar mir vor seiner Abreise gegeben hatte. Sie hatten für mich Kuchen gebacken, obwohl sie mich nicht kannten, und nahmen mich auf, als sei ich eine von ihnen. Es war eine warmherzige Atmosphäre, viel entspannter als beim Geburtstag meines Bruders. Einige unterhielten sich über Eheprobleme, aber niemand sagte lapidar: »Dann lass dich doch scheiden, wenn du mit ihm nicht glücklich bist« oder einen anderen dieser Standardsätze, die ich in letzter Zeit zu oft gehört hatte. Jedes Mal verletzte mich das von neuem. Früher hatte ich selbst Ähnliches gesagt, wenn sich eine Freundin bei mir über ihren Freund oder Mann ausweinte, aber jetzt sah ich die Dinge anders. Es gab jedenfalls keine einfache Lösung. Eine endgültige Trennung erschien mir genauso unmöglich wie die Fortsetzung meiner Ehe.

Im Kreis der muslimischen Frauen fiel es mir plötzlich leichter, mein Herz zu öffnen, und ich erzählte ihnen von meinen Schwierigkeiten mit Omar und den strengen Regeln der Scharia, auch von dieser nagenden Einsamkeit, die ich überall empfand. Sie hörten mir aufmerksam zu und stellten mir dann eine Frage, und zwar ob ich meinen Mann liebte.

»Ich weiß es nicht«, antwortete ich. »Woran erkennt man, dass man jemanden liebt?«

Sie lachten.

»Vermisst du ihn?«, fragte eine der älteren Frauen. »Wenn er nicht bei dir schläft und du dich im Bett umdrehst, suchst du nach ihm?«

»Ja, das tue ich«, antwortete ich. »Jede Nacht suche ich nach ihm.«

»Deine Liebe muss sehr groß sein«, sagte eine der Jüngeren nachdenklich. »Wenn mein Mann nicht bei mir ist, bin ich froh, dass sein Schnarchen mich nicht am Schlafen hindert.«

Nach diesem Nachmittag, der mir unendlich gut getan hatte, kehrte ich in die Einliegerwohnung zurück, sagte allerdings niemandem, wo ich gewesen war. Meine Entscheidung war gefallen, ich würde zu meinem Mann zurückkehren.

Dieser freute sich, es zu erfahren, rief ein lautes Allamdullilah in den Telefonhörer und gab mir einige Anweisungen für die letzten Tage.

Eine Woche später fuhr ich ein zweites Mal zu den muslimischen Frauen. Sie gaben mir einen dicken Umschlag mit Geld, das sie in der Moschee für Bosnien gesammelt hatten.

»Du tust das Richtige«, sagte eine der Frauen. »Das steht dir ins Gesicht geschrieben. Du siehst jetzt glücklich aus.«

»Das bin ich auch. Und ich danke euch, dass ihr mir geholfen habt.«

Schwer fiel mir nur, meinem Bruder zu sagen, dass ich zurück nach Bosnien fuhr. Ich hatte Angst vor seiner Reaktion. Da ich feige war, wartete ich bis zum Tag vor meiner Abreise. Karl fiel erst die Kinnlade hinunter, dann schrie er mich an. »Ich könnte dir ins Gesicht schlagen! Wie kannst du das nur tun? Du kommst als Wrack hierher ... Wir bauen dich doch nicht auf, damit du zurückgehst! Hast du noch nicht genug? Dann hau ab, wenn es das ist, was du willst, aber lass dich hier bloß nicht mehr blicken!«

Er knallte die Tür hinter sich zu. Später kam Brigitte und versuchte, mich umzustimmen, doch es war zwecklos.

»Ich kann es dir nur so erklären, Brigitte. Ich liebe ihn, wie du meinen Bruder liebst. Wenn Karl schwer krank wäre oder zu trinken anfangen würde, würdest du dich dann von ihm trennen?«

»Selbstverständlich nicht«, antwortete sie. »Ich würde alles versuchen, damit es ihm wieder gut geht, aber bei euch ist es etwas anderes ...«

»Für mich nicht. Weißt du noch, wie glücklich Omar und ich früher waren? Als wir nach Ägypten fuhren?«

»Ja, aber diese Zeit liegt verdammt weit zurück«, erwiderte Brigitte. »Da war Sabrina noch nicht auf der Welt, also sind seitdem mindestens sechs Jahre vergangen. Oder sogar sieben. Und nach allem, was du erzählst, ist dein Mann nicht krank. Er möchte so leben. Glaubst du wirklich, dass er sich nach so langer Zeit zurückverwandelt?«

»Ich hoffe, dass er sich auf eine Weise ändert, die für uns beide gut ist. Am Telefon deutete er an, dass er ein paar Dinge mit mir besprechen will. Ich weiß nicht welche, aber ihm steht eine berufliche Veränderung bevor, die bringt vielleicht Glück.«

»Vielleicht wird er wirklich Journalist. Und wenn seine Reportagen gut sind, könnte er sie hier ans Fernsehen verkaufen«, meinte Brigitte.

Mir war bewusst, dass Omars Reportagen auf Muslime zugeschnitten und reine Propagandafilme waren. Kein deutscher Sender würde sie je zeigen, aber das sagte ich natürlich nicht.

»Versuchen kann er's, wenn er mag, nur leider fürchte ich, dass er nicht daran denkt. Aber das ist nicht wichtig. Wichtig ist nur, dass wir uns besser verstehen.«

»Manchmal ist eine Trennung gut für ein Paar«, sagte Brigitte. »Das belebt die Beziehung. Und wenn es schief geht, kannst du jederzeit hierher zurückkommen, Doris. Karl ist zwar im Moment furchtbar wütend auf dich, aber du kennst ihn, das legt sich wieder.«

Es legte sich schnell. Am Tag meiner Abfahrt schien Karl alles vergessen zu haben. Er begrüßte Omar wie einen alten Freund, klopfte ihm auf die Schulter, umarmte mich und wiederholte, was seine Frau gesagt hatte.

»Du bist hier immer willkommen, Schwesterlein, egal was passiert!«

»Du bist so lieb. Wie kann ich dir nur danken?«, fragte ich.

»Lass es dir gut gehen und besuch uns wieder, das ist alles, was ich möchte.«

Ich stieg ins Auto, kurbelte die Scheibe herunter. Karl bückte sich.

»Pass gut auf meine Schwester auf, Omar«, sagte er. »Und du, Doris, schreib, ruf an, melde dich. Nicht, dass du uns wieder jahrelang ohne Nachrichten lässt, verstanden?«

12

Omar war zu meinem Bruder und seiner Familie höflich gewesen, aber ich hatte deutlich gemerkt, wie unangenehm es ihm war, dass Karl ihm auf die Schulter klopfte. Mich hatte er nicht umarmt, das tat er seit Jahren nicht mehr, stets blieb er auf Distanz und zeigte mir seine Zuneigung nur, wenn wir allein zu Hause waren, wie es der Islam verlangte. In seltenen Ausnahmen drückte er kurz meine Hand, um mir seine Gefühle mitzuteilen. Ich erwartete also gar keine Liebesbekundungen, als wir losfuhren. Dafür genoss ich es umso mehr, wieder neben meinem Mann im Auto zu sitzen, seine Nähe und seine Stärke zu spüren und den gewohnten Geruch einzuatmen, den ich so sehr mochte. Ich hatte nicht einmal das Bedürfnis zu sprechen, betrachtete seine Hände auf dem Lenkrad und wunderte mich, als er nach wenigen Minuten den Blinker setzte und an den Rand fuhr. Wortlos drehte er sich zu mir um, legte beide Arme um mich und drückte mich an sich.

»Aischa, Aischa«, wiederholte er, »endlich bist du wieder bei mir!«

Es dauerte nur ein paar Augenblicke, dann ließ er mich unvermittelt los, als würde ihn sonst die Lust überwältigen. Dieser Moment war so schön und so intensiv, dass ich mich neu in ihn verliebte. Er schenkte mir eine große Tüte voll mit saftigen Aprikosen, Datteln und Trauben, auch einen neuen Mantel und einen Niqab aus geschmeidigem, feinem Stoff und bat mich, beides gleich anzuziehen.

»Es hilft mir, meine Begierde zu beherrschen. Du ahnst nicht, wie eilig ich es habe, mit dir endlich nach Hause zu kommen, um unser Wiedersehen richtig zu feiern!«, sagte er.

Auch ich zählte die Stunden. Omar berichtete von einigen Verbesserungen, die er am Haus und im Garten vorgenommen hatte, und von den muslimischen Brüdern und Schwestern, die mir Grüße ausrichten ließen und sich auf meine Rückkehr freuten. Er hörte mir aufmerksam zu, als ich ihm von dem Überfluss und der Unzufriedenheit der Leute in Deutschland erzählte.

»Sie meinen, dass sie das Glück kaufen können«, sagte er. »In Wahrheit giert es sie nach Gott, aber sie wissen es nicht. Nur der echte Glaube kann einem Menschen wahre Zufriedenheit schenken.«

Ich war überzeugt, dass er damit Recht hatte. Ich erinnerte ihn daran, dass er etwas mit mir besprechen wollte.

»Doch nicht jetzt im Auto«, sagte er.

In Bocinja gebe es einen neuen Laden, erzählte er, den hätten Mudschaheddin-Brüder eröffnet. Somit brauche niemand mehr nach Zenica oder nach Maglaj zum Einkaufen zu fahren. Außerdem habe er für mich Hilfe organisiert, zwei Mädchen, die mich in seiner Abwesenheit begleiten sollten, falls ich selbst in den Laden gehen müsste, sonst würde er sich um die Einkäufe kümmern.

»Ich verstehe es nicht ganz. Wo befindet sich denn dieser Laden? Neben der Moschee? Ich werde doch allein dorthin gehen können, das sind keine hundert Meter ...«

Ich hatte die absurden Regeln beinahe schon vergessen! Weil im Laden nur Männer arbeiteten, war es nicht erwünscht, dass Frauen dort einkaufen gingen. Wenn es mal gar nicht anders ging, mussten sie von einem männlichen Verwandten begleitet werden oder von Kindern.

»Aber ich will doch selbst sehen, was ich einkaufe!«, wandte ich ein. »Könnt ihr den Laden nicht so organisieren, dass zwei Stunden am Tag Frauen bedienen, damit wir ungehindert einkaufen können?«

»Aischa, Aischa. Was ist schon dabei, wenn du diesen Mädchen zeigst, was du möchtest?«

»Nichts«, antwortete ich, »nur, dass es komplizierter ist, als wenn ich selbst sage, dass ich gern ein Kilo Äpfel hätte. Aber ich werde mir Mühe geben. Und was tut sich sonst noch? Kommst du beruflich voran? Wie sehen deine Geschäfte aus, ist das Ende des Tunnels in Sicht?«

»Ich weiß nicht, wovon du sprichst. Es ging uns doch nie schlecht. Gott schenkt uns, was wir brauchen. Ich bin jedenfalls zufrieden, du nicht?«

»Doch«, antwortete ich.

Mir lag schon wieder ein »Ja, aber …« auf der Zunge, das ich jedoch hinunterschluckte. Ich fürchtete mich davor, dass ich die Einschränkungen doch nicht akzeptieren und mich den Gesetzen der Scharia nicht beugen könnte, und ich hatte Angst vor einem Streit. Also schwieg ich lieber und wechselte das Thema.

Wir gaben uns beide Mühe. Nach unserer Rückkehr nach Bocinja zeigte sich Omar liebevoll und aufmerksam, fast wie am Anfang unserer Ehe. Er lobte mich, wenn es mir gelang, die Regeln zu beachten, und brachte mir manchmal eine Wassermelone oder anderes frisches Obst mit. Das war Luxus, denn außer Grundnahrungsmitteln konnte man fast nichts kaufen. Wir hatten uns tatsächlich wieder angenähert, bis auf einen Punkt: Er versuchte, mir die Mehrehe schmackhaft zu machen.

»Während du weg warst, habe ich viel darüber nachgedacht, wie schwer das Leben hier für dich allein ist«, fing er eines Abends nach dem Essen an, und ich war schon ganz gerührt, als er plötzlich hinzufügte, dass es vielleicht eine gute Idee sei, wenn eine andere Frau mit uns leben würde.

»Wie meinst du das?«, fragte ich voller Misstrauen.

»Das versuche ich dir doch gerade zu erklären«, antwortete er mit besänftigender Stimme »Lange vor unserer Trennung keimte ein Gedanke in mir, der langsam reifte. Wenn Gott uns Kinder geschenkt hätte, wärst du glücklicher gewesen, Aischa, diese Einsamkeit war nicht gut für dich. Aber Gott hat es nicht so gewollt, und es gibt Kinder, die keinen Vater mehr haben …«

»Denkst du daran, ein Waisenkind zu adoptieren? Das finde ich eine hervorragende Idee.«

»Der Prophet hat gesagt, wer Waisenkinder bei sich aufnimmt und erzieht, wird in den Paradiesgarten kommen. Aber so meinte ich es nicht. Sieh mal, Aischa, Gott liebt Kinder, genau wie ich, und ich überlege schon lange, ob ich selbst welche möchte.«

»Zu welchem Schluss bist du gekommen?«, fragte ich mit trockenem Mund und verdrängte die Tränen, die mir in die Augen schossen. »Willst du dich von mir scheiden lassen, weil ich keine Kinder bekomme?«

»Nein«, bekräftigte er. »Ich liebe dich doch, Aischa, niemals werde ich mich von dir trennen. Aber es könnte eine Lösung für uns beide sein, wenn ich eine Witwe heirate, die bereits Kinder hat.«

»Wenn du das tust, kannst du mich auf der Stelle nach Deutschland zurückbringen!« Ich sprang vom Sofa hoch, so aufgebracht war ich. »Wenn du dir einbildest, dass ich in einer Mehrehe lebe, dann irrst du dich. Wir sind hier nicht in Saudi-Arabien, sondern in Europa! Bocinja befindet sich mitten in Europa, falls du das nicht bemerkt haben solltest!«

»Ich habe befürchtet, dass du so reagierst, Aischa«, sagte er und stand auf, um meine Hand zu nehmen. »Bitte, versuch es doch mal so zu sehen: Du würdest nicht mehr allein sein, die andere Frau würde dir im Haushalt helfen, ihr könnt die Kinder gemeinsam erziehen.«

»Nein, nein und wieder nein!«, rief ich und entzog ihm meine Hand.

»Vielleicht änderst du deine Meinung, wenn du eine Weile darüber nachdenkst. Sieh nur, der Prophet, Gott habe ihn selig, hat gesagt …«

»Was er gesagt hat, interessiert mich im Augenblick nicht. Wir leben im zwanzigsten Jahrhundert!«

»Auch heutzutage gibt es Witwen und Waisen, die sich nach einem Zuhause sehnen.«

Ich lehnte es ab, weiter mit ihm zu diskutieren, und beruhigte mich erst, als Omar versicherte, er werde nicht gegen meinen Willen wieder heiraten.

An jenem Abend ließ er mich zwar mit dem Thema in Frieden, doch ein Grund zur Freude war das noch lange nicht. Denn in Wahrheit hatte er sich längst dazu entschieden und legte seinen ganzen Ehrgeiz in den Versuch, mich umzustimmen.

»Du erinnerst dich sicher an die Frau des Scheichs, der mit fünf unserer Brüder erschossen wurde?«, fing er ein paar Tage später wieder an, als plauderte er einfach über irgendwelche Bekannte. »Umu Abdul Ahmed ist Ägypterin wie ich, sie hat sechs Kinder. Fünf Söhne und eine kleine Tochter, die ihren Vater nie kennen lernen durfte, denn sie ist nach seinem Märtyrertod geboren. Der Scheich, möge er in Gottes Obhut im Paradies ruhen, hatte sich nach all den Jungen so sehr eine Tochter gewünscht. Wäre es wieder ein Knabe geworden, dann hätte Umu Abdul Ahmed selbst eine zweite Frau für ihn ausgesucht.«

»Omar. Das kann nicht dein Ernst sein. Willst du damit sagen, dass du daran denkst, eine Frau mit sechs Kindern zu heiraten?«

»Warum nicht? Im Koran steht, wenn ein Mann mit der Hand über den Kopf eines Waisenkindes fährt, bekommt er von Gott eine Belohnung. Je öfter er also die Haare von Waisenkindern streichelt, desto größer wird seine Belohnung im Himmel sein.«

»Das heißt doch nicht, dass du der Vater dieser Kinder werden musst! Wenn diese Frau Hilfe braucht, können wir vielleicht etwas für sie tun und eins ihrer Kinder für sie erziehen. Dagegen hätte ich bestimmt nichts, im Gegenteil, ich würde es gerne tun. Aber du darfst sie nicht heiraten.«

»Es kommt noch eine andere Frau für mich in Frage«, fuhr er seelenruhig fort. »Ihr Mann ist auch als Märtyrer gestorben. Es ist Umu Tarik, die Algerierin, die wir damals nach Split gefahren haben. Sie hat nur ein Kind.«

An die Ägypterin erinnerte ich mich nicht, an die Algerierin schon. Die junge Witwe hatte mir in Split Leid getan und ihr Baby war ein süßer Fratz gewesen, aber wenn ich jetzt an sie dachte, spürte ich nur noch einen Riesenzorn. Mir war, als sähe ich nicht mehr ihr Gesicht vor mir, sondern ihre Hände, die ein Gewehr auf mich richteten.

»Omar. Diese Frau hat damals mit auf den Mann geschossen. Wenn du ihren Namen aussprichst, ist es so, als würde ich wieder auf dieser Wiese stehen, an jenem furchtbaren Tag. Du weißt, wie oft ich dich nachts mit meinen Albträumen geweckt habe. In letzter Zeit ist es Gott sei Dank besser geworden, und ich möchte mit dir zusammenleben, ohne ständig an diese Horrorszenen denken zu müssen.«

»Lass uns das bitte vergessen, Aischa. In Split hast du mir selbst gesagt, wie gut du dich mit Umu Tarik unterhalten hast. Weißt du es noch?«

»Schon, aber …«

»Ihr könntet Freundinnen werden. Denk bitte auch mal an ihren Sohn. Es ist ein unschuldiges Kind, das ein Zuhause braucht.«

Sofort musste ich an die beiden Jungen denken, die gejubelt hatten, als ihr Vater den Gefangenen geköpft hatte. Für mich waren sie zwei kleine Monster, aber das hätte Omar nicht verstanden.

»Die Frau ist zurück nach Algerien geflogen. Sie hat dort eine Familie, die sich um sie kümmert, sie braucht uns nicht«, wandte ich ein.

»Der Vater von Umu Tarik ist arm, er hat drei Töchter. Ihm wäre sehr geholfen, wenn ein Mann seinen Enkel und dessen Mutter aufnehmen würde.«

»Woher weißt du das? Hast du etwa schon Kontakt mit ihr aufgenommen?«, fragte ich wütend.

Omar winkte ab. Angeblich hatte sich ihr Vater bei den Mudschaheddin erkundigt, ob nicht einer von ihnen bereit sei, seine Tochter nach der Trauerzeit zu heiraten. So stellte mein Mann die Lage dar, und mir wurde klar, dass er sich bestens informiert hatte. Auch über die Ägypterin und ihre familiären Verhältnisse. Das erfuhr ich nach und nach im Laufe der Gespräche, in die er mich stets von neuem verwickelte, um meinen Widerstand zu untergraben. Er las mir Koranstellen vor, in denen es um die Mehrehe ging, und ließ keine Gelegenheit aus, mir von dem Propheten und seinen zahlreichen Frauen zu erzählen, darunter waren mehrere Witwen. Eine davon warnte ihn, sie sei eifersüchtig. »Ich werde zu Allah beten, dass Er diese Eifersucht aus deinem Herzen nimmt«, soll der Prophet zu ihr gesagt haben.

»Und Aischa war seine Lieblingsfrau, das weiß ich genau«, erwiderte ich und konterte mit einer anderen Geschichte. »Eines Tages soll Mohammed Aischa gefragt haben, ob sie nicht vor ihm sterben möchte, damit er auf ihrer Beerdigung beten könne. Und weißt du, was sie geantwortet hat? ›Das würde mir ganz gut gefallen, aber nicht, wenn ich daran denke, dass du dich nach meiner Beerdigung mit einer anderen Frau tröstest.‹«

Omar tat so, als gebe er sich geschlagen, suchte jedoch weiter nach einem Weg, seinen Willen durchzusetzen.

»Ich werde mit dem Imam darüber reden«, sagte er schließlich.

Eines Tages lud mich Umu Musa zum Kaffee zu sich ein. Sie hieß mit Geburtsnamen Saida, war die Gattin des Mudschaheddin-Führers in Bocinja und genoss deswegen hohes Ansehen unter den Frauen. Als ich ankam, saßen schon etliche andere Frauen da, die ich zum Teil kannte, die anderen stellte man mir vor. Saida schenkte mir eine Tasse Kaffee ein und rückte den Teller mit Gebäck näher. Wir plauderten erst ein bisschen über dies und das, dann kam sie zur Sache.

»Stimmt es, dass dein Mann wieder heiraten möchte und du es ihm verbietest, Aischa?«, fragte sie.

Die Gespräche verstummten, alle sahen mich an.

»Das ist wahr«, antwortete ich. »Wieso sprichst du mit mir darüber. Hast du etwas gehört, was ich noch nicht weiß?«

»Oh nein! Aber diese Frage ist für uns alle von Bedeutung. Dein Mann ist nicht der Einzige, der daran denkt, eine Witwe zu heiraten. Andere haben es sogar bereits getan, und ich möchte dir die Gelegenheit geben, mit diesen Frauen zu reden. Sie sind beide mit Abu Ibrahim verheiratet, schon seit vielen Jahren. Wenn du von ihnen etwas wissen möchtest, übersetze ich gerne für dich. Sie sprechen nämlich nur arabisch.«

Mir kam es vor, als hätte Omar diese Begegnung arrangiert, um so mein Einverständnis zu erlangen. Es klang zu schön, um wahr zu sein. Ja, die beiden Frauen waren sehr zufrieden mit dieser Lösung, ja, sie mochten einander und fanden es angenehm, ihre Schar von Kindern zusammen großzuziehen. Am Anfang hatte sich Umu Ibrahim, die Erstfrau, mit der Entscheidung ihres Mannes schwer getan, genau wie ich, aber dann hatte sie nachgegeben, und jetzt sah sie nur noch Vorteile darin, eine Zweitfrau im Haus zu haben. Nur Umu Ibrahim, die Ältere der beiden Frauen, sprach, die andere, die Bint genannt wurde und hochschwanger war, blickte scheu zu Boden und sah gar nicht glücklich aus. Ich hatte den Eindruck, dass sie sich vor der anderen fürchtete.

»Frag Bint bitte mal, ob sie die Hausarbeit gerecht untereinander aufteilen«, bat ich Saida und zeigte auf die Jüngere.

Meine Frage löste Gelächter aus. Eine andere Frau flüsterte mir ins Ohr, dass Umu Ibrahim ihre Mitfrau herumkommandiere und nur faul herumsitze, während diese alles erledigte. Es war ein ziemliches Durcheinander von Stimmen und Sprachen, mehrere Frauen mischten sich lautstark in diese Unterhaltung ein. Die Meinungen waren geteilt. Ich hörte mir zahllose Beispiele an und klatschte irgendwann in die Hände, um mir Gehör zu verschaffen.

»Nur eines möchte ich noch wissen: Haben eure Männer euch gebeten, mir das alles zu erzählen? Hat man euch beauftragt, mir vorzuführen, wie gut die Mehrehe funktioniert?«

»Nein, wie kommst du darauf?«, empörte sich Saida. »Du witterst eine Falle, wo keine ist, Aischa. Dein Misstrauen macht mich traurig. Ich habe dir schon am Anfang gesagt, dass du nicht die Einzige von uns bist, die gezwungen wird, darüber nachzudenken. Du weißt selbst, wie viele unserer Männer im Kampf gestorben sind, sollen ihre Frauen etwa bis an ihr Lebensende allein bleiben?«

»Wie ist es bei euch in Deutschland, wenn ein Mann stirbt, was geschieht mit der Witwe?«, fragte eine junge Tunesierin, die ein wenig Deutsch konnte.

Ich antwortete, dass sie eine Witwenrente bekam, und stand auf, um mich zu verabschieden, weil ich wirklich genug hatte.

Saida hielt mich zurück. »Es tut mir Leid, dass du schon gehst. Wir wollten dir helfen, Aischa, wir kennen das seit unserer Geburt, schon unsere Mütter hatten damit zu kämpfen, für dich es viel schwerer als für uns …«

Sie begleitete mich zur Tür und erzählte mir von einer Frau aus Syrien, deren Mann ausgewiesen werden sollte. Dieses Problem hatte er dadurch gelöst, dass er eine bosnische Witwe zur Zweitfrau nahm.

»Wenn Omar noch mal heiratet, bekommen wir aber ein Problem. Bigamie ist bei uns nämlich gesetzlich verboten.«

Mit diesen Worten machte ich mich auf den Heimweg und versuchte, den Nachmittag schnellstmöglich aus meinem Gedächtnis zu streichen.

Eine Woche danach schickte Omar mich zu Umu Samira, weil er hohen Besuch erwartete und nicht wollte, dass ich erfuhr, wer das war. Oft bekam ich es trotzdem heraus, weil die Männer ihre Gattinnen bei den Mudschaheddin-Frauen absetzten, die selbstverständlich die gleichen Namen wie ihre Männer trugen. Von diesen Namen befinden sich etliche auf den Fahndungslisten internationaler Geheimdienste, allerdings wusste ich das damals natürlich noch nicht. Diese Frauen redeten über ihre Männer, wie es Frauen auf der ganzen Welt gerne tun, und so erfuhr ich auch, was diese Männer mit meinem zu tun hatten. Sie betrachteten einander als eine eingeschworene Gemeinschaft, in der sie frei erzählen konnten, und ich gehörte für sie dazu. Oft sprachen sie aber bloß über ihre Kinder, wie an jenem Tag, an dem der Säugling von Umu Samira im Mittelpunkt stand.

Ich blieb länger als beabsichtigt, und da ich für den üblichen Heimweg über zehn Minuten gebraucht hätte, nahm ich die Abkürzung durch den Wald. Es hatte geregnet, ich trat auf meinen langen Mantel, rutschte auf dem feuchten Boden aus, stürzte und schrie vor Schmerz so laut, dass bei uns im Videoraum die Männer aufhorchten und auf die Terrasse traten. Mein Fuß tat unvorstellbar weh, ich konnte nicht wieder aufstehen, aber die Frauen trauten sich nicht hinunter zu mir. Abu Samira kam heraus, doch anstatt mir aufzuhelfen, rief er Omar herbei. Bald standen drei oder vier Mudschaheddin am Rande der Terrasse ein paar Meter oberhalb von mir, und keiner rührte sich von der Stelle, da sie mich ja nicht anfassen durften. Schließlich fuhr Omar rückwärts mit dem Jeep die Anhöhe hinauf, kletterte zu mir herunter, nahm mich irgendwie huckepack und ließ sich von den anderen Männern hochziehen. Er war sauer.

»Nur dir kann so etwas passieren«, zischte er mir zu. »Ich habe jetzt keine Zeit, dich zum Arzt zu bringen. Du musst warten!«

Drei Tage lag ich bei uns zu Hause, lauschte den Geräuschen aus dem Videoraum, dem Kommen und Gehen der Gäste aus Saudi-Arabien. Mein Fuß schmerzte höllisch. Als mich Omar endlich zum Arzt fuhr, stellte dieser fest, dass der Fuß gebrochen war, und legte mir einen Gips an. Doch dieses Unglück hatte auch gute Seiten: Nachdem der Gips entfernt worden war, musste ich eine Zeit lang zweimal die Woche zur Krankengymnastik nach Zenica fahren. Da Omar oft nicht da war, begleiteten mich ein paar Frauen, die ebenfalls zum Arzt mussten. Natürlich nutzte ich die Freiheit aus und besuchte kurz Djamila, die ich nicht mehr sah, seit ich in Bocinja wohnte, oder meine ehemalige Nachbarin, die alte Mama. Manchmal ging ich auch zum Supermarkt. Oft mit leerer Brieftasche, nur weil es mich freute, zu sehen, wie sich die Regale langsam wieder mit Waren füllten.

In Sarajewo war mein Mann Geschäftsführer einer Autofirma geworden, die mit Geldern aus Saudi-Arabien finanziert wurde. Mir gegenüber behauptete er, mit dieser Firma sein Einkommen verdienen zu wollen. Er hatte eine Dreizimmerwohnung angemietet, in der ich mich eingesperrter denn je fühlte. Djamila hatte Recht, die Menschen dort mochten keine Frauen mit Niqab. Die Blicke, die man mir zuwarf, wenn ich bloß aus dem Auto ausstieg, um das Haus zu betreten, waren dermaßen feindselig, dass ich mich freiwillig nicht allein auf die Straße wagte. Aber ich beklagte mich nicht, weil ich davon überzeugt war, dass sich Omar mit dieser Arbeit endlich vom Dschihad distanzierte. Autohandel war ein legales Geschäft, also in meinen Augen ein erster Schritt auf dem Weg in die Normalität. Omar selbst nährte meine Illusionen.

»Die Firma läuft gut«, behauptete er eines Mittags, als er kurz nach Hause gekommen war, um mir ein paar Lebensmittel zu bringen. »Heute Abend kommen ein paar Kunden zum Essen, kannst du bitte für uns etwas kochen?«

Diese Männer bekam ich weder bei diesem ersten noch bei einem ihrer weiteren Besuche zu Gesicht. Sie ließen sich jedes Mal im Wohn- oder Arbeitszimmer nieder, und wenn das Essen fertig war, klopfte ich an die Tür. Omar kam dann in die Küche, um die Speisen zu holen. Manchmal richtete ich sie auch her, bevor die Gäste erschienen. Solange mein Mann Besuch hatte, wartete ich in der Küche, ob er mich noch brauchte. Oder ich saß im Schlafzimmer und langweilte mich. Ich hatte weder Radio noch Fernseher, um mich abzulenken. So lauschte ich jeden Abend dem Singsang der Stimmen, die durch die Wand drangen.

Die Männer sprachen immer nur arabisch, ich pickte da ein Wort auf, dort ein anderes, verstand manchmal schon einen halben Satz. Es war zu wenig, um zu begreifen, worum es wirklich ging, aber genug, um mir bald die Augen zu öffnen! Das Wort Dschihad kam in diesen Gesprächen öfter vor, von Märtyrern und von Tschetschenien war die Rede. Also stand der Heilige Krieg nach wie vor im Mittelpunkt von Omars Leben! Wenn ich es mir recht überlegte, hatte er auch nie etwas anderes behauptet. Ich redete mir nur stets alles schön! Damit muss jetzt endlich Schluss sein, beschloss ich und fragte mich, was wirklich in seiner Firma vor sich ging.

»Ich würde die Firma gern mal besichtigen«, bat ich scheinheilig einige Abende später, als keine Gäste kamen. »Bloß die Räume sehen, in welchen du deine Tage verbringst.«

»Wenn du möchtest, gehe ich mit dir spazieren, aber nicht in die Firma, da bin ich schon zu oft. Wir könnten auch ein wenig einkaufen.«

Ein Stadtbummel mit Omar! Etwas Schöneres gab es für mich nicht! Und es geschah so selten! Fast nie nahm er sich die Zeit dafür, meistens nur, wenn er merkte, dass ich kurz vorm Durchdrehen war! Ich fasste mein Glück nicht. Mit seiner Firma würde ich mich ein anderes Mal beschäftigen, das hatte Zeit. Selig stieg ich hinter ihm die Treppe hinunter, selig war ich, draußen herumzulaufen. Wohin er mich führte, weiß ich nicht mehr. Erst zeigte er mir unzählige Häuser im Stadtzentrum, die ausgebombt worden waren, erklärte mir, welche Art von Geschossen welche Zerstörungen herbeiführen. Es wunderte mich nicht, dass er sich gut damit auskannte, schließlich hatte er wochenlang immer wieder die Mudschaheddin an die Front begleitet. Sarajewo hatte unheimlich unter dem Krieg gelitten, ich war entsetzt vom Ausmaß der Zerstörung.

»Wenn du nirgends hier Bäume siehst«, sagte Omar, »liegt es daran, dass die Menschen während des Krieges alles verfeuert haben. Ihr ganzes Mobiliar, die Fensterläden, das Parkett, die Bäume, alles Holz, was sie fanden, haben sie klein gehackt und zum Heizen verbraucht.«

Auf dem Rückweg gingen wir zum Töpferbasar und in einen Supermarkt, wo ich Gegenstände für unseren Haushalt und

Lebensmittel kaufte, die mir fehlten. Ich packte auch einiges andere ein, worauf ich einfach Lust bekam, und hätte noch viel mehr gekauft, wenn mich Omar nicht daran gehindert hätte. Für ihn war eine Packung Chips oder eine Tafel Schokolade überflüssiger Luxus.

Er hatte es plötzlich sehr eilig. Rasch zahlte er und lief mit unseren Einkäufen einen Meter vor mir, wobei er sogar die feindlichen Kommentare einiger Jugendlicher ignorierte, die uns und unseren Glaubensbrüdern den Tod an den Hals wünschten. Vielleicht verstand Omar sie auch bloß nicht, denn sein Bosnisch war deutlich schlechter als meines. Ich folgte ihm und bis nach Hause wechselten wir kein Wort mehr miteinander.

Kaum waren wir zurück in der Wohnung, teilte er mir seinen Entschluss mit, Safiya, Umu Tarik, zu heiraten. Vor Schreck ließ ich die Tüte mit Lebensmitteln fallen, die ich gerade leerte.

»Du hast mir versprochen, dass du nichts ohne mein Einverständnis tust!«, rief ich zornig, »Das darfst du nicht, das erlaube ich dir nicht!«

»Aischa, ich bitte dich inständig, deine ablehnende Haltung zu überprüfen. Du machst alles nur unnötig schwierig für mich. Ständig legst du mir Steine in den Weg, warum tust du das?«

Angesichts dieser Verdrehung der Tatsachen explodierte ich. Instinktiv griff ich nach dem erstbesten Gegenstand, der mir in die Hände fiel, einer Porzellantasse, die noch auf dem Tisch stand, und donnerte sie voller Wut an die Wand. Omar zuckte mit den Schultern und verließ die Wohnung.

Eine Woche lang wusste ich nicht, wo er war, und konnte von unserem Telefon in Sarajewo niemanden anrufen, um mich nach ihm zu erkundigen. So lange war er noch nie weggeblieben, ohne Bescheid zu geben, nicht mal wenn wir gestritten hatten. Ich schlief kaum, war mir beinahe sicher, dass er zu Safiya geflogen war, und dachte ständig daran, dass ich ihn verlassen musste. Ich hätte damals durchaus davonlaufen können, aber wohin? Mein Versuch, in Deutschland wieder Fuß zu fassen, war kläglich gescheitert, und ich war mit den unsichtbaren Fesseln meiner irrsinnigen Liebe fester gebunden, als wenn er mir Handschellen und Ketten angelegt hätte. Omar fühlte sich meiner unheimlich sicher, schloss nicht mal die Tür hinter sich ab, weil er damit rechnete, mich genau dort vorzufinden, wo er mich zurückgelassen hatte.

So war es auch diesmal. Eines Abends rief er an. Aus Algerien.

»Ich habe eben in der Moschee geheiratet. Bitte, Aischa, bereite das Gästezimmer vor. Wir werden bald da sein. Alles wird gut.«

Als sie zwei Tage später ankamen, war ich wie erstarrt vor Verzweiflung. Safiya begrüßte mich, als sei sie unendlich froh, mich wieder zu sehen. Ihr Sohn war ein süßer, entzückender Dreijähriger geworden. Zu viert saßen wir in der Küche, dann erklärte Safiya, dass sie müde sei und schlafen wolle. Mit Tarik zog sie sich ins Wohnzimmer zurück, das auch unser Gästezimmer war. Der Junge kam ein paar Minuten später im Schlafanzug herausgerannt und klammerte sich an Omar, der ihn auf den Arm nahm und zu seiner Mutter trug. Ich hielt den Atem an, fixierte die Tür, die einen Spalt offen geblieben war, und zählte die Sekunden. Wenn er da drinnen bleibt, dachte ich, bringe ich sie beide um. Nach einer halben Minute kam er heraus und schloss die Tür hinter sich.

»Ich bin auch müde«, sagte er. »Komm, Aischa, lass uns ins Bett gehen.«

Er nahm mich in die Arme und schlief mit mir, wie er es immer tat, wenn er von einer Reise zurückkehrte. Es war schön und befremdlich zugleich.

»Wie stellst du dir das vor?«, fragte ich ihn danach. Meine Wut war inzwischen verraucht und hatte längst einer bedrückenden Hilflosigkeit Platz gemacht. »Heute mit mir, morgen mit ihr?«

Er antwortete nicht. Bald hörte ich ihn leise schnarchen. Wieder konnte ich nicht schlafen, die ganze Nacht nicht.

Wie der nächste Tag verging, habe ich vergessen, dabei muss ich ihn allein mit Safiya und Tarik verbracht haben. Ich erinnere mich an nichts. Am Abend kam Omar nach Hause, begrüßte uns und streichelte Tarik über den Kopf. Ich sah weg. Ich konnte einfach nicht hinschauen. Ob er wirklich glaubte, dass er sich mit dieser Geste eine Eintrittskarte ins Paradies erkaufen konnte? Das fragte ich mich, während wir erneut zu viert traute Familie spielten. Doch dann hörte ich rasch auf, mir Fragen zu stellen, als mir Omar eine gute Nacht wünschte, das Kind auf den Arm nahm und Safiya ins Wohnzimmer folgte. Diesmal schloss er die Tür hinter sich. Wieder hielt ich den Atem an, zählte die Sekunden, starrte die Tür an, obwohl ich wusste, dass er nicht herauskommen würde.

Jetzt wird er mit ihr schlafen, genau wie er es mit mir die Nacht zuvor getan hatte, dachte ich und platzte. Ich konnte mich überhaupt nicht mehr kontrollieren, schrie wie von Sinnen und zerschmetterte das ganze Geschirr, das Safiya und ich gerade noch zusammen gespült und abgetrocknet hatten. Dann warf ich mich mit voller Wucht gegen die Wohnzimmertür, trat sie ein. Ich war außer mir, merkte zwar, dass Omar mich schlug, spürte aber nichts, sondern schrie wie eine Wahnsinnige. Er zerrte mich ins Badezimmer, versuchte, mich da einzusperren, doch auch diese Tür demolierte ich. Ich hätte alles zerstört, was mir im Weg stand, und ich weiß nicht, was ich Safiya angetan hätte, wenn sie mir in die Hände gefallen wäre. Schließlich schlug mich Omar zusammen, bis ich halb ohnmächtig am Boden liegen blieb.

Am nächsten Tag versuchte Safiya mit mir zu reden. Sie brachte mir Eiswasser, um mein geschwollenes Gesicht zu kühlen, und tauchte ein feuchtes Tuch hinein.

»Fass mich nicht an«, fauchte ich sie an, als sie näher kam.

Sie trat vorsichtig zurück. »Aischa, es tut mir so Leid, du warst damals gut zu mir. Ich dachte, wir können Freundinnen werden. Mir macht es nichts aus, wenn er mit dir schläft, warum macht es dir etwas aus? Es ist doch nichts Schlimmes dabei. Sicher hat dir unser Mann vorher erklärt, dass es so sein würde.«

Ich drehte mich zur Wand, hörte sie aus dem Zimmer gehen. Kurz darauf kam Omar herein.

»Ich werde Safiya jetzt nach Bocinja bringen und hoffe, dass du dich bis heute Abend beruhigt hast, Aischa. Kann ich etwas für dich tun?«

»Schick sie dorthin zurück, wo du sie hergeholt hast«, fuhr ich ihn an. »Das kannst du für mich tun!«

13

Wie der Koran es verlangte, teilte Omar seine Zeit zwischen mir und Safiya gerecht auf. Er blieb eine Nacht bei mir, fuhr anschließend wieder zu ihr, kehrte zurück zu mir, pendelte einige Tage lang zwischen Bocinja und Sarajewo. Es war die Hölle. Ich war rasend eifersüchtig, sah ihn ständig in Safiyas Armen, weigerte mich, mit ihm zu schlafen und machte ihm fürchterliche Szenen. Erreichen konnte ich damit bei Omar allerdings nichts.

»Die nächste Nacht gehört dir, Aischa«, verkündete er eines Abends gleich nach seiner Ankunft. »Bist du bereit, heute das Bett mit mir zu teilen?«

Ich antwortete nicht, schüttelte nur den Kopf.

»Ich verstehe dich nicht. Du warst doch einverstanden, dass ich wieder heiratete«, behauptete er plötzlich und kam näher.

»Das stimmt nicht«, sagte ich. »Das ist eine Lüge.«

»Ich erinnere mich sehr gut, wie du gesagt hast, dass dir Safiya sympathischer ist als die andere Frau.«

»Ja, aber nicht, dass du sie heiraten sollst! Leg mir keine Wörter in den Mund, die ich nie ausgesprochen habe!«, schrie ich. »Du hast mir dein Mitleid mit den armen Waisenkindern vorgegaukelt, dabei wolltest du nur eine neue Frau im Bett haben. Du bist ein verdammter Heuchler!«

»Aischa, Aischa. Hör auf, mich zu beleidigen. Ich bin müde, ich habe gearbeitet, ich möchte mich hier bei dir ausruhen und deine Nähe genießen. Wenn du es nicht willst, gehe ich!«

Er würde zu ihr gehen. Nur damit er nicht »meine« Nächte mit der anderen verbrachte, schluckte ich meinen Zorn und meine Verletzungen hinunter, ließ ihn mit mir schlafen und weinte dabei nur. Stunden hielt er mich in den Armen, wiederholte, wie sehr er mich liebe, wie sehr er mich brauche. Am nächsten Morgen wollte er, dass ich mit ihm nach Bocinja fuhr.

»Das kann ich nicht. Wenn mir Safiya über den Weg läuft, kann ich für nichts garantieren«, sagte ich zu Omar. »Wo wohnt sie übrigens, in unserem Haus?«

»Nein. Du bist die einzige Frau, die in diesem Haus leben darf. Safiya hat ein kleines Haus hinter der Moschee, damit du sie nicht zu sehen brauchst, wenn du es nicht möchtest. Ich soll dir Grüße von ihr ausrichten. Sie fühlt sich nicht gut und hofft, dass du sie bald besuchst.«

»Darauf kann sie lange warten«, sagte ich. »Warum geht sie nicht zum Arzt, wenn sie krank ist?«

»Aischa, pack deine Sachen. Du bleibst hier nicht allein. Ich will es nicht, verstanden?«

Es war ein Befehl.

In Bocinja ging es mir zwar nicht gut, aber immer noch besser als in Sarajewo. Ich war weniger allein. Als Erste kam Saida, Umu Musa, die mir berichtete, dass Safiya genauso unglücklich über diese Situation sei wie ich und viel weine. Das überraschte mich, denn ich hatte sie mir stets triumphierend vorgestellt, und ich spürte einen Anflug von Schadenfreude, den ich nicht verbergen konnte. Andere Frauen besuchten mich, sogar Umu Haiman, meine strenge Nachbarin, kam vorbei, um mir syrische Süßigkeiten zu bringen, die sie gerade von Verwandten bekommen hatte. Mit diesen Besuchen zeigten mir die Frauen, dass sie mich mochten, und das gab mir Kraft. Schließlich ließ ich mich darauf ein, Safiya zu besuchen.

Sie sah mitleiderregend aus, war blass, fast grau im Gesicht und schwankte, als sie Omar und mir die Tür öffnete. Erst dachte ich, dass sie Angst vor der Begegnung mit mir hätte, aber sie war wirklich krank. Ich schlug vor, sie zur Ärztin zu begleiten, doch sie weigerte sich, auch nur einen Fuß vor die Tür zu setzen.

»Ich kann nichts bei mir behalten, wenn ich auch nur einen Schluck Wasser trinke, muss ich ihn gleich wieder ausspucken«, jammerte sie.

Das hatte ich schon oft und von vielen Frauen gehört! Ich schickte Omar nach Maglaj in die Apotheke, um einen Schwangerschaftstest zu besorgen. Ich blieb so lange bei Safiya, spielte mit dem kleinen Tarik, der bald auf meinen Schoß kletterte, und half ihr, die Küche aufzuräumen – stets bemüht, an nichts zu denken. Als Omar zurückkam, musste ich für sie die englische Gebrauchsanweisung lesen und ihr auf Bosnisch Schritt für Schritt erklären, was sie tun musste. Das Ergebnis war eindeutig: Sie war schwanger. Ich ging in den Garten, wo Omar gerade einen Hühnerstall baute.

»Ich gratuliere dir«, sagte ich, »seit zehn Jahren wünsche ich mir ein Kind von dir und nichts passiert, und ihr beide schafft es auf Anhieb. Du wirst Vater.«

Wie verbittert ich war, dafür gibt es keine Worte. Ein solches Neidgefühl habe ich weder vorher noch nachher je wieder empfunden. Ich drehte mich auf dem Absatz um und kehrte zurück in mein Haus. Während Omar hoch ins Studio ging, irrte ich verloren zwischen Küche und Schlafzimmer umher und dachte daran, dass er diese Nacht bei mir verbringen sollte. Doch es war das Letzte, was ich mir wünschte.

Eine Viertelstunde später, stand der kleine Tarik mit einem größeren Mädchen weinend vor der Tür.

»Was ist los?«, fragte ich.

»Abi, Abi«, schrie der Kleine, »Abi komm, bitte schnell, komm schnell, meine Mama ist krank, sie stirbt, bitte Abi, du musst kommen.«

Omar eilte an mir vorbei.

»Der Kleine nennt dich schon Vater«, schimpfte ich fassungslos. »Und diese Frau, die du vor Gott geheiratet hast, erträgt es wohl nicht, wenn du ein paar Minuten weggehst. Was hast du uns nur eingebrockt, Omar?«

»Sie ist krank, sie braucht mich …«

»Sie ist schwanger, ihr wird übel sein, sonst nichts. Geh nur. Ich will dich sowieso nicht in meinem Bett haben. Verschwinde. Ich sage dir nur eins: Was du mir damit angetan hast, wird auf dich zurückfallen. Diese Frau wird dir kein Glück bringen! Jetzt geh endlich!«

Er sagte, dass er später wiederkomme.

»Das brauchst du nicht«, warf ich ihm an den Kopf und knallte die Tür hinter ihm zu.

Ich warf mich aufs Bett und ließ meinem Kummer freien Lauf. Dann stand ich wieder auf, ging heulend durchs Haus, schlug mit den Fäusten gegen die Wände und war gleichzeitig dermaßen zornig, dass es mich hoch zum Videoraum trieb. Hätte ich die Tür offen vorgefunden, hätte ich womöglich die Geräte zertrümmert, aber Omar hatte abgeschlossen und den Schlüssel eingesteckt. Er lag nämlich auch nicht in seinem Versteck. Dort hing nur der Schlüssel von dem kleinen Abstellraum im ersten Stock, den ich ebenfalls nicht betreten durfte. Ich hatte bereits den ein oder anderen Blick hineingeworfen und darin nur stapelweise Bücher, Kassetten und Flugblätter auf Arabisch gefunden. Omar lagerte dort sein Dschihad-Propagandamaterial, während des Krieges und kurz danach hatte er auch seine Kalaschnikow und seine Pistole darin eingesperrt, worum ich ihn gebeten hatte. Ich wollte keine Waffen im Haus offen herumliegen sehen. Seit langem war ich der festen Überzeugung, dass er sie inzwischen zurückgegeben hatte, aber das stimmte nicht. Die Pistole lag gut sichtbar auf dem Regal mit mehreren Kartons Munition, die Kalaschnikow stand gegen einen von zwei prall gefüllten Kartoffelsäcken gelehnt. Warum bringt er Kartoffeln in den ersten Stock hoch, wenn die Küche unten ist und wir sie dort immer lagern?, fragte ich mich und warf einen Blick hinein.

Entsetzt fuhr ich zurück. In diesen Säcken waren Handgranaten. Hunderte von Handgranaten, die lose übereinander lagen. Die Säcke waren nicht mal zugebunden, sie standen offen, wie in einem Laden, wo Kunden vorbeikommen und sich kleinere Mengen von einer Ware in Papiertüten umfüllen lassen. Dahinter, das sah ich erst jetzt, lagen mehrere Panzerfäuste in einer Kiste.

Als Omar später in der Nacht nach Hause kam, wartete ich komplett angezogen und mit gepackter Tasche in der Küche auf ihn.

»Du fährst mich jetzt sofort nach Sarajewo. Und ich komme nicht wieder hierher, solange das da oben in diesem Haus ist.« Dann verlor ich die Nerven und fing an zu schreien. »Bist du noch ganz bei Trost, was willst du mit diesen Handgranaten?

Wen willst du damit umbringen? Sag es mir, bist du ein Mörder? Habe ich einen Mörder geheiratet?«

Während ich tobte, lief Omar nach oben, warf einen Blick in den Raum, schloss die Tür ab und stellte sich mit dem Schlüssel vor mich.

»Wo hast du das her?«, fragte er eiskalt. »Seit wann erlaubst du dir, in meinen Angelegenheiten herumzuschnüffeln? Was hast du sonst noch alles gefunden?«

Diesmal dachte ich, er schlägt mich gleich tot. Er hatte sich in Sekundenschnelle verwandelt, sein Blick, sein Ton, seine Körperhaltung ließen mich vor Angst erstarren und ich bekam kein Wort mehr raus. Dann griff er nach mir und schüttelte mich.

»Lüg mich nicht an, Aischa. Wie oft warst du da oben? Was hast du gesehen?«

»Nichts«, stotterte ich. »Es war nur, weil ich so sauer war. Ich wollte vor lauter Wut alles kaputtmachen.«

»Bete zu Gott, dass Er dich von diesen Teufeln befreit«, zischte Omar. »Wenn du dich nicht änderst, werden wir nicht mehr zusammenleben können. Ich habe dir immer vertraut, Aischa, jetzt ist es vorbei. Was hast du vor? Wirst du zur Polizei rennen und mich verraten? Bemüh dich nicht. Sie werden dir nicht glauben. Kein Mensch wird dir glauben, wenn du davon erzählst. Und bis jemand hierher kommt und das Haus durchsucht, wird alles weg sein. Geh jetzt schlafen.«

Natürlich schlief ich nicht, sondern zählte die Minuten bis zum Morgen und wartete, dass das Haus in die Luft flog. Aber nichts geschah. Als es hell wurde, brachte mich Omar nach Sarajewo. Ich sollte den Koran lesen und Gott um Hilfe bitten.

»Auch ich werde für dich beten, Aischa. In dich ist der Teufel der Eifersucht gefahren, du musst ihn loswerden, du machst mich und dich und uns alle damit krank. Nur Allah kann deine Seele vor diesem Teufel noch retten.«

Omar war wahnsinnig, und ich war es auch, weil ich an ihm wie eine Klette hing, unfähig, ihn loszulassen. Doch wenn er vom Teufel und von der Hölle sprach, in der ich schmoren würde, wehrte sich in mir alles gegen diese Vorstellung von einem rachsüchtigen Gott. Allah, der Barmherzige, der Allerbarmer, Gott der Liebe und des Verzeihens, hatte mich einst vom Islam überzeugt. Nicht Teufel und Dämonen, die ich bloß als Bilder für das Böse betrachtete und nicht als Realität. Diese Eifersucht, die mich dermaßen durchschüttelte, war kein Dämon, sondern etwas Menschliches. Es gehörte zu mir, war ein Teil von mir, und ich war davon überzeugt, das Recht auf meiner Seite zu haben. Eine Frau hatte das Recht, ihren Mann für sich allein zu besitzen. Eine Frau hatte das Recht, um ihre Ehe zu kämpfen, wenn diese in Gefahr war. Dass der Gesandte Gottes mehrere Frauen heiratete, änderte für mich nichts an der Tatsache, dass sich die Welt weitergedreht hatte. Heute gab es bessere Methoden, Witwen und Waisen zu beschützen.

So vernünftig, wie ich das hier schreibe, konnte ich damals selbstverständlich nicht argumentieren. Dafür war ich zu tief verletzt. Ich fühlte mich wund, gehäutet und durchgeschüttelt von heftigen Gefühlsausbrüchen, ich schimpfte, schrie, heulte und schlug nur so um mich.

Diesmal sperrte Omar mich in der Wohnung in Sarajewo ein. Er kam regelmäßig vorbei, brachte mir zu essen und erkundigte sich, wie es mir gehe, ob die Teufel mich verlassen hätten.

»Wenn du wissen möchtest, ob ich noch eifersüchtig bin, dann ist die Antwort ja«, keifte ich ihn zwei- oder dreimal an. »Wie lange hast du vor, mich hier unter Verschluss zu halten?«

»Bis ich dir wieder vertrauen kann«, antwortete er. »Bis du wieder du selbst geworden bist.«

»Du bist derjenige, der sich verändert hat, nicht ich. Du hast ein Keil in unsere Ehe getrieben, Omar, wie kannst du nur erwarten, dass ich wieder ich selbst werde? Ich bin noch immer die Frau, die du damals geheiratet hast, aber zwischen uns wird es nie mehr wie früher sein!«

Er appellierte an meine Großmut, an meine Hilfsbereitschaft. Safiya sei wie ein verlorenes Kind, es gehe ihr nicht gut, sie fühle sich allein, erkundige sich jeden Tag nach mir. Auch der kleine Tarik frage nach seiner Tante Aischa.

»Die Frauen im Dorf beten für dich, sie lassen dir Grüße ausrichten.«

Er zählte Namen auf, tat alles, damit ich in die Dorfgemeinschaft der Mudschaheddin zurückkehrte. Ich aber hatte andere

Pläne. Dass es noch zu früh sei, dass ich noch Ruhe zum Nachdenken brauche, erklärte ich ihm, damit er die Überwachung lockerte. Tatsächlich hörte er daraufhin auf, die Wohnungstür abzusperren.

Als er wieder nach Bocinja fuhr, ging ich hinunter zu den Nachbarn, einer Mutter mit ihrem Sohn, der Student war. Sie kannten mich vom Sehen, doch ich hatte nie mit ihnen gesprochen, abgesehen von einem höflichen Gruß, wenn wir uns im Treppenhaus begegneten, weil Omar die beiden nicht mochte. Die Frau erschrak, als sie mich vor ihrer Tür erblickte, beruhigte sich jedoch, als ich meinen Schleier hob und mein Gesicht zeigte.

»Ich brauche Hilfe«, sagte ich auf Bosnisch. »Dürfte ich mal euer Telefon benutzen?«

»Bitte, komm herein.«

Sie führte mich in ihr Wohnzimmer, holte mir ein Glas Wasser und machte sich in der Küche zu schaffen, während ich telefonierte. Ich rief die deutsche Botschaft in Sarajewo an, deren Nummer ich auswendig kannte, seit wir in Bosnien waren, und bat um einen Termin.

»Es ist dringend, und es muss unbedingt am Wochenende sein, am Sonntag, weil das der einzige Tag ist, an dem ich mir sicher bin, dass mein Mann nicht da ist«, erklärte ich aufgeregt.

»Das geht nicht«, antwortete der Beamte am Apparat, »wir haben sonntags geschlossen.«

Es war zum Verzweifeln. Ich verlangte nachdrücklich, mit seinem Vorgesetzten verbunden zu werden, obwohl der Beamte stur wiederholte, dass es sinnlos sei, da dieser mir nichts anderes sagen werde als er: Am Sonntag würde ich vor verschlossenen Toren stehen. Ich bettelte, flehte ihn an, drohte, schließlich gelang es mir, mit einer Frau zu sprechen, der ich erklärte, dass es sich um einen Notfall handele.

»Ich kann es Ihnen am Telefon nicht erklären. Es geht um Leben und Tod. Nicht bloß um mich.«

»Verstehe«, antwortete die Frau. »Ich werde mein Bestes tun. Aber können Sie etwas genauer begründen, warum wir Sie gerade am Sonntag empfangen sollen. Falls Sie nicht frei sprechen können, ist es ihnen vielleicht möglich, es anzudeuten …«

»Mein Ehemann lagert zu Hause Kartoffelsäcke voller Handgranaten und Panzerfäuste. Reicht Ihnen das als Begründung?«

Sie schluckte. Es reichte. Sie würde dafür sorgen, dass an diesem Sonntag jemand für mich da sei. Meine Nachbarin zu überzeugen, mir weiter zu helfen, war ein Kinderspiel. Ihr brauchte ich nur zu erklären, dass ich von meinem Mann weglaufen wollte, weil er nicht gut zu mir war. Sie wusste es, hatte uns schon oft genug streiten gehört. Sofort sagte sie, dass ihr Sohn mich zur deutschen Botschaft fahren könne. Ich zögerte. Inzwischen hatte ich das mittelalterliche Denken der Mudschaheddin so weit verinnerlicht, dass es mir wie ein Verbrechen vorkam, allein mit einem fremden Mann im Auto zu sitzen.

Meine Nachbarin verstand es sofort. »Ich werde dich begleiten«, sagte sie leise.

Auf dem Weg zur Botschaft hoffte ich nur, dass man mich aus meinem Albtraum erlösen würde. Wie genau, darüber hatte ich mir keine Gedanken gemacht. Ich war naiv und unerfahren, nach all den Jahren, in denen Omar alles für mich entschieden hatte, war es ein erster zaghafter Versuch, dessen Folgen ich nicht voraussehen konnte. Doch ich hoffte vergeblich, denn was nun geschah, war nur die Fortsetzung des Albtraums.

Die Botschaftsmitarbeiter waren sehr nett zu mir. Eine Frau und ein Mann, deren Namen und Rang ich vergessen habe, schenkten mir Kaffee ein und fragten mich nach meinem Anliegen. Ich wollte ihnen meine Geschichte von Anfang an erzählen, doch nachdem sie mir ein paar Minuten lang zugehört hatten, unterbrachen sie mich und fragten, was ich von ihnen erwarte. Diese Frage überforderte mich.

»Dass Sie etwas unternehmen«, antwortete ich. »Was, das werden Sie schon wissen, wenn ich Ihnen alles erzählt habe.«

Ein paar Sätze durfte ich weitersprechen, bis der Mann »Stopp!« rief.

»Dies ist ein Missverständnis«, sagte er. »Wir sind nicht die richtige Stelle für Ihre Beschwerden.«

Diese Geschichte gehe die deutschen Behörden und das Auswärtige Amt nichts an. Wir befänden uns hier auf bosnischem Territorium, und wenn ich meinen Mann wegen Waffenbesitz anzeigen wolle, dann solle ich es bei der bosnischen Polizei tun. Die Botschaft sei nicht befugt, es an meiner Stelle zu tun, schließlich sei ich die Einzige, die diese Waffen gesehen hatte.

»Ja, glauben Sie mir denn nicht?«, fragte ich und begann, die Waffen genauer zu beschreiben.

Diesmal unterbrach mich die Frau. »Wir glauben Ihnen, aber schauen Sie, der Krieg ist gerade erst vorbei. Viele Leute haben noch Waffen bei sich, und es ist allein Sache der bosnischen Regierung, im Land Ordnung zu schaffen. Wenn sie diese Waffen toleriert …«

»Was können Sie dann für mich tun?«, fragte ich verzweifelt.

»Wenn Sie sich sicher sind, dass Sie sich von Ihrem Mann trennen wollen, und das Gefühl haben, dass Ihr Leben in Gefahr ist, können wir Ihnen einen Flug nach Deutschland besorgen. Die Kosten müssen Sie allerdings selbst tragen.« Sie sah mir in die Augen. »Falls Sie kein Geld haben, wird es für Sie ausgelegt«, fügte sie schnell hinzu.

Ich sagte nichts.

»Sind Sie sich überhaupt sicher, dass Sie sich von Ihrem Mann trennen wollen?«, hakte die Frau nach. »Vielleicht durchleben Sie gerade eine schwere Ehekrise, und bald geht es Ihnen wieder besser.«

Bei diesen Worten sprang ich auf, bedankte mich und eilte hinaus. Ich war wahnsinnig sauer auf sie, weil sie nichts begriff, nur betulich tat und sich von Anfang an nicht mal die Mühe gemacht hatte, mir wirklich zuzuhören. Wenn ich hier keine Hilfe bekomme, gibt es niemanden, der mir helfen wird, dachte ich, als sich die Tür hinter mir schloss, und meine Beine waren plötzlich schwer wie Blei. Ich schleppte mich zum Auto und ließ mich neben meine Nachbarin auf den Rücksitz fallen. Ihr Sohn fuhr gleich los.

»Es war nicht gut?«, erkundigte sie sich besorgt.

»Doch«, antwortete ich. »Es war gut. Sehr gut sogar.«

Eines hatte ich bei diesem Besuch in der deutschen Botschaft jedenfalls verstanden: Wenn mir niemand half, musste ich mein Schicksal selbst in die Hand nehmen. Wie, das wusste ich noch nicht.

Einige Tage später nahm ich all meinen Mut zusammen und beichtete Omar, was ich getan hatte. Er sollte es von mir erfahren, nicht von der Nachbarin oder jemandem, der uns womöglich beobachtet hatte. Damit wollte ich ihm mitteilen, dass ich ihm nicht völlig ausgeliefert war, dass ich mich zur Wehr setzen konnte. Es war eine Art Kampfansage und ich hatte Angst vor seiner Reaktion, doch er zeigte sich weder erstaunt noch verärgert, sondern machte sich lustig über mich.

»Arme Aischa, versteh doch endlich, du hast nur noch mich. Vergiss deine Landsleute! Was hast du ihnen überhaupt erzählt über mich?«

Er klang nicht mal beunruhigt, trotzdem hatte ich den Eindruck, dass er nicht bloß neugierig war, sondern es wirklich wissen wollte.

»Dass du Waffen im Haus versteckst«, antwortete ich gereizt.

»Sonst nichts?«

»Wovon hätte ich sonst sprechen sollen? Von deinen Videos? Daran habe ich nicht gedacht. Die Leute haben mir sowieso nicht geglaubt, genau wie du es mir vorhergesagt hattest.«

Er lächelte zufrieden. »Ja, Aischa, ich wusste es. Genau wie ich auch wusste, dass du mich verraten würdest. Merke es dir ein für alle Mal: Du wirst mir niemals schaden können. Wenn du mich bei der Polizei anzeigen möchtest, kannst du es gerne tun. Ich bringe dich sogar selbst hin, wenn du es wünschst, und warte vor der Tür, während du dich da drinnen über mich beklagst. Die Polizisten werden dich auslachen. Falls sie doch einmal ins Dorf kommen, können sie unser Haus ruhig auf den Kopf stellen. Sie werden nichts finden. Keine Waffen. Es waren noch nie Waffen da.«

»Aber ich habe sie doch selbst gesehen. Mit meinen eigenen Augen!«

»Du hast geträumt. Du warst blind vor Eifersucht, du hast dich getäuscht. Deine Augen haben dich getäuscht, es war dieser Teufel, der in dir gewütet und diese Waffen erfunden hat, um dich verrückt zu machen. Du hast geträumt, Aischa. Glaube mir. Es gibt in unserem Haus keine Waffen. Komm mit mir nach Bocinja und sieh selbst nach!«

In diesem Augenblick hasste ich ihn für seinen überheblichen

Ton und seine Lügen. Ich hasste ihn dafür, dass er sich seiner Macht über mich so sicher war, und mich hasste ich auch, weil ich nicht wusste, wie ich mich gegen ihn wehren sollte. Er schlug mich nicht, bestrafte mich nicht, redete bloß auf mich ein, damit ich Frieden mit ihm schloss. Dann verdrehte er wieder die Tatsachen, bis ich total verunsichert war. Ich fühlte mich erniedrigt und weich geklopft zugleich, gab schließlich jeden Widerstand auf.

Plötzlich nahm er meine Hände in seine und blickte mir tief in die Augen.

»Jetzt packst du deine Sachen, Aischa, wir fahren nach Hause. Bei unseren Brüdern und Schwestern ist dein wahres Zuhause. Ich möchte, dass du das verstehst. Deswegen möchte ich mit dir auch nach Mekka fahren. Bald. Sobald wir ein Visum für die Heilige Stadt bekommen!«

14

Ich hatte eine Niederlage erlitten, erschien geknickt bei Umu Musa und staunte zunächst darüber, dass die Frauen mich respektvoll behandelten. Doch bald verstand ich, warum. Da im Dorf jeder über jeden Bescheid wusste, hatten sie schon vor mir erfahren, dass mein Mann mit mir nach Mekka wollte, und das erhöhte in ihren Augen mein Ansehen. Ich stand im Mittelpunkt und genoss die Aufmerksamkeit. Safiya, die ebenfalls anwesend war, verhielt sich mucksmäuschenstill, als hätte sie Angst vor mir. Sie war blass und schmal geworden, ihre Haare, die ihr ganzer Stolz waren und früher kupfern glänzten, wirkten ausgefranst und farblos. Mit einer gewissen Genugtuung registrierte ich, dass sie ihre jugendliche Frische und ihren Charme eingebüßt hatte. Ich ging auf sie zu, um sie zu begrüßen. Mir war bewusst, dass alle Frauen uns gespannt beobachteten.

»Hallo, Safiya, wie geht es dir?«, fragte ich. »Du siehst nicht gut aus, behandelt dich dein Mann schlecht oder bist du krank?«

Mit diesem Satz verstärkte ich meine Position. Ich setzte damit die Ranghöhe fest, demonstrierte eine Stärke, die ich nicht empfand. Gleichzeitig verkündete ich, dass ich die Rivalin nicht bekämpfen würde, sondern bereit sei, ihr zu helfen, denn sie war die Schwächere.

»Danke der Nachfrage«, antwortete Safiya und begann zu klagen.

Es ging ihr nach wie vor nicht gut, die Ärztin hatte sie nicht untersucht, denn sie weigerte sich neuerdings, muslimische Frauen zu untersuchen, weil diese häufig übel rochen.

»Ich werde mit ihr reden«, sagte ich spontan, da mir Safiya leid tat.

»Du solltest lieber mit unseren Männern reden. Du weißt schon, wie sie sind«, erwiderte sie.

Und wie ich es wusste! Parfüm war des Teufels und sogar Seife hielten manche Mudschaheddin für eine dämonische Erfindung! Die arme Ärztin! Doch wenn sie nicht mehr kam, war das eine Katastrophe für das Dorf, denn die rückständigen Männer würden ihren Frauen gewiss nicht erlauben, nach Maglaj oder gar Zenica zur Untersuchung zu fahren.

Nach meiner Rückkehr sprach ich sofort mit Omar darüber, der aber meinte, über dieses Thema könne er unmöglich mit den anderen Männern reden, schon gar nicht, wenn sie nach dem Freitagsgebet alle zusammensaßen.

»Wirklich nicht? Dann tue ich es!«, sagte ich. »Du brauchst keine Angst zu haben, niemand wird meine Stimme hören!« Ich hatte einen Plan, beschloss aber, ihn vorerst für mich zu behalten.

In der Moschee konnten die Frauen oben auf einer Galerie beten. Regelmäßig kamen Scheichs oder andere weise Männer, die den Koran intensiv studiert hatten. Sie kannten sich mit den Gesetzen und ihrer Auslegung bestens aus, und jeder, der ein Problem hatte, durfte sie um Rat fragen. Auch Frauen. Allerdings nicht direkt, sondern über einen Umweg: Sie mussten ihre Frage auf einen Zettel schreiben, ihn falten und nach unten werfen. Jemand hob ihn auf, brachte ihn zum Scheich, der die Frage laut vorlas und beantwortete. Also diktierte ich Saida bei nächster Gelegenheit einige Worte, die sie ins Arabische übersetzte und aufschrieb: »Wenn eine Frau zum Arzt gehen muss, darf sie sich dann waschen, damit sie nicht mehr nach Schweiß riecht?«

Unsere Frage wurde in der Moschee erörtert. Der Scheich erinnerte an den Sinn der rituellen Reinigungen, die Teil des Gebets seien. Unrein dürfe niemand vor Gott treten, eine Moschee besuchen oder den Heiligen Koran berühren. Jede Körperöffnung müsse zuvor gereinigt werden. Mit Wasser. Chemisch hergestellte Stoffe solle man meiden. Wenn jemand allerdings stark rieche, sei es durchaus erlaubt, eine Seife zu benutzen, die jedoch keine Duftstoffe enthalten dürfe. Auch sei es sehr wohl möglich, unangenehmen Schweißgeruch mit Puder zu verhindern. Ich stand in einer Gruppe von Frauen, die mich wortlos anschubsten. Ich hatte kein Wort verstanden, nur, dass wir gewonnen hatten.

»Du hast also dahinter gesteckt«, sagte Omar später zu mir. »Es war sehr geschickt von dir, aber sei vorsichtig, Aischa. Du willst zu viel auf einmal. Es gibt Dinge, die kannst du nicht ändern.«

Ich widersprach ihm nicht. Das werden wir noch sehen, dachte ich insgeheim.

Im Sommer 1998 setzte ich durch, dass Djamila wieder aus Zenica kam, um mir im Garten zu helfen. Wir hatten sehr wenig Geld, daher bezahlte ich sie mit Kaffee, Lebensmitteln oder schenkte ihr mal einen der Hasen, die Omar züchtete. An einem jener Tage war es besonders heiß. Ich hatte mich ins Haus zurückgezogen, weil ich bei dieser Hitze mit Mantel, Niqab, Handschuhen und Strümpfen nicht draußen arbeiten konnte, aber Djamila machte es nichts aus. Sie war leichter bekleidet, trug ein altes T-Shirt, eine weite Hose und ihr Kopftuch. So stand sie im Garten, harkte und schwitzte, als der Muezzin zum Gebet rief. Kurz darauf eilten einige Männer die Straße entlang in Richtung Moschee. Einer von ihnen bog in unseren Garten ab und näherte sich Djamila. Es war Abu Haiman, mein syrischer Nachbar, der schon so lange in Bosnien lebte, dass er die Sprache perfekt beherrschte. Ich stand hinter den geschlossenen Rollläden, beobachtete ihn durch die Schlitze und bekam jedes einzelne Wort mit.

»Du bist in diesem Dorf zu Gast«, sagte Abu Haiman, nachdem er kurz gegrüßt hatte. »Hier leben gläubige Menschen. Wir wünschen uns, dass du deinen Körper besser bedeckst.«

Djamila, die sich auf ihre Harke stützte, richtete sich langsam auf, nahm sie in die Hand und steckte sie in die Erde wie eine Lanze.

»Hör zu, Bruder«, sagte sie mit ihrer lauten, von den vielen Zigaretten rau gewordenen Stimme, »dies hier ist mein Land. Ich bin hier geboren. Ihr, die ihr hier lebt, seid Gäste in *meinem* Land. Ich bin fünfzig Jahre alt und mache diese Arbeit, weil ihr Männer von den Frauen verlangt, dass sie Kartoffelsäcke anziehen, mit denen kein Mensch arbeiten kann. Wie sollen sie in der Erde buddeln, wenn sie ständig über diesen komischen Mantel stolpern? Ist es besser, wenn ihr nichts zu essen bekommt? Sieh zu, dass du dich schleichst, weil deine Arbeit deine Frau nicht ernähren wird, wenn eure Sache schief geht.«

Sie wurde lauter, ließ Abu Haiman nicht zu Wort kommen, so dass er schließlich davonging.

»Du warst toll«, sagte ich zu Djamila, als sie noch immer bebend vor Wut hereinkam. »Du hast ja so Recht. Ach, ich danke dir, dass du ihm all das an den Kopf geworfen hast, aber es würde mich nicht wundern, wenn es ein böses Nachspiel gäbe. Ich wette mir dir, dass mein Mann gleich nach dem Gebet nach Hause kommt.«

So war es.

»Aischa!«, rief er noch in der Tür. »Ich muss mit dir reden. Allein.«

Djamila saß bei mir in der Küche und machte gerade eine Pause. Wir sahen uns kurz an, ich stand auf und ging zu meinem Mann, der mir streng erklärte, dass Djamila nicht mehr ins Dorf kommen dürfe.

»Ich werde es ihr ausrichten«, sagte ich und fügte hinzu, dass sie tun werde, was sie für richtig hielt.

Am Abend brachte ich sie zum Bus, umarmte sie und verabschiedete mich von ihr mit einem lauten »Salam alaikum, bis die Tage, Djamila!«

Eine Woche später besuchte sie mich tatsächlich wieder. Omar ließ sich den ganzen Tag nicht blicken und kam am Abend nur kurz vorbei, um mir mitzuteilen, dass er in der Moschee schlafen werde.

»Dein Ungehorsam ist eine Schande für mich. Ich kann in diesem Haus nicht mehr schlafen, solange du meine Befehle missachtest. Habe ich dir nicht gesagt, dass diese Frau nicht mehr herkommen darf?«

»Schlaf, wo du willst«, sagte ich. »Solange ich hier leben muss, wird Djamila mir helfen. Wer soll sonst diese Arbeit für mich machen? Sicher nicht deine andere Frau, die den ganzen Tag nur jammert und erzählt, dass sie bald sterben wird.«

Diesmal fühlte ich mich stärker als er. Gelassen verfolgte ich, wie er sich auf den Weg in die Moschee machte, und war mir hundertprozentig sicher, dass er nicht bei Safiya Zuflucht und Trost suchen würde. Sie war nämlich inzwischen eine echte Belastung für ihn geworden. Ständig dramatisierte sie ihren Zustand und nutzte ihre Schwangerschaft aus, um Omar an sich zu binden. Es regte ihn auf, wenn sie ihn mitten in der Arbeit störte und rufen ließ, weil sich Tarik angeblich verletzt hatte oder sie selbst so krank war, dass sie ihn dringend bei sich brauchte. Sie tat es auch regelmäßig, wenn er die Nacht bei mir verbringen sollte, aber dafür hatte er Verständnis. Ich hatte zunehmend die Nase voll von ihrem Theater und Omars Blindheit. Anstatt endlich einen Schlussstrich zu ziehen, machte ich meinem Frust durch Streit und Vorwürfe Luft.

»Wie kannst du dich nur so von ihr manipulieren lassen?«, sagte ich zehn Tage später, als er wieder mal zu ihr eilen wollte. »Du bist nur noch bei ihr! Im Koran steht, dass du deine Frauen gleich behandeln musst. Mich tadelst du bei jeder Gelegenheit, aber ihr lässt du alles durchgehen. Sie ist doch nicht die erste schwangere Frau auf der Welt!«

»Aischa. Mäßige dich. Ich glaube, dass du so redest, weil du neidisch auf sie bist, da sie mein Kind trägt …«

»Bring mich bitte nach Sarajewo«, unterbrach ich ihn unwirsch. »Es stimmt, ich habe Safiya am Anfang beneidet. Aber jetzt nicht mehr. Und dich auch nicht, Omar. Ich möchte nicht in deiner Haut stecken. Du magst zwei Frauen haben, aber bist du dem Paradies dadurch auch nur einen Millimeter näher gekommen?«

Er befahl mir, den Mund zu halten, doch ich war viel zu aufgebracht, um mich zu bremsen.

»Im Koran steht nirgends, dass Gott den Frauen das Denken verboten hat. Wenn Er ihnen schon einen Verstand geschenkt hat, dürfen sie ihn wohl auch benutzen und einen Mund zum Reden hat Er uns ebenfalls gegeben!«

Als Antwort verpasste er mir eine Ohrfeige und eilte zu Safiya. Meine Wange glühte und tat weh, doch das war mir egal. Bei solchen Auseinandersetzungen testete ich Omars Grenzen aus, ich provozierte ihn manchmal absichtlich. Es war meine Art, zu trainieren, dadurch gewann ich nach und nach meine Selbstachtung zurück.

Noch in derselben Nacht brachte mein Mann mich nach Sarajewo und fuhr am nächsten Tag zurück, ohne sich von mir zu verabschieden, weil er verärgert war. Es war ein Freitag, ich würde ihn erst am Montag wieder sehen und das Wochenende mutterseelenallein verbringen – keine besonders angenehme Aussicht.

Am Samstag rief Gabi an, das tat sie alle paar Monate, wenn sie Ahmed vermisste. Kurz zuvor war er in Boçinja vorbeigekommen und hatte eine Tüte mit Geschenken für mich dabei. Ich wusste nicht, wo er jetzt war, nur, dass er einige neue Filme von Omar irgendwo hinbringen sollte, das hatte ich am Rande mitbekommen. Ahmed war ein Kurier-Mudschahed, er schmuggelte Propagandamaterial und möglicherweise auch andere Sachen. In manchen Ländenr konnte man die Videokassetten einfach auf dem Rücksitz des Wagens liegen lassen, je auffälliger sie waren, desto weniger interessierten sich die Zöllner für sie. In anderen Fällen ließen sich die Bänder auf Pappe gewickelt in einem breiten Gürtel, in Socken oder sonst wo verstecken. Ohne die Plastikverschalung nahmen sie wenig Platz ein und die Zöllner konnten sie nicht ertasten.

»Vielen Dank für die Schokolade, ich habe sie schon aufgegessen«, sagte ich zu Gabi, dadurch sollte sie verstehen, dass ihr Mann Bosnien bereits verlassen hatte.

Anschließend redete ich mir meinen Kummer mit Omar von der Seele. Der ganze Ärger der letzten Wochen sprudelte aus mir heraus, ich erzählte und erzählte von Safiya, bis mich Gabi unterbrach.

»Du hättest eben niemals mit nach Bosnien gehen dürfen«, meinte sie nur trocken. »Jetzt musst du zusehen, wie du aus diesem Schlamassel rauskommst. Hör mal, Doris, hast du schon von der Anzeige gehört?«

»Ich weiß nicht, was du meinst«, antwortete ich ein wenig verletzt, weil sie so gar kein Mitgefühl zeigte. »Von welcher Anzeige?«

»Dann hat man es dir also nicht gesagt? Du, hier in Deutschland läuft eine Strafanzeige gegen dich. Wegen Autodiebstahls.«

Ich war derart schockiert, dass es mir die Sprache verschlug. Gabi erklärte mir, dass es sich um den Ford Sierra handele, mit dem wir vier Jahre zuvor nach Bosnien übersiedelt waren.

»Dein Mann hat wohl vergessen, dass es ein Leasingfahrzeug war. Ich weiß nicht, ob er versäumt hat, die Raten zu zahlen, jedenfalls hätte er den Vertrag mit der Fordbank rechtzeitig ändern müssen, und da dieser Vertrag auf deinen Namen läuft, bist du jetzt dafür verantwortlich.«

»Was bedeutet das? Werde ich verhaftet, wenn ich mit dem Wagen nach Deutschland einreise?«, fragte ich plötzlich ernüchtert.

»Wahrscheinlich«, meinte Gabi. »Vielleicht auch, wenn du ohne Wagen kommst. Ich weiß nicht, ob du als Diebin schon im Computer registriert bist. Sag deinem Mann, dass er sich darum kümmern soll.«

Nachdem sie aufgelegt hatte, saß ich mit dem Hörer in der Hand da und überlegte, was zu tun sei. Sollte ich versuchen, Omar zu erreichen? Ich brachte es nicht über mich, bei Safiya anzurufen, es war mir zuwider, sie um irgendetwas bitten zu müssen. Lieber wollte ich bis Montag warten.

Eine Stunde später hatte ich meine Meinung geändert. Ich konnte und wollte nicht warten, wollte keinen Tag länger als Autodiebin gelten. Schließlich war ich keine Diebin, sondern nur dumm genug gewesen, Omar zu vertrauen, dass er all unsere Geschäfte in Deutschland anständig abwickelte! Ich hätte mir denken können, dass dem nicht so war, dass er bloß aufgehört hatte zu zahlen, wie bei der Kranken- und Rentenversicherung! Mit solchen Nebensächlichkeiten hielt er sich nicht auf. Ich hörte ihn schon antworten, dass es vollkommen unwichtig sei, und führte im Geiste ein heftiges Streitgespräch mit ihm, als mir der Gedanke kam, dass ich mich auch selbst darum kümmern konnte. Der Wagen stand in Sarajewo, unweit vom Haus und ohne Kennzeichen. Diese befanden sich mit vielen anderen in Omars Arbeitszimmer und der Schlüssel lag auf seinem Schreibtisch.

In der Nacht zum Sonntag schlich ich mich aus dem Haus, um die alten Kennzeichen an dem Wagen zu montieren. Noch vor Sonnenaufgang setzte ich mich ans Steuer und fuhr Richtung Deutschland. Allein. Ich hatte nicht mal einen Zettel für Omar hinterlassen. Wenn es mir gelang, diesen Wagen, der keine gültige TÜV-Plakette hatte und nicht mal versichert war, trotz der

Anzeige durch alle Grenzen zurückzubringen, dann würde ich ihn anrufen. Ich musste die Sache mit dem Wagen unbedingt wieder gerade rücken – an mehr dachte ich in jenem Moment nicht. Den ganzen Weg über war mir Angst und Bange. Mehrmals war ich kurz davor, umzudrehen und zurückzufahren, so sehr fürchtete ich mich davor, unterwegs kontrolliert zu werden. Was würde dann geschehen? Ich sah mich schon im Gefängnis, überlegte, wie lange man für ein solches Vergehen wohl sitzen musste. Und welche Schande, wenn meine Familie davon erfuhr! Ich glaube, das wäre am schlimmsten für mich gewesen, wenn mein Bruder mich aus dem Gefängnis hätte auslösen müssen.

Die ganze Fahrt betete ich zu Gott, dass Er mich beschützen möge. Er war zweifelsohne auf meiner Seite, sendete mir jede Menge Schutzengel, denn an jeder Grenze geschah das Gleiche: Ein Zöllner sah mich allein im Wagen und winkte mich gelangweilt durch. Vor mir und nach mir wurden Autos angehalten und ausgiebig kontrolliert, nur ich durfte durchfahren! Nicht mal meinen Pass brauchte ich vorzuzeigen!

Ich fuhr schnurstracks zu meinem Bruder Karl nach Tübingen, erklärte ihm die ganze Geschichte und er war sofort bereit, mir zu helfen. Am nächsten Tag rief ich Omar an.

»Hör zu, ich bin in Deutschland, ich habe den Sierra zurückgebracht.«

Mein Mann machte mir weder Vorwürfe noch wollte er Näheres wissen. »Das hätte ich dir niemals zugetraut, Aischa«, sagte Omar anerkennend. »Wie stark du bist, das hatte ich ganz vergessen«, sagte er mir. »Ich bin stolz auf dich.«

Diese Worte ließ ich mir auf der Zunge zergehen. Auch ich war stolz auf mich! Eine Woche später war alles erledigt: Der Restwert des Wagens wurde festgesetzt, der jedoch in keinem Verhältnis zu seinem realen Wert stand, denn das Auto war nach Jahren auf den bosnischen Straßen stark ramponiert. Anschließend ließ Omar den Wagen von muslimischen Bekannten abholen, die mir dafür tausend Mark gaben. Diese Summe überwies ich sofort zur Schuldentilgung, woraufhin die Fordbank ihre Anzeige zurückzog. Es blieb eine Schuld von damals achttausend Mark, die ich in kleinen Raten abzahlte – im Sommer 2003 war ich endlich damit fertig.

Natürlich bedrängte mich mein Bruder, in Deutschland zu bleiben, aber ich lehnte ab.

»Du bist verrückt, Doris«, sagte Karl. »Dieser Mann macht mit dir, was er will. Du landest fast im Knast wegen ihm, aber wenn er ruft, rennst du zu ihm wie ein Hund, der seinem Herrchen gehorcht. Ich verstehe das nicht. Kannst du mir das erklären?«

»Ja, einerseits … Nein, ich kann es doch nicht. Die Sache ist zu kompliziert.«

Einerseits war ich Omar nach über zehn Jahren Zusammenleben wohl vollkommen hörig geworden. Andererseits begann ich allmählich, mich von ihm zu befreien. Auf einmal würde ich es nicht schaffen, das wusste ich, deswegen musste ich zu ihm zurück.

Diesmal ging ich vor der Abreise in einen Secondhandladen für Babysachen. Als mich Omar in Sarajewo vom Bus abholte, drückte ich ihm meine Reisetasche in die Hand und deutete auf den Fahrer, der das Gepäck auslud.

»Im Kofferraum ist noch etwas«, sagte ich. »Für dein Kind.«

Ich hatte einen Kinderwagen gekauft. Und eine Großpackung Pampers.

15

Der kleine Tarik kam angerannt, als ich in Bocinja aus dem Wagen stieg, und begrüßte mich so stürmisch, dass wir beinahe beide gestürzt wären. Er freute sich, mich wieder zu sehen, ebenso wie auf das Festmahl, das mich erwartete.

»Umu Aischa, Umu Aischa!«, rief er. »Komm schnell, es gibt so viel zu essen!«

Ich hob ihn hoch, küsste ihn, setzte ihn wieder ab und fragte, ob seine Mama für mich gekocht habe.

»Ja, und Umu Islam, Umu Haiman und Umu Jasmin haben ihr geholfen. Und Abi hat für dich ein Huhn geschlachtet! Hast du Hunger? Ich schon!«

Der Krieg war seit drei Jahren zu Ende und die wirtschaftliche Lage im Mudschaheddin-Dorf hatte sich zunehmend verschlechtert. Omars Autohandel ging nicht gerade gut, so dass das Geld nie reichte. Die tägliche Kost bestand aus Eiern, Milch und Kartoffeln, Fleisch gab es so gut wie nie, selten einen Fisch, den jemand im Fluss geangelt hatte. Der kleine Tarik nahm mich an der Hand und zog mich ins Haus zu den Frauen. Safiya hatte ich einige Wochen nicht gesehen. Ihr Bauch wirkte riesengroß, weil sie ansonsten völlig abgemagert war. Sie machte keinen besonders guten Eindruck, aber ihr Gesicht hellte sich auf, als sie mich sah, und sie begrüßte mich, als sei ich ihre beste Freundin.

»Wir haben dich hier alle so sehr vermisst«, sagte sie. »Willkommen daheim, Aischa, ich hoffe, du bist mir nicht böse, dass ich in dein Haus gekommen bin, um dieses Essen für dich vorzubereiten.«

»Ich danke dir, dass du dir so viel Mühe gemacht hast, in deinem Zustand«, sagte ich gerührt. »Ich danke euch allen. Es ist schön, zu Hause zu sein.«

In diesem Augenblick meinte ich es wirklich so. Immer wieder gab es Momente, in denen ich mich mit den muslimischen Frauen oder meinem Mann geborgen wie ein Kind fühlte. Dann waren meine Pläne, Omar zu verlassen, plötzlich wieder weit weg, und ich redete mir ein, dass es mir gut gehe.

Die erste Nacht gehörte mir, die zweite Safiya. Als Omar am nächsten Abend »Bis morgen, Aischa«, sagte und die Tür hinter sich zuzog, sah ich ihm nach, bis er um die Ecke bog, und fühlte, wie sich eine dunkle, schwere Wolke über mich senkte. Vielleicht hatte ich meine Stärke doch überschätzt. Ich stand im Flur, berührte die Wand und überlegte, was ich tun konnte, um diese Wolke zu verjagen. Müde war ich, aber wenn ich mich hinlegte, würde ich nicht schlafen können und stets nur an Omar und Safiya denken. Immerhin kann er mit ihr nicht schlafen, nicht in ihrem Zustand, schoss es mir durch den Kopf.

»Diese Eifersucht macht mich noch wahnsinnig, das werde ich nicht zulassen«, sagte ich laut zu mir selbst. »Du bist jetzt hier, also unternimm etwas dagegen! Tu endlich was!«

Nur was? Ich irrte durchs Haus, räumte erst die Küche auf, die schon aufgeräumt war, und kehrte noch einmal den Boden, nur um mich zu beschäftigen. Das Gästezimmer im Erdgeschoss hatte ich tagsüber geputzt, die Treppe ebenfalls. Ich ging in den ersten Stock zu dem kleinen Raum, in dem ich die Handgranaten gefunden hatte. Die Tür war diesmal nicht abgeschlossen, aber es waren auch keine Waffen mehr darin, sondern bloß Bücher, Kassetten und einige Kartons mit Papieren. Alles sah recht harmlos aus. Es wunderte mich nicht, denn Omar hatte mir erklärt, dass die Dorfbewohner sich auf einen Besuch der SFOR vorbereiteten.

Normalerweise fuhren die UNO-Truppen einmal mit ihren Panzerfahrzeugen bis zum Ende des Tales und zogen dann wieder ab. Die Mudschaheddin hielten diese wöchentlichen Fahrten für sinnlose Machtdemonstrationen. Stets wurden sie ausreichend vorher benachrichtigt, wann die internationalen Truppen kommen würden, und gaben in Bocinja Bescheid, damit alle Frauen und Kinder sich in den Häusern verschanzten. Sie selbst versteckten sich, ihre Fahrzeuge und ihre Waffen, so dass die SFOR jedes Mal ein menschenleeres Tal vorfand. Von den Frauen hatte ich erfahren, wo eines der Waffenverstecke lag: unter der Erde, in den leeren Tanks der stillgelegten Tankstelle. Diesmal hatten sie jedoch angekündigt, einzelne Häuser durchsuchen zu wollen.

In Deutschland hatte ich Zeitungen gelesen und ferngesehen, nun redete ich mit den Frauen und zählte zwei und zwei zusammen: Der internationale Druck auf Izetbegovic wuchs. Offensichtlich war bekannt, dass Bocinja eine Hochburg der Mudschaheddin war, dass sich im Dorf genug Waffen befanden, um einen neuen Krieg anzuzetteln, und dort Trainingslager organisiert wurden. Langfristig sollten die ursprünglichen Bewohner in ihr Dorf zurückkehren dürfen, dafür mussten aber erst einmal die ausländischen Mudschaheddin, die diese Gegend kontrollierten, aus Bosnien ausgewiesen werden. Solange sie da waren, traute sich gewiss kein Mensch zurück. Alija Izetbegovic wurden stets neue Fristen gesetzt, die er nicht einhielt, immer wieder wurden Gesetze erlassen, die jedoch niemand respektierte. Die Mudschaheddin fanden Wege und Methoden, diese Gesetze zu umgehen. Viele von ihnen, die in ihre Heimatländer nicht zurückkehren wollten oder durften, weil sie auf Fahndungslisten standen, heirateten bosnische Witwen und bekamen dadurch ein offizielles Bleiberecht. Andere erhielten einfach so die bosnische Staatsangehörigkeit. Omar betonte stets, dass Präsident Izetbegovic ein Freund, Förderer und Beschützer der Mudschaheddin sei. Angeblich kamen die Informationen, wann die SFOR wieder das Dorf durchsuchen würde, aus der näheren Umgebung des Präsidenten, doch in welches Haus die UNO-Truppen als Nächstes gehen würden, wusste man offensichtlich nicht. Einmal schon war unser Haus in meiner Abwesenheit durchsucht worden.

»Und, haben sie etwas gefunden?«, hatte ich Omar gefragt, der nur verächtlich geantwortet hatte, die Leute seien alle blind. Sie würden nicht einmal erkennen, was direkt vor ihrer Nase liege, weil sie ausschließlich nach Waffen suchten.

In seinem Videoraum hatte er nichts versteckt. Die Bänder und Fotos, aus denen er sein Dschihad-Propagandamaterial herstellte, lagen offen herum, als ich an jenem Abend die Tür aufschloss. Sogar den Schlüssel hatte er stecken lassen, als wüsste er, dass ich dort nachsehen würde. Ich setzte mich auf seinen Stuhl vor dem dunklen Bildschirm. Unter dem Tisch entdeckte ich mehrere Flaschen mit Chemikalien, alle unbeschriftet, eine weitere stand auf dem Tisch. Sie war schon halb leer, die durchsichtige Flüssigkeit musste ungemein ätzend sein, denn sie roch widerlich scharf. Mich erinnerte dieser Geruch entfernt an Nagellackentferner. Was es war, wusste ich nicht, aber ich fragte mich, ob er diese Flüssigkeit brauchte, um Pässe zu fälschen, vielleicht um Länderstempel zu löschen. Auf dem Schreibtisch lagen nämlich mehrere Ausweise und Fotos von einzelnen Männern. In einer Ecke waren Papierrollen zusammengebunden, wahrscheinlich Landkarten, vielleicht auch Pläne. Ich wagte nicht, sie auszurollen und näher anzuschauen. »Du kannst alles erzählen, dir wird sowieso niemand glauben«, hatte Omar gesagt und an diese Worte erinnerte ich mich. Wenn ich es noch einmal versuchte, brauchte ich Beweise. Eine Kamera lag auf dem Schreibtisch. Es kribbelte mir in den Fingern, sie zu nehmen und alles zu fotografieren, aber das war nicht möglich. So vertrauensselig sich mein Mann auch gab, sobald er bemerkte, dass ich etwas entwendete oder sein Arbeitsmaterial anrührte, würde er mich halb tot prügeln.

Im Dorf lag dieser Tage etwas in der Luft. Die Mudschaheddin fuhren mit ihren Jeeps auf und ab, an der Hauptstraße hatten sie die Wachen verdoppelt oder verdreifacht. Warum wusste ich nicht. Ich hatte den ganzen Tag allein zu Hause verbracht und wartete auf Omar, denn es war »meine Nacht«. Doch er kam nur kurz vorbei, um mir zu sagen, dass er zu tun habe und wahrscheinlich erst am nächsten Tag bei mir schlafen könne.

»Na gut«, sagte ich. »Wohin gehst du denn jetzt?«

»Zu einer Versammlung bei Abu Musa, wir müssen über etwas reden«, antwortete er.

Worüber, sagte er nicht, und es war zwecklos, ihn danach zu fragen.

»Darf ich mitkommen? Ich möchte Saida gern sehen«, sagte ich und hoffte, von ihr ein wenig mehr zu erfahren.

»Sie ist nicht da. Hör zu, Aischa. Du bleibst zu Hause, schließt Fenster und Türen, und vor allem bleibst du ruhig, auch wenn du Schüsse hörst. Hast du verstanden? Es kann sein, dass man heute Nacht das Dorf überfällt.«

Ich öffnete den Mund, rief, dass er warten solle, aber er war schon weg. Ich hatte Angst, dass ihm etwas passierte. Nicht zum ersten Mal sprach er davon, dass Feinde das Dorf überfallen würden, nur welche Feinde? Doch nicht diese UNO-Soldaten, diese jungen Männer, die ich durch die Fensterläden beobachtete, wenn sie vorbeifuhren! Sie schienen in ihren kugelsicheren Westen selbst eine Heidenangst zu haben. Außerdem waren sie da, um für Ruhe und Frieden zu sorgen, nicht um uns anzugreifen! Ich horchte eine Weile in die Nacht hinein, hörte jedoch nur Motorgeräusche von Jeeps und legte mich schließlich schlafen.

Am nächsten Morgen, als ich die Fenster öffnete und vor die Tür trat, wirkte alles ruhig. Nach dem Frühstück besuchte ich unter einem Vorwand Umu Haiman, die meistens gut informiert war. Bereitwillig gab sie mir Auskunft.

»Es erstaunt mich, dass du von nichts weißt«, sagte sie. »Dein Mann erfährt doch alles als Erster. Abu Musa ist mit seiner Familie gestern Nacht ausgeflogen worden, sonst wäre er verhaftet worden. Falls die Polizisten noch kommen, werden sie sein Haus leer vorfinden.«

»Aber was hat Abu Musa denn getan, dass man ihn verhaften wollte?«, fragte ich. Dabei hätte ich mir denken können, dass sie darauf nicht antwortete.

»Für uns ist es traurig, dass Saida nicht mehr da ist«, sagte sie. »Wir werden sie vermissen!«

»Ja, sie wird uns sehr fehlen. Wo sind sie denn hin?«

»Das kann ich dir nicht sagen. Aber weißt du was? Sie sind mit dem Privatflugzeug von Präsident Izetbegovic geflogen! Gott möge ihn und seine Familie beschützen!«

Mehr war aus Umu Haiman, die Habiba genannt wurde nicht herauszukriegen, so ließ ich es dabei bewenden.

Bei einem späteren Kurzbesuch in Deutschland musste ich einige Stunden in Stuttgart bei einer moslemischen Familie warten, während Omar wieder seinen Geschäften nachging. Ich saß mit der fremden Gastgeberin in der Küche und wir vertrieben uns die Zeit mit belanglosem Tratsch.

»Weißt du, wer bei uns neulich zu Gast war?«, fragte sie irgendwann stolz. »Wir hatten hohen Besuch! Rate mal, woher!«

»Ich habe keine Ahnung«, sagte ich. »Jemand aus Bosnien?«

»Aus Bocinja! Eine sehr nette Frau, Umu Musa wird sie genannt, sie lebte wie du lange in diesem Dorf. Du musst sie kennen.«

»Ja, das ist Saida. Eine gute Frau, die immer versucht hat, mir zu helfen. Wie geht es ihr? Und wo lebt sie jetzt?«

»Es geht ihr gut. Wo sie lebt, hat sie mir nicht gesagt, irgendwo in Norddeutschland, glaube ich.«

So erfuhr ich beiläufig, wo der Chef des Mudschaheddin-Dorfes, der in Bosnien von der Polizei gesucht wurde, Zuflucht fand: in Deutschland. Ob er heute immer noch hier lebt und unter welchem Namen, ob man ihn verhaftet und er seine gerechte Strafe bekommen hat, weiß ich nicht. Manchmal denke ich an seine Frau und frage mich, was aus ihr und ihren Kindern geworden ist. Auch wenn wir stets verschiedene Ansichten hatten, ich habe sie gemocht und respektiert.

Im Herbst 1998 lag schon viel Schnee in Bocinja. Alle Mudschaheddin-Frauen hassten das und verließen ihre Häuser so gut wie gar nicht mehr, weil sich die langen schwarzen Mäntel nach wenigen Schritten voll saugten und unendlich schwer wurden. Aber ich hielt es zu Hause nicht aus, ich brauchte Bewegung und frische Luft. Fast jeden Tag stand ich draußen vor dem Haus und hackte Holz, selbstverständlich von Kopf bis Fuß verschleiert, damit sich keiner der Männer von meinem Anblick beleidigt fühlte.

Omar war in jenen Tagen viel unterwegs, doch was er so tat, sagte er natürlich nicht. Meistens ignorierte er meine Fragen. War er gut gelaunt, lächelte er mich manchmal stumm an. Oder er zwinkerte mir zu und sagte: »Komm, Aischa, was fragst du immer nach meinen Geschäften, du weißt doch, dass der Dschihad mein Geschäft ist. Alles, was ich tue, geschieht im Dienste Allahs, Er zeigt mir den richtigen Weg.« Namen nannte er nur noch selten. Seine Verschwiegenheit erklärte ich mir damit, dass er mir nicht mehr vertraute, aber sie hatte andere Gründe. Wieder musste ich mir die Informationen hinten herum holen, von den Ehefrauen, die bereitwillig berichteten, wie groß die Sorge der Mudschaheddin sei. Sie wussten nicht, ob Bocinja auf Dauer gehalten werden konnte. Die SFOR-Kontrollen fanden häufiger statt und es gab eine neue, endgültige Frist für den Abzug der Ausländer. Insgeheim jubelte ich, als ich davon erfuhr. Nichts gefiel mir besser als die Vorstellung, ausgewiesen zu werden. Ich hatte Bocinja und dieses Leben satt.

Als wieder einmal frischer Schnee fiel, erinnerte mich die Landschaft an den Schwarzwald, daran, wie ich mit dem Schlitten den Hang hinuntersauste oder mir mit meinen Geschwistern Schneeballschlachten lieferte.

»Umu Aischa, darf ich raus?«, quengelte der kleine Tarik. »Kommst du mit mir raus? Allein darf ich nicht, die Mama lässt mich nicht in den Garten, sie sagt, dass ich krank werde.«

»Ach, was. Komm, wir gehen raus, währenddessen kann sich deine Mama ein wenig ausruhen.«

Ich hatte mich gewissermaßen mit Safiya arrangiert. Mehr als das: Eigentlich übernahm ich den größten Teil ihrer Arbeit und kümmerte mich oft um den kleinen Tarik.

Gemeinsam bauten wir einen schönen, großen Schneemann direkt vor Safiyas Haus. Durch meinen Schleier sah ich sie am Fenster stehen und gestikulieren, dass ich aufhören solle, aber ich kümmerte mich nicht um ihren Protest. Dabei wusste ich genau, was los war: Laut Koran ist es strengstens verboten, Menschen oder Tiere abzubilden. Jedem, der es tut, werden Höllenstrafen angedroht, denn Allah allein ist der Schöpfer der Welt. Auch Skulpturen sind verboten, selbst Gegenstände, die menschliche Formen haben, betrachten strenggläubige Muslime als Götzen. In Bocinja besaßen die Kinder ohnehin kaum Spielsachen, aber allen Puppen oder Plüschtieren wurden die Augen ausgerissen oder weggekratzt, als seien sie des Teufels. Was konnte schon an einem Schneemann teuflisch sein? Nichts! Es waren doch bloß drei große Schneekugeln, die wir zusammenrollten und übereinander stellten! Ich achtete darauf, dass unser Werk kein Gesicht bekam, setzte ihm keinen Hut auf und deutete nicht mal Arme an.

Tarik und ich waren etwa seit einer halben Stunde zurück im Haus, als der Kleine zu weinen begann. Er stand am Fenster, schluchzte herzzerreißend und zeigte nach draußen. Der Schneemann war weg. Wer ihn auch immer zerstört hatte, musste voller Zorn gewesen sein, denn der Schnee war regelrecht platt getrampelt.

»Allamdullilah, Gott sei Dank«, sagte Safiya. »Du wolltest ja nicht auf mich hören, Aischa. Was hast du mir und meinem Kind angetan, Tarik kommt in die Hölle, nur weil du …«

Der Kleine brüllte und klammerte sich an mir fest. Ich nahm ihn auf den Arm, um ihn zu trösten, und erklärte ihm, dass es Quatsch sei mit der Hölle, als Safiya sich auf mich stürzte und ihren Sohn an sich riss, so entsetzt war sie.

»Wie wagst du zu behaupten, dass es keine Hölle gibt? Aischa, im Koran …«

»Wie wagst du, dein armes Kind mit solchen Geschichten zu terrorisieren? Und dann wunderst du dich, dass er nachts Albträume bekommt und dich nicht schlafen lässt!«

Nach diesem Streit ging ich zurück in mein Haus und ahnte, dass mir bald Omar die bittersten Vorwürfe machen würde, was tatsächlich auch geschah. Über den Schneemann hatte sich offenbar das ganze Dorf aufgeregt. Ich hörte mir seine Standpauke brav an, ließ ihn einige Koranstellen rezitieren und wartete, bis er damit fertig war.

»Ich gebe zu, dass ich einen Schneemann gebaut habe. Sag mir, bitte, Omar, glaubst du im Ernst, dass in diesem bisschen Schnee der Teufel steckt? Dass der Teufel in mich gefahren war und dass er jetzt noch in mir ist, weil ich dieses Verbrechen begangen habe, mit einem Kind, das sich zu Tode langweilt, im Schnee zu spielen?«

»Aischa. Ich warne dich. Mach dich nicht lustig über unseren Glauben und unsere Sitten, sonst wird es dir hier unter uns schlecht ergehen«, erwiderte Omar bedrohlich.

»Ich mache mich darüber gar nicht lustig. Ich finde es eher traurig, wenn erwachsene Menschen den Teufel überall sehen.«

Er hob die Hand, als wollte er mich schlagen. Ich trat zurück.

»Schon gut, ich sage nichts mehr, vielleicht verstehe ich manche Dinge bloß nicht. Wie kann es einen Teufel geben, wenn Allah überall ist, wenn es kein Gott außer Ihm gibt, wenn Er der Barmherzige, der Allerbarmer ist …«

Manchmal war Omar bereit, sich mit mir über solche Fragen zu unterhalten. An diesem Abend zog er es jedoch vor, nach seinem Abendessen zu fragen. Ich wertete das als Sieg für mich und machte mich an die Arbeit.

»Ich habe gehört, dass die Bosnier uns hier nicht mehr haben wollen«, sagte ich ein paar Tage später zu Omar. »Was willst du tun, wenn sie uns ausweisen? Werden wir nach Deutschland zurückkehren?«

»Von wem hast du das erfahren?«, fragte er unwirsch zurück. »Ich kann mich nicht daran erinnern, dass ich mit dir darüber geredet hätte.«

»Nein, hast du auch nicht. Die anderen Frauen im Dorf wissen alle darüber Bescheid, nur ich nicht. Du tust immer so geheimnisvoll, aber glaube bloß nicht, dass deine Brüder genauso schweigsam sind wie du. Es gibt einige, die sich mit ihren Frauen beraten.«

Das hätte ich nicht sagen dürfen. Es war ein schwerer Fehler, den ich noch bitter bereuen sollte.

Omar verließ schnurstracks das Haus, um in die Moschee zu gehen. Dort muss er mit den Männern ein ernstes Wort gesprochen haben. Einige schlugen daraufhin ihre Frauen, um sie für ihre Geschwätzigkeit zu bestrafen, darunter auch Abu Haiman. Als wir uns trafen, zeigte Habiba mir ihre blauen Flecken, ihr ganzer Körper war davon übersät, und ein blaues Auge hatte sie auch.

»Du bist schuld daran, dass mein Mann wütend auf mich ist. Er wird mir nie mehr etwas anvertrauen, nur deinetwegen! Ach, warum habe ich bloß deine Neugier befriedigt! Stell mir bitte keine Fragen mehr, Aischa, ich werde sie nicht beantworten«, schimpfte sie wütend und verzweifelt zugleich.

Ich bat sie, mir zu verzeihen. »Wenn ich geahnt hätte, was meine Worte für Folgen auslösen, wäre ich vorsichtiger gewesen. Bitte, Habiba, glaube mir. Du weißt, wie sehr ich mich selbst darum bemühe, mit meinem Mann ein gutes Verhältnis zu haben.«

Umu Haiman blieb dabei, dass sie mir nie mehr etwas erzählen würde, ihr Mann hatte es ihr verboten. Diesmal war es ein herber Rückschlag.

Doch zum Glück zeigten mir die Frauen nur kurz die kalte Schulter. Bald vergaßen sie die Anweisungen ihrer Männer und ließen mich wieder am Dorftratsch teilnehmen.

16

Ich nehme an, du kennst die Neuigkeiten schon«, sagte Omar eines Nachmittags, als ich von einem Besuch bei Umu Islam zurückkehrte.

»Nein, ich weiß von nichts«, antwortete ich wahrheitsgemäß, denn an diesem Tag hatten wir uns ausgiebig mit Safiyas bevorstehender Geburt beschäftigt. »Was gibt es?«

»Zum einen hat Ahmed gestern geheiratet.«

Das fand ich nicht außerordentlich spannend, fragte aber trotzdem nach.

»Ahmed? Welcher Ahmed? Der Syrer oder der Libanese?«

»Keiner von beiden«, sagte Omar und lächelte verschmitzt. »Einen anderen, den du gut kennst.«

Da stockte mir der Atem. »Doch nicht unser Ahmed? Doch nicht unser Hammi? Gabis Mann?«

»Genau. Er hat eine Bosnierin geheiratet.«

»Oh. Oje! Gabi wird außer sich sein«, sagte ich. »Wenn sie das erfährt, kommt sie mit der Kalaschnikow hierher und erschießt die beiden.«

»Das befürchte ich auch«, meinte Omar. »Aber sie weiß es noch nicht. Ahmed traut sich nicht, sie anzurufen.«

»Und nun soll ich es ihr beibringen? Nein danke! Sag diesem Idioten von Ahmed einen schönen Gruß von mir, ich dachte, er sei Manns genug, um seiner Frau diese frohe Botschaft selbst mitzuteilen. Was für ein Feigling! Und was soll das Ganze überhaupt? Liebt er sie oder braucht er einen bosnischen Pass?«

»Es war notwendig. Das musst du auch Gabi sagen, wenn du

mit ihr sprichst. Vor allem ist es wichtig, dass sie zu Hause bleibt und die Nerven bewahrt, verstehst du?«

Ahmed hatte keine Witwe geheiratet, sondern ein knapp achtzehnjähriges Mädchen, das halb so alt war wie Gabi. Ihre ganze Familie war im Krieg verstorben, so dass Ahmed sich seiner guten Tat brüsten konnte. Wieder einmal schaffte es Omar, mich mit seinem Charme weichzuklopfen, und ich ließ mich dazu überreden, Gabi anzurufen.

»Wie hat sie reagiert?«, wollte er danach wissen.

Inzwischen hatte ich gelernt, seine Fragen unbeantwortet zu lassen, wie er es mit meinen tat. So lächelte ich nur viel sagend und schwieg.

»Aischa, rede doch endlich. Was hat sie gesagt?«

»Ich glaube nicht, dass du es wissen möchtest.«

Er bestand darauf.

»Sie hat ins Telefon gebrüllt, dass sie diese Schlampe umbringen wird und sich dieser Hurensohn von Hammi nicht mehr zu Hause blicken lassen soll. Den Rest kannst du dir selbst vorstellen, du kennst ihre derbe Sprache. Am Schluss hat sie geweint. Sie ist genauso dumm wie ich. Sie wird ihn wieder aufnehmen, mit seiner Bosnierin dazu, wenn es sein muss, nur weil sie ihren Hammi so sehr liebt. Sie wird selbst dann noch zu ihm halten, wenn er mit drei anderen Frauen heimkommt!«

»Ach, Aischa! Du bist nicht dumm, du bist eine gute Frau. Und weil du dich so für andere Menschen opferst, wirst du bald eine Belohnung bekommen.«

»Was für eine Belohnung denn?«, fragte ich voller Misstrauen nach dem unerwarteten Lob.

Omar ließ sich Zeit. Es ging nicht um eine Rückkehr nach Deutschland, nein, darüber hätte er in einem anderen Ton gesprochen. Ich ahnte etwas, wagte wegen der vielen Scharmützel, die wir ständig miteinander hatten, nicht zu hoffen, und tat es doch. Seit ich den Islam angenommen hatte, wünschte ich mir, einmal nach Mekka zu fahren. Konnte es sein, dass dieser Wunsch mir erfüllt wurde?

»Es steht fest, Aischa«, verkündete Omar feierlich. »Wir werden zur Hadsch fahren. Unsere Brüder und Schwester haben beschlossen, für dich die Kosten der Reise zu übernehmen.«

Ich weinte vor Glück. Die Pilgerfahrt zur Heiligen Stadt des Islams, die Umrundung der Kaaba, davon träumt jeder Muslim auf der ganzen Welt. Sie ist eine der fünf Säulen des Islams, einmal im Leben sollte jeder dorthin fahren, das gehört zu den heiligen Pflichten der Gläubigen. Zum Opferfest nach Mekka zu reisen, das war das größte Geschenk, das man mir machen konnte.

Ende November 1998 bekam Safiya Wehen. Ich begleitete sie ins Krankenhaus, weil sie sich sonst geweigert hätte, hinzufahren. Sie krallte sich an meiner Hand fest, als sei ihre letzte Stunde gekommen. Ich sah, wie sehr sie litt und wie sehr sie sich vor der Geburt fürchtete, hatte Mitleid mit ihr und tat mein Bestes, um ihr Mut zu machen.

»Aischa, du bist meine Schwester. Ich möchte, dass du für mich etwas tust«, sagte sie auf dem Weg zur Entbindungsstation.

Ich musste ihr feierlich versprechen, mich um Tarik und das Neugeborene zu kümmern und sie zu behandeln, als sei ich ihre leibliche Mutter. Denn Safiya hatte sich in den Kopf gesetzt, dass sie bei der Geburt sterben würde, und das konnte ihr nicht mal Omar ausreden. Sie fürchtete sich davor und zugleich war es ihr sehnlichster Wunsch. Wenn es nach ihr gegangen wäre, hätte ich jeden Tag zu Gott beten sollen, dass Er ihr das Leben nahm!

»Du bist verrückt, Safiya. Ich mag manchmal wütend auf dich sein, aber nicht mal meinen schlimmsten Feind würde ich mir tot wünschen. Ich werde dafür beten, dass du alles bestens überstehst!«

»Aber nein, Aischa, du weißt doch, was es für uns Frauen bedeutet, während einer Geburt zu sterben. Das ist ein Märtyrertod. Wenn ich jetzt sterbe, werde ich endlich mit meinem Mann wieder vereint sein, im Paradies!«

Sie meinte ihren ersten Mann, den sie lange nach seinem Tod noch liebte. Als Omar sie in Algier heiratete, ließ sie ihn versprechen, dass er sie zu seinem Grab bringen würde. Ihr Mann war in Bosnien gefallen und lag unweit von Zenica begraben. Da bei Beerdigungen die Männer unter sich blieben, hatte Safiya dieses Grab nie gesehen und litt darunter, dass sie sich von ihrem Mann nie hatte verabschieden können. Wir waren tatsächlich irgendwann alle zusammen zu diesem Grab gefahren, wo mehrere Mudschaheddin begraben lagen. Omar zeigte Safiya die Stelle, sie warf sich auf den Boden, heulte und schrie, dass sie zu ihm wolle, und der kleine Tarik in meinen Armen heulte und schrie, dass er zu seiner Mutter wolle. Für mich war Safiya damals nur die verhasste Rivalin gewesen, die mir Omar vor die Nase gesetzt hatte. Ihr Geschrei empfand ich als Theater, sie widerte mich an. »Wenn sie ihren Mann so sehr vermisst, warum heiratete sie dich?«, hatte ich Omar hinterher gefragt, der keine andere Antwort wusste, als dass es eine Prüfung sei. Für sie, für ihn, für mich, für uns alle.

»Du willst nicht wirklich sterben«, sagte ich jetzt im Krankenhaus zu Safiya. »Wie kann eine Mutter so etwas sagen? Denk an deine Kinder!«

»Du wirst für sie da sein. Das Baby ist dein Kind, das Kind von deinem Mann, das ich für dich auf die Welt bringe, Aischa.«

Diese Einstellung gehörte zu den Dingen, die ich nie verstand und auch nicht verstehen möchte. Für mich hatte das nichts mit Religion zu tun, es war eine primitive Art zu denken, etwas Stehengebliebenes aus einer uralten orientalischen Kultur.

Safiyas Geburt war nicht leicht. Sie litt und ich litt mit ihr zusammen. Ich weiß nicht mehr, wie viele Stunden ich neben ihr stand, ihre Hand streichelte und ihr gut zuredete oder ihr den Schweiß mit einem feuchten Lappen vom Gesicht wischte, am Anfang hatte sie bei jeder Wehe laut geschrien, am Schluss hatte sie keine Kraft mehr dazu und wimmerte nur noch. Sie war zu geschwächt, um richtig pressen zu können, und die Hebamme war gereizt, weil es so lange dauerte.

»Es ist nicht gut für das Kind. Mir scheint, deine Schwester will es gar nicht hergeben. Dass du so geduldig mit ihr bist und bei ihr bleibst, das sieht man nicht oft in diesem Krankenhaus. Ihr müsst einander sehr lieben«, meinte sie.

Als sie hörte, dass Safiya keineswegs meine Schwester war, sondern dass wir mit dem gleichen Mann verheiratet waren, sah sie mich verständnislos an und hob die Hände zur Decke.

»Großer Gott im Himmel, so etwas gibt es hier, in meinem Land? Das darf doch nicht wahr sein! Wieso tust du das? Du müsstest sie hassen!«

Es gab sicher Augenblicke, in denen ich Safiya hasste. Aber in diesem gewiss nicht. Ich kümmerte mich um sie, bis mich die Hebamme nach Hause schickte.

Kaum hatte ich das Krankenhaus verlassen, wurde das Kind geboren. Sie seien beide gesund, sagte mir Omar, der den Anruf der Hebamme entgegengenommen hatte.

»Was ist es denn, ein Junge oder ein Mädchen?«

»Ich habe nicht danach gefragt«, antwortete er. »Was Gott gefällt, mir zu schenken, soll mir recht sein. Aischa, ich danke dir, dass du Safiya geholfen hast. Möge Gott dich dafür belohnen!«

Ich war erschöpft, legte mich hin und schlief sofort ein. Als ich aufwachte, wollte Omar gerade in die Moschee gehen.

Da ich von mir ausging, nahm ich an, Safiya würde auf seinen Besuch warten, wie ich an ihrer Stelle auf ihn gewartet hätte, und fuhr Omar deswegen heftig an.

»Du hast Recht. Aber du musst unbedingt mitkommen, Aischa«, lenkte er ein. »Dieses Kind ist auch dein Kind. Ohne deine Unterstützung wäre es vielleicht gar nicht da! Und Tarik muss ebenfalls mit. Wir sind eine Familie.«

Ich überhörte diesen Satz, packte den kleinen Tarik warm ein und fuhr mit, nur weil ich diesen Tag durch eine Diskussion nicht verderben wollte. Um ehrlich zu sein, grauste es mir vor dem Gedanken, mit anzusehen, wie er sein Kind zum ersten Mal in die Arme nahm. Wenn es nach mir gegangen wäre, hätte ich mich in meinem Bett verkrochen und den ganzen Tag um die Kinder getrauert, die ich nie selbst bekommen würde.

Im Krankenhausflur kam uns die Hebamme entgegen, ignorierte die beiden und wandte sich direkt an mich.

»Es ist ein Mädchen«, sagte sie. »Ein hübsches kleines Mädchen. Allamdulillah, Gott sei gelobt! Ich hole es gerade.«

Ich war erleichtert. Aus einem Mädchen würde kein Gotteskrieger werden!

»Geh du zu ihr rein, ich warte hier«, sagte ich zu Omar.

Ich stellte mir eine rührende Familienszene vor: mein Mann neben dem Bett, einen Arm um Safiya, den anderen um Tarik gelegt, vor ihm das Baby, das an ihrer Brust nuckelte. Ich gehörte nicht dazu, wusste nicht, ob ich diesen Anblick verkraften würde. Ich merkte, wie sich wieder einmal der Stachel des Neides in mein Fleisch bohrte, als Omar die Zimmertür öffnete.

»Aischa, komm her, bitte. Nicht mich möchte Safiya sehen, sondern dich. Sie ruft nach dir.«

So stand ich dabei, als die Kleine gebracht wurde und Omar ihr die Worte ins Ohr flüsterte, die jeder muslimische Vater einem neugeborenen Kinder ins Ohr flüstern muss, dieselben, die man Sterbenden zuflüstert, damit sie ins Paradies kommen. Dann legte er mir das Baby in die Arme. Ich kämpfte mit den Tränen, blickte auf das winzige Gesicht mit den geschlossenen Augen, fühlte die Liebe in mein Herz fließen.

»Wie soll sie heißen?«, wandte Omar sich an Safiya. »Wie möchtest du deine Tochter nennen?«

Sie zögerte keine Sekunde und sagte: »Aischa soll den Namen aussuchen.«

Wenn wir zu dritt zu Hause beteten, stand Omar stets als Vorbeter vor Safiya und mir. Er konnte wunderschön aus dem Koran rezitieren, manchmal so schön, dass ich vergaß, wer die Worte und die Verse aufsagte, und meinte, ein Engel würde sie sprechen. Bei bestimmten Stellen kamen mir jedes Mal die Tränen, obwohl ich nicht mal zur Hälfte verstand, wovon die Rede war. Genau so ergriffen fühlte ich mich in diesem Augenblick. Ohne nachzudenken, ohne zu begreifen, warum ich diesen Namen aussuchte, sprach ich.

»Dieses Mädchen soll Maryam heißen«, sagte ich.

Die Hebamme fing zu weinen an, Safiya schluchzte, selbst Omar bekam feuchte Augen. Maryam ist die arabische Form von Maria, der Name symbolisiert den Glauben und die Liebe für mehrere Religionen. Möge dieses kleine Mädchen es leicht haben, möge ihm alles Leid erspart bleiben, möge es eine gute Frau werden und eines Tages einen Mann lieben und heiraten dürfen, der nur es liebte, möge es Kinder bekommen und sie in Liebe und Toleranz groß werden lassen. All das wünschte ich im Stillen dem Baby, das in meinen Armen schlief. Ich schwor mir, alles zu tun, um es zu beschützen.

Doch so einfach war es leider nicht. Kaum war Safiya zu Hause, erinnerte sie mich bei jeder Gelegenheit daran, dass Maryam ihr Kind war, dass sie es geboren hatte und dass es ihr allein gehörte. Zwar nahm sie meine Hilfe gern in Anspruch, erlaubte mir, die Kleine herumzutragen, wenn diese schrie und sie genervt war, riss sie mir jedoch aus den Armen, sobald sich Maryam beruhigt hatte. Als Kinderfrau, als Haushälterin war ich ihr gut genug. Sie ließ keine Gelegenheit aus, mir zu demonstrieren, wie sehr ihr Wert für Omar gestiegen war, seit sie sein Kind geboren hatte. Wenn er verreist war, behauptete sie, meine Freundin zu sein. Sobald er wieder erschien, gebärdete sie sich, als sei sie allein seine Frau und die Mutter seiner Kinder. Für Omar war das keine gute Zeit. Ich machte ihm kaum noch Schwierigkeiten, weil ich mich innerlich zunehmend von ihm distanzierte. Das spürte er sehr wohl und bemühte sich um mich. Nur ertrug Safiya das nicht und wurde zum gehässigen und zänkischen Weib.

»Auch das ist wahrlich eine Prüfung für dich«, sagte ich ironisch, als er eines Tages zerknirscht von ihr zurückkehrte und sichtlich die Ruhe bei mir genoss.

Er hoffte auf eine Besserung nach unserer Rückkehr von der Pilgerfahrt. Dabei war es gerade diese Aussicht, die Safiya rasend vor Wut machte. Sie gönnte es mir nicht, dass ich mit Omar nach Mekka fahren sollte und sie nicht, wurde immer fordernder und gemeiner. Bis zur letzten Minute hoffte sie, dass wir keine Visa bekommen würden. Unzählige Muslime wollten Jahr für Jahr zur Pilgerfahrt und nur ein Bruchteil davon erhielt eine Genehmigung. Die Visa waren teuer, dazu kam noch eine Hadsch-Steuer, aber die größte Hürde war, dass die saudi-arabische Regierung jedes Jahr neu festsetzte, wie viele Pilger pro Land erlaubt waren. Manche Menschen mussten sehr lange sparen und dann auch noch warten, bis sie endlich fahren durften. Bei uns ging es schnell, vielleicht hatte Omar auch seine Beziehungen spielen lassen – einflussreiche und wichtige Saudis kannte er ja genug.

Als sicher war, dass wir fahren würden, behauptete Safiya, dass sie wieder schwanger sei. Ich glaubte ihr kein Wort. Nicht mal drei Monate waren seit Maryams Geburt vergangen, jeder weiß, dass eine Frau nach einer Geburt eine gewisse Schonzeit braucht. Bestimmt respektierte auch Omar dies und schlief noch nicht wieder mit ihr.

Als ich das andeutete, lachte sie mich aus.

»Du irrst dich, Aischa. Unser Mann schläft jede Nacht mit mir, er schläft mit mir, wann es ihm gefällt und so oft er will. Frag ihn doch selbst, er wird dir die Wahrheit schon sagen. Ich spüre deutlich, dass wieder ein Kind in mir heranwächst. Diesmal wird es bestimmt ein Sohn werden.«

Ich wollte nichts davon hören und ließ mich von Omar nach Sarajewo fahren, wo ich ein paar Tage allein verbrachte. Die Pilgerfahrt nahm ich ernst. Für mich war es unheimlich wichtig, sie in einem Zustand der Ruhe und des inneren Friedens anzutreten.

17

Wie weit entfernt mag Mekka von Bocinja sein? Viertausend Kilometer? Fünftausend? Sechstausend? Noch mehr? Jedenfalls sollte die gesamte Reise ungefähr sieben Wochen dauern, denn wir fuhren mit einem Geländewagen auf dem Landweg. Für die einfache Strecke hatte mein Mann zehn Tage mit Pausen eingeplant. Mit dem Reisebus wäre die Fahrt zwar kürzer und billiger gewesen, aber für mich viel zu strapaziös. Ich war von den Anstrengungen der letzten Wochen völlig ausgelaugt.

»Es wird für dich Urlaub sein«, versprach Omar. »Du wirst wie eine Prinzessin reisen, nichts tun müssen, dich nur zurücklehnen und erholen. Dafür werde ich sorgen.«

Ein Flug hätte bloß ein paar Stunden gedauert und wäre bequem, aber sehr teuer gewesen. Auch hätte es den spirituellen Wert der Pilgerfahrt gemindert. Dieser wird durch eine langsame Annäherung und die Mühsal, welche die Pilger auf sich nehmen, nur gesteigert. Ich war gespannt, was diese Reise außerdem für uns als Paar bedeuten würde, und hoffte, dass die langen Fahrten, die Gespräche, die gemeinsamen Erlebnisse uns helfen würden. Wir beide hofften das. Es war ein offenes Geheimnis, dass unsere Ehe auf der Kippe stand. Auch deswegen hatten mir die Brüder und Schwestern aus Bocinja diese Reise ermöglicht. Sie waren der Meinung, die Hadsch würde meinen Glauben verfestigen und dadurch eine Trennung verhindern.

»Allah ist überall«, sagte Habiba, die schon die Pilgerfahrt gemacht hatte, kurz vor unserer Abreise. »Hier und in Deutschland und überall auf der Welt kannst du Ihn spüren, Aischa, aber nirgends spürst du Ihn so stark und so klar wie in Mekka. Es ist dort tausend Mal stärker. All deine Fragen werden dort beantwortet werden. Wer aus Mekka zurückkommt, hat alle Zweifel hinter sich gelassen.«

»Es ist für mich eine große Ehre, dass ich dorthin fahren darf, wie kann ich dir und den anderen nur dafür danken?«, erwiderte ich gerührt.

»Indem du bei uns bleibst, bei deinem Mann, bei deinen Brüdern und Schwestern«, antwortete sie. »Das ist alles, was wir uns wünschen. Du bist eine von uns, Aischa, das darfst du niemals vergessen.«

Unser Abschied Anfang März war tränenreich, sogar Safiya umarmte mich weinend und bat mich um Verzeihung für ihre Gemeinheiten. Als Pilgerin behandelte sie mich mit einer neuen Achtung. Dass ich zur Hadsch zugelassen wurde, galt als Anerkennung dafür, dass ich mich mit der Religion ernsthaft auseinander setzte, dass ich mich nicht bloß Muslima nannte, sondern im Herzen eine war.

Wir verließen Bocinja in den frühen Morgenstunden. Noch spürte man den Frühling nicht, noch war es kühl und Omar drehte die Heizung auf.

»In wenigen Tagen wird es uns zu heiß sein!«, sagte er. »Gott sei Dank hat unser Wagen eine Klimaanlage.«

Wir fuhren mit einem Geländefahrzeug, die Wagenpapiere waren in Ordnung, wir reisten absolut legal mit unseren deutschen Pässen, versehen mit den noch druckfrischen Hadsch-Stempeln, auf einer festgelegten Route. Um alles kümmerte sich Omar, ich trug nur meine Kosmetiktasche selbst ins Auto, das restliche Gepäck hatte er schon verstaut. Es war viel Kleidung dabei, auch Geschenke für Leute, die wir unterwegs besuchen wollten. Omars Laptop, seine Videokamera, ein Fotoapparat und ein Kassettenrekorder kamen ebenfalls mit auf die Reise. Mehrere Videokassetten lagen offen im Wagen herum, so dass jeder sie sehen konnte. Während der Pilgerfahrt soll sich der Pilger ganz besonders bemühen, gut zu sein und richtig zu handeln. Er darf weder fluchen noch lügen noch stehlen oder jemandem wehtun, er muss seinem Nächsten helfen und die Gesetze der Länder, die er bereist, respektieren. Also würde Omar, der mich stets an die religiösen Vorschriften erinnerte, diese ganz gewiss nicht übertreten. Er würde nichts über die Grenzen schmuggeln, nichts zwischen den Sitzen oder sonst wo im Wagen verstecken. Da war ich mir sicher.

Bald erreichten wir die bulgarische Grenze, wo die Zöllner uns unfreundlich beäugten, ohne sich jedoch für den Wageninhalt zu interessieren. Wir machten nur zu den Gebetszeiten Pause, aßen eine Kleinigkeit im Wagen und fuhren durch bis Istanbul. Dort blieben wir drei Tage in einer Gästewohnung. Sie befand sich in einem Hochhaus, in dem mindestens sechzig Parteien wohnten. Die Mudschaheddin hatten sie für Transitreisende angemietet, da Istanbul nach wie vor eine Art Drehscheibe zwischen Bosnien, Tschetschenien und den arabischen Ländern war. Schon bei unserer Ankunft hatten mich die Menschenmassen auf den Straßen der Metropole verschreckt, so dass ich in der Wohnung blieb, mich ausruhte, kochte und den Proviant für die Weiterreise bereitete. Währenddessen traf sich Omar mit Leuten, die ich nicht zu Gesicht bekam. Wer sie waren und was er mit ihnen zu tun hatte, sagte er nicht. Da fragte ich mich zum ersten Mal, ob er unterwegs vielleicht doch seine Geschäfte fortsetzen wollte. Ich betete zu Gott, dass es nicht der Fall sei, und versuchte, meine Gedanken wieder nach innen zu kehren.

Nach Istanbul legte ich wirklich die Hände in den Schoß, außer wenn ich Auto fuhr, was für mich eine Freude war. Es erinnerte mich an frühere Zeiten, als ich ständig hinterm Steuer gesessen hatte, um meine Kunden zu besuchen. Bis Saudi-Arabien wechselten wir uns ab. Omar fuhr meistens tagsüber und ich nachts, weil ich besser sah als er. Wir mieden die Städte und schauten uns keine einzige Sehenswürdigkeit an. Ich war in merkwürdiger Stimmung, dachte viel an Mekka, an diese Pilgerfahrt und fragte mich, ob etwas Besonderes mit mir geschehen würde. Ob mich diese Reise wirklich verändern würde. Mir war nicht nach Reden zumute. Wenn ich nicht selbst fuhr, ließ ich den Blick über die Landschaften streifen, die immer karger wurden, musterte die Täler zwischen den Berghängen und dachte über die Menschen nach, die dort lebten. Ob sie glücklich sind, fragte ich mich, glücklicher als in den überfüllten Großstädten? Allmählich hatte ich das Gefühl, freier zu atmen und mich von allem Belastenden zu lösen. Wenn wir irgendwo Pause machten, nahm ich manchmal einen Stein in die Hand, um ihn näher zu betrachten oder einfach nur zu befühlen, legte ihn aber zurück, als gehörte er genau an diese Stelle und nirgendwo anders hin.

Von Istanbul ging es über Ankara nach Adana, wir passierten die syrische Grenze, fuhren nach Aleppo und weiter Richtung Damaskus. Einen Tag, eine Nacht und den darauf folgenden Tag waren wir unterwegs, bis Omar in der Nähe von Damaskus vor einem Haus anhielt. Es gehörte dem Bruder von Abu Haiman. Seit dieser in Bosnien lebte und dort verheiratet war, hatte ihn seine Familie nicht mehr gesehen, so brachten wir Briefe und Geschenke von Umu Haiman und den Kindern Haiman und Fatme. Benommen und steif von der Fahrt stieg ich aus dem Auto und wollte meine Tasche herausnehmen. Omar winkte ab.

»Dir wird alles gebracht, was du brauchst, Aischa. Geh nur durch diese Tür hier, die Frauen warten auf dich. Wenn es ein Problem gibt oder du dich mit ihnen nicht verständigen kannst, lässt du mich rufen.«

Ich nickte und ging an drei oder vier Männern vorbei, die mich ignorierten. Einen davon hatte ich schon mal in Bocinja gesehen, als Mudschaheddin mit einer Kalaschnikow im Anschlag, dessen war ich mir sicher, und mich fröstelte bei seinem Anblick. Im Haus empfing mich eine schöne, sehr junge Frau, die einen Säugling auf dem Arm trug. Sie stellte sich als Umu Nur vor. »Nur« bedeutet Licht.

»Was für ein schöner Name«, sagte ich auf Arabisch. Ein bisschen konnte ich inzwischen sprechen. »Ich bin Aischa.«

Sie stellte mir die anderen Frauen vor, zeigte mir die Matratze, die man für mich vorbereitet hatte, und führte mich gerade ins Bad, als es an der Tür klopfte. Dahinter standen meine Reisetaschen. Umu Nur holte sie für mich herein.

»Gleich gibt es Tee und etwas zu essen«, sagte sie. »Darf ich dir noch etwas bringen?«

Ich wollte mich nur erfrischen, den Reisestaub abwaschen. Also fragte ich höflich, ob es ihr erstes Kind sei und wie alt es sei, aber mein bisschen Arabisch war ägyptisch gefärbt und sie sprach einen syrischen Dialekt, so konnten wir uns nur schlecht verständigen. Leila, eine der anderen Frauen, sprach ein paar Worte Englisch, die sie kichernd an mir ausprobierte. Nach dem Essen ließ ich meinen Mann rufen.

Er kam zur Tür und klopfte an. Ich stand im Mantel und verschleiert dahinter, trat zu ihm hinaus.

»Ist etwas nicht in Ordnung? Warum hast du mich kommen lassen?«, fragte er.

»Es ist alles bestens«, antwortete ich. »Außer dass mich da drinnen niemand versteht. Fahren wir morgen früh weiter?«

»Sicher nicht. Frühestens übermorgen, vielleicht noch einen Tag später.«

Diesmal wollte ich es genau wissen und fragte, ob es einen Grund gebe, warum wir so lange bleiben mussten.

»Ich arbeite mit Abu Nur am Computer. Was glaubst du denn, dass ich mich vergnüge?«

»Für den Dschihad arbeitest du? Jetzt, während wir auf der Pilgerfahrt sind?«

Ich fragte nicht vorwurfsvoll, nicht mal aus Neugier. Die Antwort kannte ich schon. Es fiel mir wie Schuppen von den Augen, heilig war für ihn dieser Krieg, der angeblich von Gott gewollt war, also gab es gar keinen Grund, mit den schmutzigen Geschäften aufzuhören!

»Ja, für den Dschihad«, sagte er leicht gereizt. »Und wenn du nichts dagegen hast, würde ich jetzt gern weitermachen. Die anderen Männer warten auf mich.«

»Tu, was du nicht lassen kannst«, zischte ich, trat zurück ins Frauengemach und schloss die Tür hinter mir.

Als wir zwei Tage später weiterfuhren, war ich erleichtert, dieses Haus zu verlassen und wieder allein mit Omar zu sein. Auf dem Weg zur jordanischen Grenze überließ er mir das Steuer und schlief sofort ein. Noch waren wir nicht in der Wüste, doch es gab immer weniger Ackerbau, und die Landschaft wurde steiniger und trockener. Ich sah Kamele und Pferde, die frei herumliefen, und meine erste Fata Morgana: Geradeaus vor mir, nicht mal besonders weit entfernt, stand eine Gruppe Palmen, die so real waren, dass ich Omar weckte.

»Sieh mal, da vorne ist eine Oase! Wollen wir dort halten?«

Er rieb sich den Schlaf aus den Augen und erklärte mir, da sei gar nichts.

»Was du siehst, sind bloß Bilder, Luftbilder. Sie entstehen in der Hitze, und wenn wir näher kommen, verschwinden sie. Aber du hast Recht, wir sollten bald halten, die Grenze ist nicht mehr weit.«

Die Straße war eine Art Autobahn, ziemlich gut ausgebaut, und am Rand gab es immer wieder Parkplätze, wo man Tee und Datteln kaufen konnte, auch Wasser und Benzin in Zwanzig-Liter-Kanistern. Toiletten gab es dagegen nirgends. Ich steuerte den Wagen bis zur nächsten Raststätte, wo ich mir ein wenig die Beine vertrat und die anderen Reisenden beobachtete. Eine Familie hatte sich auf Teppichen ausgebreitet, Männer, Frauen und Kinder zusammen, es sah richtig gemütlich aus. Omar unterhielt sich mit ein paar Männern, die vor einer Einkaufsbude herumstanden, während ihre Frauen offenbar im Auto sitzen geblieben waren. Omar kaufte frische Datteln, doch ich hatte nur Durst und lehnte sie ab, als er sie mir anbot.

»Du musst davon essen, Aischa. Sie sind köstlich, nimm!«

»Mir ist zu heiß, ich habe keinen Hunger«, sagte ich und aß trotzdem eine der wirklich leckeren Früchte.

»Es wird noch viel heißer werden. Und du musst etwas essen, um dich zu stärken. Wir werden hier picknicken.«

Er holte einen leichten Teppich und eine Decke aus dem Auto, legte sie auf den Boden und brachte unsere Provianttasche. Rasch packte ich alles aus, stellte Brot, Käse, Oliven, Kekse, Datteln und Rosinen dekorativ auf einem Metalltablett vor uns hin. Wir ließen uns nieder, aßen wie immer mit den Fingern, tranken die letzten Tropfen vom heißen und süßen Tee, den Umu Nur in unsere Thermoskannen gefüllt hatte. Es war ein Augenblick perfekter Harmonie zwischen Omar und mir, schön, friedlich, aber auch schmerzhaft. Man sagt, dass die Wüste die Sinne schärft, dass durch die Weite und die Leere der Mensch klarer sieht. Ich tat es jedenfalls. Plötzlich hatte ich die beiden Gesichter meines Mannes deutlich vor Augen, sah mit absoluter Klarheit, dass ich nur einen Bruchteil von ihm je akzeptieren und den Rest immer bekämpfen würde.

Eine Stunde später hielten wir an der Grenze und mussten neben dem Wagen warten, während die Zöllner ihn durchsuchten. Sie hoben alle Taschen hoch, schauten in den Kofferraum, ins

Handschuhfach und selbst unter die Sitze. Diesmal hatte ich Angst, dass sie etwas fanden, blickte in die Ferne Richtung Mekka und betete, dass sie uns durchließen. Ein heißer, trockener Wüstenwind wehte, der Sand aufwirbelte und mir den Schleier vom Kopf reißen wollte. Endlich durften wir weiterfahren und Omar übernahm das Steuer. Es war spät geworden. Ein paar Kilometer weiter schrie ich auf, weil ein paar Affen über die Straße sprangen.

»Bleib bitte stehen! Vielleicht kommen sie wieder! Ich habe noch nie frei lebende Affen gesehen.« Ich freute mich wie ein Kind.

»Hier gibt es auch Löwen, Tiger und Elefanten«, neckte mich Omar. »Und ich werde auf keinen Fall stehen bleiben, damit wir von wilden Tieren überfallen werden!« Er grinste. »Nein, aber du wirst noch viele Affen und Gazellen sehen, mit etwas Glück auch ein paar Wüstenfüchse und ungefähr eine Million Kamele. Möchtest du eine Weile fahren? Es ist die letzte Möglichkeit, in Saudi-Arabien dürfen Frauen nicht ans Steuer.«

In der Morgendämmerung des nächsten Tages wirkte die Landschaft so unheimlich, dass ich Omar, der fast die ganze Zeit geschlafen hatte, wecken musste.

»Hier sieht es aus wie auf dem Mond. Auf dieser Straße fahre ich nicht weiter!«, sagte ich leise.

Vor uns öffnete sich eine gigantische Schlucht, alles war grau und tot. Weit und breit gab es nichts als Stein und Geröll. Ich konnte mir nicht vorstellen, dass man hier hineinfahren und lebendig wieder herauskommen konnte, obwohl ein voll besetzter Bus gerade um die Ecke dorthin verschwand.

Dieser Ort heißt Wadi el-Mujib, man nennt ihn auch den Grand Canyon Jordaniens. Die Schlucht endet am Toten Meer, mit dem Auto muss man über zwanzig Kilometer auf schmalen Serpentinen erst hinunter- und dann auf der anderen Seite wieder hinauffahren. Sie gehört zu den erschreckendsten Orten, die ich in meinem Leben gesehen habe. Im Reiseführer steht, dass es ein fantastisches Naturerlebnis sei. Für mich war es ein Krater, der sich öffnete und alles verschlang, etwas Apokalyptisches, wovor ich mich unendlich fürchtete. Mir war übel vor Angst.

»Ich denke nur noch an den Tod, seit wir hier sind. Ich frage mich, wie es sein wird, ob es so aussehen wird wie hier«, sagte ich. »Werde ich in einer solchen Landschaft herumirren müssen, wenn ich tot bin? Für mich sieht die Hölle genau wie diese Schlucht aus.«

»Du weißt doch, dass das nicht sein kann. Die Hölle ist Feuer, in dem Ungläubige für alle Zeiten bei lebendigem Leib verbrennen«, erwiderte Omar.

Er legte eine Korankassette in den Rekorder ein und übersetzte mir den Text. Darin wurde berichtet, was denjenigen geschah, die in die Hölle kamen, welche Pein sie erleiden mussten. Mich erschreckte all das so sehr, dass ich anfing zu weinen.

»Die Menschen müssen schon auf der Erde so viel leiden«, sagte ich, als ich mich wieder beruhigt hatte. »Im Koran habe ich doch gelesen, dass Gott Sein Paradies jedem öffnet, der Ihn aufrichtig liebt.«

Omar konterte mit weiteren Suren, die bewiesen, dass ich mich irrte. Ich hörte ihm zu, verzichtete darauf, ihm zu widersprechen. Allein der Gedanke an den Todesengel, der die Verstorbenen im Grab nach ihrem Glauben befragt und ihre Seelen von ihren Körpern trennt, ließ mich erschaudern. Lieber wechselte ich das Thema.

»Guck mal, wie die Leute fahren!«, rief ich. »Dass der Wagen nicht auseinander fällt!«

Ein alter, rostiger Kombi überholte uns gerade, vorne saßen drei Leute, hinten konnte ich die vielen Köpfe gar nicht zählen und auf dem Dach war das Gepäck mit Seilen festgebunden.

»Auch sie wollen zur Hadsch«, sagte Omar.

Ungefähr zweihundert Kilometer weiter, kurz vor der Grenze nach Saudi-Arabien, sahen wir den Wagen wieder. Offensichtlich war ein Reifen geplatzt. Die Familie stand ein wenig abseits und wartete, während etwa ein Dutzend Männer damit beschäftigt waren, das Rad zu wechseln.

»Sie alle fahren zur Hadsch. Und siehst du, Aischa, wenn jemand ein Problem mit dem Auto hat, halten alle an und wollen helfen. Jede gute Tat bringt sie dem Paradies näher.«

An der Grenze staute sich der Verkehr. Unzählige Fahrzeuge jeder Art mussten warten, es gab besondere Spuren für Busse, für

Lastwagen und Pkws. Von Chaos konnte keine Spur sein, alles war durchorganisiert.

»Jeder Wagen und jeder Mensch, der hier vorbei möchte, wird förmlich auseinander genommen. Gerade zur Pilgerzeit wird besonders genau kontrolliert«, erklärte mir Omar. »Wenn wir an der Reihe sind, tust du alles, was man dir sagt. Betrachte es als eine Prüfung.«

Diesen Satz hatte er auch bei unserer Verhaftung gesagt! Ich fragte, ob er so sicher sei, dass man uns durchlassen würde.

Es dauerte ungefähr eine Stunde, bis wir dran waren. Aus den Wagen vor uns stiegen die Insassen aus. Die Männer wurden nach rechts zu einem Container geleitet, die Frauen nach links. Kaum waren sie weg, warfen sich vier Männer wie die Geier auf den Wagen und holten alles heraus. Taschen, Decken, Tüten, Kleidungsstücke, Dosen, Flaschen, Container, alles flog auf die Straße. Wieder andere Männer durchsuchten die Taschen. Der Wagen wurde von unten durchleuchtet, die Seiten abgeklopft. Als ein Mann sich mit Werkzeug an den vorderen Wagen zu schaffen machte, wurde Omar allmählich nervös

Da klopfte ein Beamter an unser Fenster. Gehorsam verließen wir den Wagen. Es war unheimlich heiß, doch der Container, den ich betreten musste, war klimatisiert. Zwei Frauen nahmen mich in Empfang, begrüßten mich höflich, fragten, ob ich Tee oder Kaffee wolle. Dann ging es zur Sache. Sie leerten meine Handtasche, drehten jeden Gegenstand um und schüttelten die Tasche, bis kein Krümel mehr darin war. Sie rochen an Flaschen und befühlten die Camelia-Binden durch die Plastikhülle. Ich musste mich nackt ausziehen, durfte nicht mal die Unterhose anbehalten. Wieder wurden meine Körperöffnungen untersucht, nur routinierter und schneller als beim ersten Mal.

»Ich fühle mich beschmutzt, als hätte man mir den letzten Rest von Menschenwürde genommen«, sagte ich zu Omar, als wir endlich weiterfuhren. »Es war genau wie damals an der österreichischen Grenze.«

»Ja, und wieder haben sie nichts gefunden«, erwiderte er gelassen. »Meine Filme und meine Kassetten interessieren sie nicht. Es ist alles religiös.«

1999 konnte er noch damit durchkommen. Heute würden die

Saudis jemanden, der solche Dschihad-Propagandafilme transportiert, sofort ins Gefängnis stecken.

Unübersehbare Straßenschilder auf Arabisch und Englisch erinnerten daran, dass Nicht-Muslimen der Zutritt zur Heiligen Stadt Medina verboten ist. Wir kamen dort ungefähr eine Woche vor dem Beginn der Hadsch an und nach den Hunderten von Kilometern durch die Wüste schwirrte mir der Kopf von den unzähligen Pilgern. Omar hatte für uns ein Hotelzimmer mit Toilette und Bad reserviert, das bescheiden eingerichtet war. Aber nach Luxus war mir ohnehin nicht.

Als ich auf den kleinen Balkon trat, verschlug es mir den Atem: Wir blickten direkt auf die Moschee des Propheten, auf die grüne Kuppel, unter der sich das Grab des Gesandten Allahs befindet. Mehrere Minarette glitzerten in der Sonne, es war ein riesiger Bau von unbeschreiblicher Schönheit. Überhaupt strahlte der ganze Ort eine Atmosphäre aus, wie es sie nur in anderen heiligen Städten wie Rom oder Lourdes geben mag. Eine konzentrierte Ruhe, eine pulsierende Energie, als sei die Liebe spürbar, die all die Menschen für den Propheten empfinden. Ich stand auf diesem winzigen Balkon und dankte Gott dafür, dass ich das erleben durfte.

»Ein Gebet in meiner Moschee ist so viel Wert wie tausend Gebete, das hat der Prophet gesagt, Gott habe ihn selig. Es ist bald Zeit zu gehen, bereite dich vor, Aischa«, riss Omar mich aus meinen Gedanken.

Wir reinigten uns, jeder für sich, dann folgte ich meinem Mann, der mir zeigte, wo er nach dem Gebet auf mich warten würde. Vor der Moschee trennten wir uns, denn Männer und Frauen beten nicht zusammen. Ich zog meine Schuhe aus und steckte sie in eine Stofftasche, die ich mir um den Hals band. Nicht, weil ich Angst hatte, dass jemand sie stahl, das würde niemand tun, sondern weil ich mir bei den Tausenden von Schuhpaaren die lange Suche ersparen wollte. Die Moschee war renoviert und vergrößert worden, so dass über zweihunderttausend Gläubige Platz hatten, und zu meiner Überraschung gab es kein Gedränge! Durch meine Strümpfe spürte ich den Marmorboden, der so fein und kostbar war, dass ich mich erst scheute, ihn zu betreten. Er glänzte sanft, alles war unvorstellbar sauber, von einer absoluten Reinheit, als würden nicht Tag und Nacht Abertausende von Menschen hier herumlaufen.

Und ich stand da mittendrin! Ich, eine Europäerin, die seit Jahren in Armut lebte und den Dreck in Bocinja wegzuputzen versuchte! Es war wie ein Traum, diese Moschee strahlte, als sei sie von Gott selbst erbaut worden. Die Vorbeter sangen mit himmlischen Stimmen, und als der Imam die Suren rezitierte, liefen mir die Tränen nur so die Wangen hinunter. Mir schien die Luft voller Engel zu sein, ich spürte sie um mich und fühlte die allumfassende Liebe Gottes.

Nach zwei Tagen fuhren wir nach Jeddah. Auch diese Stadt war voller Pilger, die zumeist mit dem Flugzeug ankamen. Omar hatte dort Bekannte, die uns eine Ferienwohnung in Mekka überließen. Obwohl es verboten war, mit ausländischen Fahrzeugen in die Heilige Stadt zu fahren, lotste uns ein Mann über verschlungene Wege bis zu diesem Haus. Wir stellten den Wagen im Hof ab und deckten ihn mit einer Plane zu, dann begann die eigentliche Pilgerfahrt.

Jahr für Jahr kommen zwischen anderthalb und zweieinhalb Millionen Pilger nach Mekka. Die Hadsch besteht aus einer Reihe von Handlungen, die bis ins letzte Detail vorgeschrieben sind. Das bedeutet, dass all diese Menschen sich zur gleichen Zeit am gleichen Ort befinden und das Gleiche tun.

Ich ließ mich in diese Masse hineingleiten und von ihr tragen, wurde ein Teil des Ganzen. Es war eine Erfahrung, die mich durch und durch erschütterte. Wenn der Ruf zum Gebet erklang, hielt alles inne. Man hörte nichts mehr. Kein Wort, kein Geklapper, nichts. Wo ich hinsah, zu jeder Tages- und Nachtzeit, standen Menschen und beteten. Allein, in Gruppen, laut oder leise. Wie vorgeschrieben führten wir außerhalb der Stadt die große Reinigung durch, um im Weihezustand die Pilgerfahrt anzutreten. Omar kleidete sich mit den beiden ungenähten weißen Stofftüchern, die muslimische Männer meist bis zu ihrem Tod aufheben und in denen sie begraben werden. Für Frauen gab es keine Vorschriften, also trug ich einen dünnen schwarzen Mantel mit einem schwarzen Kopftuch, darunter weiße Leggins und ein weißes T-Shirt aus Baumwolle. Es war sehr heiß. Spätnachts, als es etwas kühler und die Masse der Pilger weniger wurde, liefen wir sieben Mal um die Kaaba.

Sie befindet sich im Hof der großen Moschee und ist eigentlich ein ungefähr zehn Meter hoher, mit schwarzen Seidentüchern verhängter Würfel. Die Tücher werden nur zur Hadsch-Zeit hochgenommen und jedes Jahr erneuert. Man kann die Kaaba auf mehrere Etagen umrunden, doch wir hielten uns nur unten mitten in dieser Masse Menschen auf, die sich betend gegen den Uhrzeigersinn bewegte. Wir hätten unmöglich stehen bleiben können, da die hinteren Reihen uns stetig nach vorne schoben. Es war wie eine langsame, aber ungemein kraftvolle Spiralbewegung, in der sich jeder von außen nach innen vorarbeitete, um so nah wie möglich an die Kaaba zu gelangen. Danach liefen wir zwischen den Hügeln von Safa und Marwa hin und her, der Lauf erinnert an die verzweifelte Hagar, die nach Wasser für ihren Sohn Ismael suchte, und tranken von der heiligen Zamzam-Quelle, die an dieser Stelle mitten in der Wüste entspringt. Später fuhren wir zum Berg Arafat, wo der Engel Gabriel einst zum Propheten sprach. Ein Scheich, den Omar gut kannte, weil er ebenfalls den Dschihad unterstützte, nahm uns nach vielen Stunden in seinem Jeep zu unserem neuen Nachtquartier mit.

In Mina, etwa fünfundzwanzig Kilometer von Mekka entfernt, hatte die saudi-arabische Regierung eine moderne Zeltstadt aufgebaut. Sie bestand aus riesigen weißen und rechteckigen Zelten, alle vollklimatisiert und in der Mitte durch einen Vorhang unterteilt. Auf einer Seite schliefen die Männer, auf der anderen die Frauen.

Das Essen wurde dort auf großen Blechen serviert. Morgens gab es Tee, Kekse, Obst, Toast, Käse und Milch, mittags vor allem Obst und immer wieder Datteln, am Abend, gegen zehn Uhr, bekamen wir Suppe, Reis, Fleisch und Gemüse. Es gab kein Besteck, die Suppe trank man aus der Schale, die restlichen Speisen aß man mit den Händen. Alles war perfekt organisiert und teuer. In der Umgebung hatten arme Menschen oder Nomaden ihre eigenen Zelte aufgebaut, viele übernachteten sogar unter freiem Himmel.

An der Steinigung des Satans, die an den folgenden Tagen stattfand, nahm Omar allein teil. Für mich wäre es wegen der großen Hitze und der unzähligen Menschen, die sich um die Säulen drängten, zu anstrengend gewesen. Ich blieb im Zelt, betete und ruhte mich aus, mit einem Dutzend Frauen, die alle zur Familie des Scheichs gehörten. Ich trug nur mein weißes Nachthemd, als eine Frau zu mir kam und mich bat, mich zu verschleiern. Kurz darauf trat der Scheich ein, der nach seinen Frauen und seiner Mutter sehen wollte. Ich blieb in meiner Ecke sitzen.

»Er lässt fragen, ob es dir gut geht«, sprach mich eine junge Frau nach ein paar Minuten an.

»Bitte, richte ihm meinen Dank aus«, antwortete ich. »Es geht mir gut. Kannst du ihn bitte fragen, ob es möglich ist, dass ich mit meinem Mann spreche?«

So fand die Kommunikation statt. Man bat Omar hinter den Vorhang, und wir tauschten ein paar Sätze, ohne einander zu sehen.

»Ich habe für dich auch Steine geworfen«, berichtete er. »Aber wenn du möchtest, können wir nach der Hadsch noch einmal herkommen.«

Einige Tage später holte ich ohne große Überzeugung diese Steinigung nach. Aus reiner Neugierde. Ich wollte den Ort sehen und spüren, was es für die Menschen bedeutete, einen Satan in Form einer Steinsäule mit Steinen zu bewerfen. Ich selbst fühlte dabei gar nichts.

Schließlich begann das Opferfest. Jeder Pilger sollte an jenem Tag ein Schaf oder ein Kamel schlachten oder schlachten lassen. Das Fleisch wurde noch an Ort und Stelle eingefroren und bedürftigen Muslimen in aller Welt gespendet. Auch Omar hatte dafür bezahlt.

Am Abend waren wir bei dem Scheich eingeladen, der uns mit seinem Jeep abholte, weil wir mit unserem Wagen nirgends hinfahren durften. Noch völlig in Gedanken versunken und erschlagen von den vielen Eindrücken stieg ich hinten ein. Daher hörte ich auch nicht, dass Omar etwas zu mir sagte. Plötzlich riss der Scheich meine Tür auf, und ich erschrak zutiefst, ihn so nah bei mir zu sehen. Doch er nahm nur den Stoffrand meines

Mantels, der noch draußen hing, und schob ihn hinein. Wortlos. Bis zur Ankunft sprach niemand.

Als wir vor dem Palast des Scheichs anhielten, bedeutete mir Omar, dass ich nach links gehen solle. Obwohl es von dem klimatisierten Jeep bis zum Eingang des Frauengemachs nur wenige Meter waren, war ich klitschnass geschwitzt, so heiß war es noch in der Nacht. Drinnen war es wieder angenehm kühl. Erleichtert nahm ich den Schleier ab.

Vielleicht vierzig oder fünfzig Frauen saßen, lagen oder standen in einem langen, breiten Raum, der mit dicken Teppichen ausgelegt war. Die meisten der Anwesenden waren prachtvoll gekleidet. Eine der Frauen kam auf mich zu, begrüßte mich und forderte mich auf, auf einem bestickten Kissen Platz zu nehmen.

Bis in die Morgenstunden dauerte dieses Fest, das für mich keines war. Ich fühlte mich die ganze Zeit unglaublich fremd unter all diesen reichen Frauen. Manche blickten auf mich herab, als sei ich nicht willkommen, andere reichten mir Leckerbissen oder bemühten sich um ein Gespräch auf Englisch mit mir. Eine von ihnen sprach sogar etwas Deutsch.

»Ich war eine Zeit lang in der Schweiz, am Genfer See, in einem Internat bei Lausanne. Kennst du Lausanne?«

»Nur dem Namen nach«, antwortete ich und lächelte höflich.

»Woher kommst du?«, fragte sie mich.

Omar hatte mich gewarnt: In diesem Haus durfte ich weder von Bosnien noch von Bocinja sprechen, Dschihad und Mudschaheddin waren absolute Tabuthemen.

»Aus Deutschland«, antwortete ich.

Sie strahlte mich an. »Oh, Deutschland, da bin ich auch schon mal gewesen, ich habe mein Herz in Heidelberg verloren ... Das Schloss ist wunderschön.«, plapperte sie fröhlich.

Dann zählte sie die Namen der Juweliere auf, die sie in Frankfurt, Hamburg und München aufgesucht hatte, und sah mich fragend an. Ich schüttelte den Kopf. Ich kannte keinen einzigen von ihnen und dachte, dass ein einziger ihrer Ohrringe reichen würde, um ganz Bocinja ein Jahr lang zu ernähren. Gleichzeitig war ich heilfroh, dass sie nicht auf die Idee kam, mir etwas zu schenken, denn aus ihren gepflegten Händen hätte ich nichts annehmen wollen. Als erneut Speisen und Getränke hereingebracht wurden, nutzte sie die Gelegenheit, sich woanders hinzusetzen, und ich atmete auf.

Am nächsten Tag bummelten Omar und ich durch die Stadt. Mekka war ein Schlaraffenland, ein Einkaufsparadies für Reiche und weniger Reiche, denn hier gab es Läden für alle Preisklassen, ganze Zeilen davon aneinander gereiht. Mein Mann bestand darauf, mir etwas zu schenken. Ich suchte mir einen langen schwarzen Mantel aus feinstem seidigen Stoff und ein herrliches weißes Nachthemd mit Stickereien aus und bat ihn, gleich alles doppelt zu kaufen.

»Wieso das denn?«, fragte er überrascht.

»Du hast noch eine Frau. Hast du sie etwa schon vergessen?«, antwortete ich.

»Dass gerade du an Safiya denkst«, meinte er nachdenklich und ließ zwei gleiche Mäntel und zwei gleiche Nachthemden einpacken.

Am Abend waren wir wieder eingeladen, diesmal bei Leuten, die weniger prachtvoll lebten. Von dort aus konnte man ins Ausland telefonieren, und ich fragte Omar, ob er nicht Safiya anrufen wolle. Es war beim Opferfest üblich, Verwandte anzurufen, wie man es hierzulande an Weihnachten oder Silvester tut. Er sprach ein paar Minuten mit ihr und reichte mir danach den Hörer, weil sie nach mir fragte. Wir unterhielten uns kurz über Maryam, dann gab sie mir den kleinen Tarik, der vor Freude nicht mehr aufhören wollte zu reden.

»Umu Aischa, wann kommst du denn wieder? Es ist langweilig hier ohne dich«, sagte er. »Bringst du mir Geschenke mit?«

»Aber ja doch«, versprach ich und legte bald auf. »Omar, wir müssen unbedingt Tarik etwas mitbringen. Und Maryam auch!«

»Ja, das machen wir. Übrigens, Aischa. Hier brauchst du nicht vorsichtig zu sein. Du kannst reden, worüber du möchtest.«

Das bedeutete, dass die Bewohner des Hauses mit dem Dschihad sympathisierten, aber das war mir klar, sobald ich die Ehefrau sah. Sie und ihr Mann hatten uns vor langer Zeit mal in Deutschland besucht, als ich noch keine Muslima war und von nichts wusste. Damals hatte ich für sie ein Mahl zubereitet.

An diesem Abend übergaben mir die Frauen ganze Säcke voller wunderschöne Kleider, auch Schmuck und Geld, das sie in Tücher gewickelt hatten, waren darunter. Allerdings waren es keine Geschenke für mich, sondern Spenden – für die bedürftigen Brüder und Schwestern aus Bocinja. Sie taten es diskret, ich nahm es genauso diskret an und bedankte mich, wie es sich gehörte, obwohl ich mich dabei jedes Mal komisch fühlte.

Kurz vor unserer Abreise betraten wir ein letztes Mal die große Moschee, um die Kaaba zu umrunden. Ein letztes Mal vereinigte ich mich im Gebet mit der Masse der Gläubigen. Ein letztes Mal wurde ich getragen von diesem unfassbaren Energiestrom. Eine nie gekannte Zufriedenheit bemächtigte sich meines ganzen Wesens, gepaart mit einer unendlichen Trauer. Die Hadsch war vorbei. Es war Zeit, Abschied zu nehmen.

Während der Rückfahrt sprachen Omar und ich kaum. Wir stritten nicht, es war keine geladene Stimmung zwischen uns, keine Feindseligkeit, aber auch keine Liebe mehr. Wir hatten zusammen überwältigende Tage erlebt und überhaupt nicht das Gleiche erfahren. Nun saßen wir nebeneinander im Auto, fuhren dieselbe Strecke in entgegengesetzter Richtung, und ich versuchte, meine Eindrücke, Gedanken und Gefühle zu ordnen.

»Etwas ist auf dieser Reise geschehen, das mich grundlegend verändert hat«, sagte ich zu Omar kurz nach der jordanischen Grenze, als wir eine Pause machten. »Ist es auch für dich so?«

»Ja«, antwortete er.

»Kannst du es denn in Worte fassen? Ich kann es nämlich nicht.«

Er schwieg. Ich dachte, er hätte die Frage überhört oder wollte sie nicht beantworten, doch so war es nicht.

»Ich kann es in Worte fassen«, sagte er. »Was mich betrifft, weiß ich jetzt, dass der Weg, den ich eingeschlagen habe, der einzig richtige ist.«

»Mit dem Dschihad.«

»Ja.«

»Und was uns betrifft?«, fragte ich nach einer Weile.

Er sah mich an. Seine Augen waren traurig, sein Gesicht ernst.

»Ich weiß, dass sich unsere Wege trennen werden. Und du auch. Wann und wo das stattfinden wird, das weiß nur Allah.«

18

Wir kamen Ende April, Anfang Mai 1999 nach Bocinja zurück. An einem Nachmittag, ungefähr sechs Wochen später, verließ Omar das Haus.

»Ich muss nach Sarajewo«, sagte er. »Jemand hat mich eben von dort angerufen.«

»Ja, schön, dann bis morgen. Mach's gut«, antwortete ich.

Es war nichts Besonderes dabei. Wohin er fuhr, interessierte mich nicht, die kommende Nacht gehörte sowieso Safiya und irgendwann im Laufe des nächsten Tages würde er schon zurückkehren. Wenn er im Videoraum zu arbeiten hatte, eher früher, sonst erst am Abend. So sah unser Alltag aus. Ich vermisste Djamila, die eine andere Arbeit gefunden hatte, ansonsten ging es mir relativ gut. Es regte mich nicht mehr auf, Omar zu Safiya gehen zu sehen, meistens blieb ich sogar dann ruhig, wenn sie Tarik schickte, um ihn unter irgendeinem Vorwand von mir wegzulocken. Seit der Hadsch war ich nicht mehr die Aischa, die vor Liebe und Eifersucht Geschirr zertrümmerte und Türen eintrat. Ich wurde sehr viel gelassener und souveräner, sah meine Lage in einem anderen Licht. Nicht mehr Omar stand im Mittelpunkt meiner Gedanken, sondern ich selbst. Ich versuchte nicht, mich gewaltsam von meinem Mann zu trennen, überlegte aber, was ich tun würde, wenn in Bocinja alles vorbei war. Das Ende stand bevor, bald würde es kein Mudschaheddin-Dorf mehr geben, denn Präsident Izetbegovic konnte seine Freunde nicht mehr beschützen. Man hatte ihn gezwungen, mehrere Krieger auszuweisen, die wie Abu Musa auf schwarzen Listen standen. In naher Zukunft würde jeder seine Sachen packen müssen, nur wann, das wusste niemand. Ich rechnete mit einigen Monaten und betete zu Gott, dass wir noch vor dem Winter wegzogen.

Über Omars Pläne zerbrach ich mir nicht den Kopf. Ich war von einer seltsamen Zuversicht erfüllt, sah mich schon zurück in Deutschland, meiner Heimat. Ich würde es noch einmal dort versuchen. Das war sicher, alles andere nicht. Wo ich diesmal meine Zelte aufschlagen würde, wusste ich nicht. Im Süden, im Norden, überall lebten Menschen, die mir wichtig waren. Sollte ich mit meiner Familie, mit alten Freunden oder gar mit Gabi Kontakt aufnehmen und sie um Hilfe bitten?

Mit solchen Fragen beschäftigte ich mich gerade, als am nächsten Morgen Safiya an die Tür klopfte. Unsere Häuser waren ungefähr zehn Minuten zu Fuß voneinander entfernt. Sie hatte Tarik und Maryam dabei, die Kleine schlief im Kinderwagen.

»Was willst du?«, fragte ich nicht gerade freundlich.

»Entschuldigung, ich wollte dich nicht stören. Ist Omar bei dir?«

»Nein, er war doch gestern Nacht bei dir«, antwortete ich.

»Eben nicht«, sagte sie. »Er ist nicht gekommen und ich mache mir große Sorgen.«

»Er ist gestern nach Sarajewo gefahren, um irgendwelche Leute abzuholen, vielleicht ist er unterwegs aufgehalten worden. Oder es wurde spät und sie haben dort übernachtet.«

»Wo mag er denn sein? Er ruft sonst immer an, wenn er sich verspätet!«

»Wenn er bis heute Abend nicht da ist, werde ich mich darum kümmern. Jetzt geh nach Hause und mach dich nicht verrückt.«

Safiya murmelte, dass die nächste Nacht ihr gehören würde. Ich ignorierte die Bemerkung und wollte schon die Tür schließen, als ihr übel wurde. Sie war wieder schwanger, erbrach sich ständig. Also ließ ich sie herein, machte ihr einen Tee und dachte nach. Mit meinem Telefon konnte ich nur innerhalb des Dorfes telefonieren, nicht nach Sarajewo, sonst hätte ich vielleicht versucht, Omar zu erreichen. Vielleicht auch nicht. Mir war es nicht neu, dass er nichts von sich hören ließ, wenn er unterwegs war.

Da Safiya jedoch nicht locker ließ, ging ich mit ihr und den

Kindern zu Habiba. Abu Haiman, ihr Mann, erzählte ihr immer alles, was passierte, und er war tagtäglich mit Abu Eris zusammen, dem neuen Kommandeur der Mudschaheddin. Wenn es also etwas zu wissen gab, dann wusste es Habiba.

»Ich habe nichts gehört«, sagte sie. »Aber ich werde mich für euch erkundigen und euch Bescheid geben, sobald ich etwas erfahre.«

Noch machte ich mir keine Sorgen, obwohl Omar auch diese Nacht nicht kam, weder zu mir noch zu Safiya. Diese stand am nächsten Morgen wieder vor meiner Tür, diesmal war sie in Tränen aufgelöst. Gleich nach dem Morgengebet klopften wir noch einmal bei Habiba. Sie war weiß wie die Wand.

»Bitte, kommt herein, Aischa und Safiya. Setzt euch. Es ist etwas Schreckliches geschehen.«

Omar hatte auf der Straße nach Sarajewo zwei Kinder angefahren, zwei Jungen. Der eine war tot, der andere lag schwer verletzt im Krankenhaus, noch wusste man nicht, ob er überleben würde. Der Polizei hatte mein Mann erst seinen bosnischen Ausweis gezeigt, dann hatten sie aber gesehen, dass er noch einen deutschen Pass dabeihatte. Weil er Ausländer war, bestand Fluchtgefahr, und so hatten sie ihn an Ort und Stelle verhaftet.

»Wie bitte?«, schrie ich. »Mein Mann, unser Mann sitzt im Gefängnis, Safiya ist krank vor Sorge, weil sie keine Nachricht von ihm hat, und niemand kommt auf die Idee, uns zu benachrichtigen! Ja, was ist denn hier los? Habiba, ich weiß, dass du nichts dafür kannst, aber bitte, hol mir deinen Mann her. Ich will mit ihm reden! So geht es nicht weiter! Er muss mich zum Kommandeur bringen. Ich will mit ihm sprechen!«

Safiya und Habiba sahen mich entsetzt an. Keine Frau in diesem Dorf hatte je verlangt, mit einem Mann zu sprechen, schon gar nicht mit dem Kommandeur. Es war unerhört und lag jenseits ihrer Vorstellungskraft, aber nicht meiner.

»Bist du taub? Ich will ihn sprechen, und wenn er nicht sofort hierher kommt, werde ich selbst zu ihm gehen!«

Als Habiba mit einer positiven Nachricht zurückkehrte, verschlug es Safiya dermaßen die Sprache, dass sie ihre Übelkeit vergaß. In Bocinja war ich die einzige Frau, die je mit einem Mudschaheddin-Kommandeur sprechen durfte, abgesehen von seiner eigenen. Aber selbstverständlich ließ man mich warten. Habiba tröstete mich damit, dass die Mudschaheddin sich persönlich um Omar kümmerten.

»Was willst du denn schon unternehmen, du bist bloß eine Frau! Du kannst gar nichts für ihn tun, die Männer wissen es besser als du«, sagte sie, als ich langsam ungeduldig wurde.

Mir platzte der Kragen. »Jetzt reicht es mir! Und wie ich etwas tun kann! Du wirst gleich sehen, was ich tue, ich fahre nach Sarajewo.«

Ich stürmte aus dem Haus, gefolgt von Safiya und den Kindern, die mich zurückzuhalten versuchten. Ich lief schnurstracks nach Hause, schnappte mir den Autoschlüssel, etwas Geld, Omars Ausweise von der HBB und einen Brief von der deutschen Botschaft. Keine fünf Minuten später stieg ich in unseren Geländewagen und wollte losfahren, konnte es jedoch nicht, weil mir zwei Jeeps den Weg abschnitten. Abu Haiman saß in einem der Fahrzeuge, seine Frau neben ihm.

»Du sollst den Autoschlüssel abgeben, Aischa. Du darfst nicht fahren«, richtete sie mir aus.

Dann sagte ihr Mann noch einen Satz.

»Du brauchst nicht zu übersetzen«, sagte ich zu Habiba. »Ich habe selbst Ohren. Gut, danke, dass ihr mich hinbringen wollt. Ich lasse mich gern fahren. Aber den Autoschlüssel gebe ich nicht her. Niemals.«

Ich stieg um in Abu Haimans Jeep und ließ mich zum Kommandeur fahren. Allerdings nicht zu ihm nach Hause und auch nicht ins Hauptquartier, das sich im hinteren Teil des Tales befand. Abu Eris wartete auf mich mit seinen Leibwächtern im Nebenraum des ehemaligen Postamtes, das nach wie vor als Laden diente. Unser Gespräch war kühl.

»Ich will nach Sarajewo zu meinem Mann«, sagte ich, nachdem ich ihn höflich begrüßt hatte, ohne mich jedoch tausendmal dafür zu entschuldigen, dass ich die Frechheit besaß, ihn bei seinen wichtigen Gesprächen zu stören, wie es der Anstand gefordert hätte.

»Ich verstehe, dass du beunruhigt bist, aber dein Mann trägt keine Schuld. Weder ist er zu schnell gefahren noch hat er einen anderen Fehler gemacht«, sprach Abu Eris.

»Er hat ein Kind getötet«, sagte ich. »Einen kleinen Jungen. Und der ältere Bruder liegt schwer verletzt im Krankenhaus. Man weiß nicht, ob er überleben wird.«

»Das wird er. Wir haben mit den Ärzten gesprochen, die ihn operiert haben. Gott hat ihn gerettet, Allamdullilah.«

»Allamdullilah«, wiederholte ich, »aber ein Kind ist gestorben und ohne Grund wird man meinen Mann nicht verhaftet haben.«

»Es gibt Zeugen, die gesehen haben, wie die Kinder ihm direkt ins Auto gelaufen sind. Er konnte diesen Unfall nicht verhindern.«

Wenn Abu Eris gesagt hätte, dass es Gottes Wille sei, hätte ich angefangen zu schreien.

»Was ist mit meinem Mann?«, fragte ich. »Wenn er unschuldig ist, wann kommt er aus dem Gefängnis?«

»Die Polizisten haben gesehen, dass er mehrere Ausweise bei sich hatte. Das ist ein Problem.«

Er bat mich, bei der SFOR anzurufen, der Zentrale der internationalen Truppen, die auch Ansprechpartner für die humanitären Organisationen war. Ich sollte den Zuständigen die Lage erklären und sie um Hilfe bitten, aber auf keinen Fall Bocinja erwähnen. Ich sprach mit mehreren Leuten, die wissen wollten, wer und wo ich sei.

»Wenn Sie eine Deutsche sind und in Sarajewo leben, kommen Sie mit den Unterlagen doch kurz vorbei, das ist einfacher«, sagte ein Mann, der mich für den nächsten Vormittag bestellte.

Ich bedankte mich, legte auf und erklärte es Abu Eris. Der Kommandeur winkte ab. Dann schickte er mich nach Hause und beschied mich, seine Entscheidung abzuwarten. Habiba richtete sie mir später aus: Es sei nicht notwendig, dass ich nach Sarajewo zur SFOR fuhr. Die Mudschaheddin kannten bessere Mittel und Wege, um ihren Bruder aus dem Gefängnis freizubekommen.

»Falls du etwas brauchst oder Probleme hast, sollst du dich an Umu Eris wenden«, sagte sie.

Der Jeep, der meinen Wagen blockierte, blieb da stehen, solange Omar im Gefängnis war. Abgeschlossen, damit ich auch ja nicht versuchte, ihn zur Seite zu schieben. Unbemerkt hätte ich das Dorf ohnehin nicht verlassen können. Jede Bewegung, die ich außerhalb des Hauses machte, wurde argwöhnisch beobachtet. Drei Wochen lang hörte ich von Habiba nur, dass ich mich gedulden müsse und Omar sehr bald freikomme. Dann erlaubte ich mir, Umu Eris aufzusuchen, um mit ihr über unsere finanzielle Lage zu sprechen. Weder Safiya noch ich hatten Geld übrig und auch fast keine Lebensmittel mehr.

»Für mich ist es nicht so wichtig, aber du weißt, dass Safiya schwanger ist und zwei kleine Kinder zu ernähren hat. Wenn unser Mann noch länger im Gefängnis bleibt, wird es sehr schwer für sie.«

Sofort bekam ich Geld und Lebensmittel und lief mit zwei Taschen voller Obst und Gemüse zu Safiya.

»Sieh nur, was man uns alles geschenkt hat«, sagte ich. »Das ist für dich und die Kinder.«

Tarik stürzte sich sofort auf die Tüten, doch Safiya zerrte ihn zurück und gab ihm eine Ohrfeige. Weinend rannte er ins Haus, wo Maryam zu schreien begann.

»Ich bin keine Bettlerin, lieber will ich verhungern als von Almosen zu leben.«

»Und deine Kinder? Sollen sie etwa mit dir verhungern?«, fragte ich fassungslos. Dann ging ich nach Hause und ließ die Taschen einfach stehen.

Einige Tage später begegneten wir uns auf der Straße. Ich war völlig in Gedanken und erkannte sie erst, als sie mich grüßte. Sie tat, als sei zwischen uns nichts vorgefallen. Mir lag die Szene vor ihrem Haus nach wie vor im Magen und ich spuckte Gift und Galle.

»Ich möchte dir mal etwas sagen«, begann ich und konnte meine Wut kaum zügeln. »Ich habe für dieses Land meine Heimat verlassen und alles geopfert, mein Geld, meinen Schmuck und meine Freiheit außerdem. Ich arbeite hier wie ein Tier, für dich und deine Kinder, und du dämliche Kuh wirfst mir vor, dass ich eine Bettlerin sei! Ja, hast du denn noch alle Tassen im Schrank?«

Plötzlich eilten einige andere Frauen herbei, weil ich so laut brüllte. Auch Männer, die zur Moschee gingen, hörten mein Geschrei. Safiya war geschickter als ich.

»Ja, du bist eine elende Bettlerin«, zischte sie mir so leise zu, dass sie außer mir niemand hörte, und versperrte mir den Weg.

Ich stieß sie zur Seite, woraufhin sie über ihren Mantel stolperte. Umu Jasmin fing sie auf und sie heulte in ihren Armen los, als hätte ich sie zusammengeschlagen. Offensichtlich erzählte sie nun auch noch jeder, die es hören wollte, dass ich es getan hatte. Umu Haiman kam zu mir, um zu fragen, was wirklich los gewesen sei, doch ich schickte sie weg.

»Bitte, lass mich in Ruhe, Habiba. Ich habe es satt hier. Diese Geschichte geht nur Safiya und mich etwas an, sie macht mal wieder Theater. Mir reicht's!«

Zwei Tage später versuchte ich, mit Safiya zu reden, die mir jedoch nicht mal die Tür öffnete.

Die Eltern des getöteten Kindes waren ebenfalls Muslime. Sie bezeugten, dass Omar nicht schuld war und die Kinder ins Auto gelaufen waren, und so wurde die Anzeige zurückgezogen. Die Mudschaheddin zahlten an die dreißigtausend Mark Schadensersatz, die Sache war erledigt, und Omar kam nach sieben Wochen frei. Bocinja empfing ihn als Held, alle Fahrzeuge hupten, als er mit dem Wagen durchs Dorf fuhr. Ich wartete vor dem Haus, sah zu, wie er winkte, Hände schüttelte und von seinen Mudschaheddin-Brüdern umarmt und geküsst wurde. Es fehlte nur noch, dass ein kleines Mädchen ihm Blumen schenkte. Dann kam er zu mir, blieb vor mir stehen. Seine Miene war verschlossen. Ich ahnte, dass man ihm alle meine Untaten berichtet hatte.

»Salam alaikum, Aischa. Ich gratuliere dir, in meiner Abwesenheit bist du also zur Schlägerin geworden!«

»Safiya lügt. Aber wenn du das glaubst, dann geh ruhig zu ihr und tröste sie«, antwortete ich.

»Das werde ich auch tun, denn die Nacht, in der ich verhaftet wurde, gehörte ihr! Morgen komme ich zu dir. Dann möchte ich, dass du mir deine Version erzählst!«

Zwar glaubte er mir, dass ich Safiya nicht geschlagen hatte, und bestrafte mich auch nicht, aber er ergriff eindeutig Partei für sie.

Safiya triumphierte. Sie begann offen gegen mich zu intrigieren und schaffte es, einige Frauen in ihren Bann zu ziehen. Das tat mir weh. Ich war in diesem Spätsommer 1999 vollkommen isoliert, verkroch mich wie eine Schnecke in ihr Haus, wenn sie eine Dürrezeit überleben muss. Im Herbst, noch vor dem ersten Schnee, wirst du in Deutschland sein, dachte ich. Die Anzeichen mehrten sich, dass es bald so weit war. Eines Tages brachte Omar leere Kartons in den Videoraum.

»Willst du etwa umziehen?«, fragte ich.

»Wenn es an der Zeit ist, werde ich dich über meine Pläne informieren«, antwortete er nur kühl und ließ mich stehen. Bei jedem Karton, den er ins Auto schleppte, jubelte ich innerlich.

Wenige Tage später fuhr er mit mir zu Safiya. Nach dem Abendgebet wollte er wichtige Neuigkeiten mit uns beiden besprechen. Bei diesen Worten begann mein Herz heftig zu klopfen. All das konnte nur bedeuten, dass unsere Zeit in Bocinja zu Ende war! Omar betete deutlich länger als sonst, als würde er innig um göttliche Führung bitten. Ich konnte mich nicht konzentrieren, wiederholte im Stillen nur einen Satz: »Oh Gott, du bist der Allerbarmer, deine Barmherzigkeit ist groß. Bitte mach, dass mein Mann mich gehen lässt.«

»Folgendes möchte ich euch sagen«, begann Omar ein paar Minuten später. »Ich werde Bocinja verlassen und eine Zeit lang reisen. Ich weiß nicht, wie lange es dauern wird, bis ich einen Platz finde, an den ich euch nachkommen lassen kann.«

»Was ist mit uns?«, fragte ich zitternd vor Aufregung. »Was tun wir, wenn wir dich nicht begleiten?«

»Es besteht die Möglichkeit, dass ihr in Bocinja zusammenbleibt, ein paar Monate noch, vielleicht ein halbes Jahr.«

Noch einen Winter hier und allein mit Safiya, noch eine Geburt und ihre Gemeinheiten obendrauf, das überlebe ich nicht, dachte ich, während Omar weitersprach.

»Oder aber ihr sucht euch einen Platz, wo ihr warten könntet, bis ich euch hole«, fuhr Omar fort. »Was ist mit dir, Aischa, was denkst du?«

»Ich möchte nach Deutschland!«, antwortete ich sofort.

»Das wusste ich«, sagte er. »Aber ich kann dir kein Geld geben und du wirst allein nach Deutschland umsiedeln müssen. Safiya und die Kinder können dich nicht begleiten.«

Allamdullilah, dachte ich. Die Kinder hätte ich mitgenommen, doch gewiss nicht Safiya! Jetzt war sie dran, ihre Wünsche zu äußern.

»Ich möchte hier bei unseren Brüdern und Schwestern bleiben«, sagte sie. »Und wenn das nicht mehr geht, möchte ich, dass du mich und unsere Kinder zu meiner Familie nach Algerien bringst, damit du weißt, wo du uns wieder abholen kannst.«

Sie senkte demütig den Kopf, nicht ohne mir vorher einen Seitenblick zuzuwerfen, der deutlich besagte, dass auch sie nicht die geringste Lust verspürte, mich zu begleiten.

»Dann ist ja alles geregelt«, sagte Omar. »Lasst uns jetzt zusammen essen.«

Diese Nacht gehörte mir. Nach dem Essen wartete ich vor der Tür, dass sich Omar von Safiya verabschiedete. Ich hatte meinen Niqab nicht über die Augen gesenkt und sah mir den Sternenhimmel an, bis wir ins Auto stiegen.

»Weißt du noch, wie wir von der Pilgerfahrt zurückgefahren sind?«, fragte ich in einem Anflug von Trauer. »Du hast gesagt, dass unsere Wege sich trennen werden, nur wann und wo, das wusstest du nicht. Jetzt ist es so weit. Vielleicht sitzen wir zum letzten Mal nebeneinander im Auto.«

Omar lachte. »Ich fahre mit dir nach Deutschland. Ich habe dort zu tun. Wenn es sich ergibt, werde ich dich besuchen. Aischa, wir trennen uns nicht wirklich. Hör zu, in der zweite Sure des Heiligen Korans steht: Für die, die schwören, sich von ihren Frauen zu trennen, seien vier Monate Wartezeit festgesetzt. Kommen sie dann zur Vernunft, siehe, so ist Allah verzeihend und barmherzig …«

» … und wenn sie zur Scheidung entschlossen sind, siehe, so ist Allah hörend und wissend.« Gemeinsam beendeten wir diese Verse, die auch ich auswendig kannte. Wir waren inzwischen vor unserem Haus angekommen, stiegen aber noch nicht aus.

»Ich habe die Scheidung kein einziges Mal ausgesprochen«, sagte Omar. »Und ich werde es auch in Zukunft nicht tun. Es sei denn, du zwingst mich dazu.«

»Es soll also nur eine Wartezeit sein?«, fragte ich.

»Genau das. Eine Wartezeit. Du bist und bleibst meine Frau. Wenn es Gott gefällt, wird Er einen Weg für uns finden und uns helfen, alle Schwierigkeiten zu überwinden. Komm, Aischa, lass uns ins Haus gehen. Ich sehne mich nach dir.«

19

Ende Oktober 1999 zog ich nach H. Omar und ich hatten dieses Städtchen zusammen ausgesucht, weil ich dort keine Menschenseele kannte und mir sicher war, niemandem von früher zu begegnen. Ich hatte mir vorgenommen, ganz allein und ohne jede Hilfe neu anzufangen, und war zuversichtlich, dass ich es schaffen würde. Ob ich mich je von Omar lösen könnte, stand damals noch in den Sternen. Er verunsicherte mich, indem er mich erneut umwarb, plötzlich alles tat, um meine erkalteten Gefühle zu wecken und mich an sich zu binden. Ich spürte sehr wohl, dass es ihm gelang, mich zu schwächen, und konnte mich schlecht dagegen wehren. Nur warten, dass er ging.

Drei Tage verbrachten wir in einer Gästewohnung der Moschee, währenddessen suchten wir ein Appartement. Es war schnell eingerichtet. Einiges hatte ich aus Bosnien mitgebracht, den Rest kauften wir gleich vor Ort. Ein paar Töpfe, etwas Geschirr und Bettwäsche, einen Tisch und zwei Stühle, eine Matratze, mehr brauchte ich nicht. Es wurde Zeit, Abschied zu nehmen.

»Ich werde dich jeden Freitag nach dem Gebet anrufen, wenn ich es kann«, sagte Omar und legte einen Briefumschlag auf den Tisch. »Darin ist Geld. Und die Telefonnummer von der Moschee. Du kannst jederzeit dorthin, die Leute werden dir helfen.«

»Ich will doch allein zurechtkommen!«, unterbrach ich ihn. Mein Mund war trocken, meine Kehle wie zugeschnürt.

»Aischa. Kein Mensch findet allein das Glück, jeder braucht eine Familie, Brüder und Schwestern.«

»Lass uns nicht wieder damit anfangen«, erwiderte ich. »Hör zu, ich glaube, es ist Zeit, dass du gehst. Assalamu alaikum, Omar.«

»Alaikum assalamu, Aischa. Friede sei mit dir.«

Er fuhr davon. Ich warf mich auf meine Matratze und weinte.

Fast jeden Abend weinte ich vor Einsamkeit. In all den Jahren davor waren ständig Menschen um mich herum gewesen, eine Art muslimische Großfamilie hatte einen Kokon um mich gesponnen, von dem ich mich gewaltsam zu befreien versuchte. In Bocinja zu leben bedeutete, gefangen und vollkommen abhängig zu sein, aber auch geborgen. Das verstand ich erst, als ich diese Geborgenheit verloren hatte.

»Wir waren doch da, warum bist du nicht zu uns gekommen?«, fragten später meine Geschwister. Ich konnte ihnen nur erklären, dass ich nicht als Bettlerin vor ihrer Tür stehen wollte, sondern erst, wenn es mir gelungen war, wieder die Zügel meines Lebens in die Hände zu nehmen. Und das Kopftuch definitiv abzulegen. Vom Islam wollte ich mich nicht entfernen, aber ich musste mich von dem Korsett der Hohen Scharia befreien, von diesem einengenden Gedankengut, das ich inzwischen verinnerlicht hatte. Niemand machte mir während dieses Jahres in H. Kleidervorschriften. Es gab keine Regeln mehr außer denen, die ich mir selbst setzte. Ich hatte die Freiheit so sehr herbeigesehnt und nun konnte ich nichts damit anfangen, lebte kaum anders als im Mudschaheddin-Dorf. Nur einsamer. Ich ging viel am Fluss entlang spazieren, immer mit Kopftuch, und vermied es, die Menschen anzuschauen, die mir entgegenkamen. Wenn sie mich trotzdem grüßten, antwortete ich und lief schnell weiter, um jedes Gespräch zu verhindern. Muslimische Menschen mied ich ebenfalls. Nur an den islamischen Festtagen und zum Fastenbrechen ging ich in die Moschee und saß eine Weile mit den Frauen zusammen. Sie waren freundlich zu mir, luden mich ein, sie zu besuchen, und hätten mich sicher wie eine Schwester aufgenommen, wenn ich es nur zugelassen hätte.

Eines Tages klingelte das Telefon und ich nahm ab in der Annahme, es sei Omar. Doch zu meiner Überraschung erklang eine mir fremde Stimme.

»Hallo, sind Sie Doris? Ich heiße Tina. Man hat mir in der Moschee Ihre Nummer gegeben, weil Sie in Bosnien gelebt haben. Mein Mann ist jetzt dort.«

Sie klang ängstlich, sagte, sie wolle mich kennen lernen. Ihr Mann hatte länger nichts von sich hören lassen, und nun war sie in großer Sorge. Ich ließ mir ihre Nummer und den Vornamen ihres Mannes geben und versprach ihr, sie in den nächsten Tagen zurückzurufen. Bevor ich mich mit ihr traf, wollte ich mit Omar Rücksprache halten, der wie versprochen fast jeden Freitag anrief und sich nach mir erkundigte.

»Ihr Mann kommt aus Algerien und heißt Ibrahim. Kennst du ihn?«, fragte ich bei unserem nächsten Telefonat, nachdem ich ihm von Tina erzählt hatte.

»Ja. Es geht ihm gut. Du darfst diese Frau besuchen oder sie zu dir einladen und sie beruhigen.«

Auf diesem Wege teilte mir Omar mit, dass ich mit Tina reden durfte, aber vorsichtig sein musste. »Man weiß nie, ob man abgehört wird oder nicht, es ist besser, wenn du dich daran gewöhnst, so zu reden, dass nur wir verstehen, was gemeint ist«, hatte er mir vor Jahren mal eingeschärft, als ich noch dachte, diese absurde Maßnahme gehöre zu seinen Indianer-Spielchen. Inzwischen war es mir in Fleisch und Blut übergegangen, weil ich wusste, wie ernst es diesen Männern war. Etliche von ihnen hatten genug getan, dass man sie hier für Jahre hinter Gitter gebracht hätte. Wie tief mochte Omar selbst darin verwickelt sein? Ich dachte ungern darüber nach und hoffte nach wie vor gegen jede Vernunft, er werde sich eines Tages von seinem Dschihad abwenden. Nicht meinetwegen, sondern seinetwegen. Meine Ehe war in den letzten Jahren eine Qual gewesen, die Wartezeit würde mit einer Scheidung enden, eine Alternative sah ich nicht.

Ich traf Tina zum ersten Mal im Restaurant eines Kaufhofs. Weder sie noch ich wollte die andere zu sich einladen, wir waren beide lieber vorsichtig, sie sogar mit gutem Grund: Ihr Mann hatte schon einmal in einem deutschen Gefängnis gesessen und im Gegensatz zu Omar war er kein deutscher Staatsbürger. Die beiden waren noch nicht lange verheiratet und beim nächsten Vergehen drohte ihm die Ausweisung. Tina fasste gleich Vertrauen zu mir. Kaum saßen wir zusammen am Tisch, schon erzählte sie mir ihr halbes Leben.

»Ich habe einen Sohn aus erster Ehe«, sagte sie. »Das macht alles so wahnsinnig schwierig, weil der Kleine jedes zweite Wochenende mit seinem leiblichen Vater verbringt: Wenn er ihm je erzählt, was bei uns los war, dann könnte mein Ex mir das Kind vom Jugendamt wegnehmen lassen.«

Tina blickte misstrauisch um sich, als wären die anderen Gäste Spione, schüttelte dann den Kopf und fuhr fort.

»Das ist eine lange Geschichte, ich erzähle sie dir ein anderes Mal. Magst du mich mal besuchen? Ich arbeite halbtags, um vier hole ich mein Kind vom Hort ab, entweder davor oder danach, wenn er schon im Bett ist.«

»Hast du Angst, dass er mich sieht?«, fragte ich.

»Nur wegen deines Kopftuchs, weißt du. Ich persönlich habe nichts dagegen, aber sein Vater schon.«

Ich erklärte ihr, dass ich es nur draußen trug und es im Haus immer abnahm, wenn ich mich sicher fühlte.

»Ach so, du trägst es als Schutz. Doch nicht, weil du dich vor Männerblicken fürchtest? Ich will dir ja nicht zu nahe treten, aber das frage ich mich, seit ich dich gesehen habe. Du wirkst nämlich gar nicht so schüchtern!«

»Das bin ich auch nicht. Außerdem wird man mit Kopftuch noch viel mehr angeschaut als ohne, das Stück Stoff zieht regelrecht alle Blicke auf sich. Nein, das ist es nicht. Ich brauche das, sonst fühle ich mich nackt. Und weil es eine Barriere zwischen mir und den Leuten aufbaut. Kein Mensch fragt eine Frau mit Kopftuch nach der Uhrzeit oder nach dem Weg. Niemand sucht Kontakt zu ihr.«

»Das möchtest du? Allein sein? Das verstehe ich nicht. Und wie ist es mit mir?«

»Anders. Es tut mir gut, mit dir zu reden«, antwortete ich.

Tina war der einzige Mensch, mit dem ich in jenen Monaten einen privaten Kontakt pflegte. Ich meinte sogar, wir hätten uns richtig angefreundet, weil wir uns fast wöchentlich trafen. Bald lernte ich ihren Sohn kennen, einen netten, aber kränklichen Jungen, der mich an Safiya erinnerte. Mit seinen sieben oder acht Jahren brauchte er nur über Bauchschmerzen zu klagen, schon durfte er zu Hause im Bett bleiben und seine Mutter sagte eine Verabredung mit mir ab.

Als aber Ibrahim nach Hause zurückkehrte, sahen wir uns weniger oft. Zwei Monate war er in Bosnien geblieben, das war ungefähr die Zeit, die neue Mudschaheddin in Trainingslagern verbrachten. Doch obwohl ich mir ziemlich sicher war, dass er eine militärische Ausbildung absolviert hatte, sagte ich nichts. Ibrahim erzählte Tina irgendwelche Märchen über Geschäfte, die er angeblich getätigt hatte und in Zukunft noch tätigen wollte. Sie schluckte alles, war bloß froh, dass er wieder da war und ihr Geld und Geschenke mitgebracht hatte. Warum Ibrahim im Gefängnis gewesen war, erfuhr ich nie. Einmal fragte ich nach, aber Tina sprach wieder von einer langen Geschichte, die sie mir lieber ein anderes Mal erzählen wolle. Es gehe um einen Diebstahl, den aber nicht er begangen hatte, er sei von anderen Leuten angeschwärzt worden, habe seine Unschuld bloß nicht beweisen können. Eine Art Autoschieberei sei das gewesen, mehr nicht. Sie hielt ihren Mann für einen Heiligen und das war mir unangenehm: einerseits weil er wie ein Schurke aussah und sicher einer war, andererseits weil ich mich selbst in ihr erkannte.

Ich hörte mich selbst sprechen. Genau so hatte ich bei meinem Bruder versucht, meinen Mann zu verteidigen, genau so bemühte ich mich, Omar vor mir selbst rein zu waschen. Mir war, als würde mir Tina einen Spiegel vor die Nase halten, und was ich darin sah, gefiel mir ganz und gar nicht: eine Frau, die im Grunde die Wahrheit kannte, sich aber blind stellte. So durfte es nicht weitergehen. »Doris, hör endlich auf, dich zu belügen!« oder »Leg doch auf, wenn Omar nächstes Mal anruft!« Immer wieder sprach ich solche Sätze in meinem Appartement laut vor mich hin, gab mir selbst Befehle und setzte mir Fristen, die ich dann doch nicht einhielt. Wenn das Telefon nach dem Freitagsgebet klingelte, wartete ich eine halbe Ewigkeit und sah meiner Hand zu, die sich zum Hörer bewegte, sich darauf legte.

»Wie geht es dir, Aischa, wo warst du? Ich dachte, du wärst gar nicht da.«

Dann träufelte mir Omar verführerische Sätze ins Ohr, wie ein Arzt seinem Patienten schmerzbetäubende Medizin verabreicht.

Von Gott sprach er, von Seinem Willen, der aus uns das macht, was wir sind.

»Es war von Ihm vorbestimmt, dass wir einander begegneten und liebten, Aischa. Er hat uns zusammengeführt, und was Er einmal zusammengeführt hat, kann kein Mensch trennen.«

Seine Worte ergriffen von mir Besitz wie eine Droge, und ich ließ mich von seiner Stimme erwärmen und einlullen, die beständig wiederholte, unsere Ehe sei heilig. Selbst nachdem wir aufgelegt hatten, klang sie noch Stunden später in meinen Ohren nach.

Mitte Dezember kündigte er an, dass er mich besuchen wolle, und fügte hinzu, dass es große Änderungen gebe.

Ich horchte auf. »Beruflich?«, fragte ich und meinte damit, ob er sich vom Dschihad distanzieren wolle.

»Auch das«, antwortete er. »Warte, bis ich bei dir bin. Ich werde dir Dinge berichten können, die dich erfreuen.«

Um Weihnachten kam er vorbei, wenn auch nur kurz. Er richtete mir Grüße von Brüdern und Schwestern aus, die in verschiedenen Ländern lebten. Wenn er sie tatsächlich noch sah, bedeutete es, dass ich mich wieder belogen hatte.

»Du wirst diesen Weg wohl niemals verlassen«, sagte ich zu ihm.

»Habe ich je behauptet, dass ich es tun würde?«, fragte er und lächelte mich an. »Aischa, hör mir mal gut zu, ich weiß, dass unser Kampf gerecht und von Gott gewollt ist. Deswegen werde ich niemals damit aufhören.«

»Dein Kampf«, korrigierte ich. »Es ist dein Kampf und nicht meiner. Ich will keinen Krieg, in dem unschuldige Menschen sterben, und es stimmt auch nicht, dass Gott ihn will, denn Er ist gegen das Töten.«

Manchmal antwortete Omar darauf mit einem Zitat aus dem Koran, in dem steht, dass es erlaubt ist, Ungläubige zu töten, weil sie Gottesfeinde sind. Diesmal nahm er meine Hände in seine und sah mich an.

»Bitte, kämpfe nicht gegen mich, Aischa. Das ist alles, worum ich dich bitte. Wenn du es trotzdem versuchst, wirst du dich selbst vernichten.«

»Das klingt wie eine Drohung«, sagte ich.

»Nicht ich bedrohe dich, Aischa. Das Heil deiner Seele ist in Gefahr. Du bist hier unter Ungläubigen, und ich fürchte, dass du dich vom richtigen Glauben abwendest. Das darfst du nicht. Du sollst schließlich nach der Auferstehung im Paradies an meiner Seite weilen.«

»Wie kannst du dir so sicher sein, dass du ins Paradies kommst?«

»Wer im Heiligen Krieg kämpft, wird von Gott belohnt werden. So ist es, Aischa. Und jetzt lass uns schlafen gehen.«

Er übernachtete nur diese eine Nacht bei mir und fuhr am nächsten Tag weiter. Trotz meiner Einsamkeit war ich erleichtert, dass er nicht länger blieb.

Gleich nach meiner Ankunft in H. war ich zum Sozialamt gegangen, um Unterstützung zu beantragen. Dort hatte man mir eine Umschulung zur Büroassistentin angeboten, die im Januar 2000 begann. Entsetzt stellte ich fest, wie viel ich in Bosnien verlernt hatte, sogar die eigene Muttersprache war mir fremd geworden. Zwar konnte ich mich durchaus normal unterhalten, aber wenn es darum ging, Geschäftliches zu erklären oder Aufsätze zu schreiben, suchte ich hilflos nach Worten und fühlte mich vor allem bei der Rechtschreibung unsicher. Sobald mich der Lehrer direkt ansprach, leerte sich mein Hirn vor Schreck und ich stotterte nur. Schwierig war es auch mit den Mitschülern. Sie mochten mich nicht, hielten mich für arrogant, weil ich lieber für mich blieb. Ich lehnte es ab, mit ihnen nach der Schule in die Kneipe oder ins Kino zu gehen, und sprach sie von mir aus nicht an.

Eines Nachmittags setzte sich Marie, eine Frau in meinem Alter, zu mir und unternahm den Versuch, mich in die Klassengemeinschaft zu integrieren.

»Einmal möchte ich dich gern ohne Kopftuch sehen, Doris«, sagte sie und wollte wissen, was ich für eine Haarfarbe hätte, wie lange ich schon Muslima sei und wo ich herkäme.

Ihre Neugierde war mir unangenehm, doch sie ließ nicht locker und lud mich mehrmals zu sich ein. Schließlich gab ich mir einen Ruck und akzeptierte ihre Einladung, doch nur um in letzter Minute telefonisch abzusagen. Allein der Gedanke, mit ihr und ihrem Mann höflich am Tisch zu sitzen und Kaffee zu trinken, war unerträglich. Ihre Fragen und seine Blicke hätte ich nicht verkraftet. Wenn er sie von der Schule abholte, schaute er mich jedes Mal schweigend an, als sei ich ein Ausstellungsstück.

An einem Sonntag rief ich bei meinem Vater an, nur um seine Stimme zu hören, legte jedoch auf, sobald er antwortete. Dann wählte ich die Nummer von Gabi, mit der ich seit Monaten nicht mehr gesprochen hatte. Gleich begann sie mit einer heftigen Schimpftirade auf Hammi und seine zweite Frau.

»Du, ich bin in Deutschland, gar nicht mal so weit weg von dir«, versuchte ich ihren Redefluss zu unterbrechen.

»Ja? Dann besuch mich doch mal, und ich führe dir vor, wie ich dieses kleine Miststück behandle. Ich lasse sie schuften, rühre keine Finger mehr, seit sie da ist.«

Sie hörte sich an, als sei sie betrunken. Ich sprach sie direkt darauf an.

»Ja, ich habe wieder angefangen. Whisky. Wenn du hier wärst, könntest du einen mit mir trinken. Hast du vielleicht etwas dagegen? Wage es nicht, mir Vorwürfe zu machen!«

»Keine Angst, ich trinke nicht, aber ich rauche wieder.« Vor lauter Einsamkeit hatte ich mir kürzlich eine Schachtel Zigaretten gekauft. »Eine oder zwei am Abend, mehr nicht, mir wird das sonst zu teuer.«

»Ach ja. Und ich rauche Kette. Zwei Schachteln am Tag, seit dieser Kerl …«

Von ihr war weder Aufmerksamkeit noch Zuwendung zu erwarten, inzwischen bereute ich, sie überhaupt angerufen zu haben, und beendete das Gespräch rasch.

Irgendwann im Frühling stand Omar unerwartet vor meiner Tür und forderte mich auf, zu ihm zurückzukehren. Bald würde er in Saudi-Arabien einen festen Wohnsitz haben, eine Arbeit hatte er schon in der Hauptstadt Riad.

»Es ist eine große Videofirma, die normale Spielfilme im ganzen Land verleiht und verkauft, auch Tonkassetten haben wir im Programm. Außerdem lasse ich mich zum Journalisten ausbilden, damit ich überall arbeiten kann. Dein Mann wird Reisejournalist, wie findest du das, Aischa?«

»Dann läuft ja alles gut für dich«, sagte ich nur und brach in Tränen aus.

Wie hart dieses Jahr in Deutschland war, kann sich keiner vorstellen. Es war wie eine langsame, nie endende Talfahrt. Dieses ständige Alleinsein kostete mich immer mehr Kraft, es höhlte mich aus. Anstatt dass es mir allmählich besser ging, rutschte ich unaufhaltsam in die Depression hinein. »Du bist gescheitert, du schaffst es nicht, du wirst es niemals schaffen«, so fing ich an, mit mir zu reden. Manchmal ging es mir so schlecht, dass ich mich regelrecht zwingen musste, das Haus zu verlassen, um in die Schule zu gehen. Tina hatte mir ihren alten Fernseher geschenkt, abends saß ich davor, starrte auf die bunten Bilder und dachte nur daran, dass ich unfähig war, in dieser Welt zu überleben, dass ich keins der Ziele, die ich mir selbst gesetzt hatte, je erreichen würde. Und niemand war da, der mir widersprochen und Mut gemacht hätte.

Als Omar mich nun in die Arme nahm, wurde ich noch kleiner. Ich lehnte den Kopf an seine Brust und schluchzte hemmungslos. Er war sehr lieb und versprach, einen Tag länger bei mir zu bleiben als geplant, um mich zu trösten.

»Aischa, es sind doch nur noch ein paar Monate, bald ist diese Wartezeit vorbei!«, wiederholte er und drückte mich an sich. »Sobald deine Schule zu Ende ist, kommst du nach Riad zu mir!«

Ich sagte weder ja noch nein, sondern nur, dass ich es mir überlegen würde. Damit gab sich Omar zufrieden. Er spürte, dass ich nicht stark genug war, um mich endgültig von ihm zu trennen. Als er wegfuhr, war ich schwach wie ein Kind und hasste mich dafür.

Alles fing wieder von vorne an. »Sieh doch ein, dass er dein Schicksal ist, hör auf, dich dagegen zu wehren«, sagte ich zu mir. »Du kannst nichts dagegen tun, du wirst an diesen Mann, der dir nur Schlechtes bringt, bis zu deinem Tod gefesselt bleiben.« Ich fing an, Zettel an die beiden Türen meines Kleiderschranks zu kleben, kleine gelbe Post-its. Auf der linken Seite war alles, was ich Omar vorzuwerfen hatte, auf der rechten das, was ich an ihm mochte. Links war die ganze Schranktür gelb, von oben bis unten. Rechts hingen nur drei oder vier Zettelchen,

»Er liebt Dich«, »Er wird sich um Dich kümmern«, »Er wird Dich niemals fallen lassen«, solche Sätze hatte ich da notiert. Mehr fiel mir nicht ein. Ich wusste nicht mal, ob ich noch Liebe für ihn empfand. Negatives dagegen konnte ich endlos auflisten: »Er behandelt mich schlecht«, »Er hat mich mehrmals geschlagen«, »Er verbietet mir alles«, »Er sperrt mich ein«, »Er geht fremd, betrügt mich mit seiner Algerierin«, »Wer weiß, wie viele Frauen er noch heiratet«, »Er hat mich und meine Familie entzweit«, »Er hat nur den Dschihad im Kopf«, »Er zwingt mir ein Leben auf, das ich auf keinen Fall führen will«, »Er hat Geheimnisse vor mir«, »Er tut illegale Dinge«, »Er macht mich zu seiner Komplizin«, »Er zwingt mich zu lügen«.

Im Juni war ich so fertig, dass ich mir nur noch wünschte, man würde Omar verhaften. Dann wäre ich endlich von ihm erlöst! »Zeigen Sie ihn bei der Polizei an, wir können für Sie nichts tun«, hatte man mir damals in Sarajewo gesagt. Ich überlegte, ob ich es tun sollte, zögerte noch. Was konnte ich als Beweise vorbringen? Ich hatte nichts in der Hand! Nicht mal eine seiner Dschihad-Videokassetten besaß ich, kein Bild, kein Stück Papier. Nichts! Würde man mir glauben, wenn ich anrief und sagte: »Guten Tag, mein Mann ist für den Heiligen Krieg unterwegs, in Deutschland beliefert er radikale Islamisten mit Propagandamaterial, um junge Muslime aufzuheizen und aus ihnen Gotteskrieger zu machen. Ich weiß von seinen Geldschiebereien, von den vielen Ausweisen, die er besitzt, ich weiß, dass er verschiedene Namen benutzt und viele Gesichter hat: Er ist ständig unterwegs für seine Hetzkampagnen gegen den Rest der Welt, aber ich kann nichts beweisen. Bitte stecken Sie ihn hinter Gitter, bevor es zu spät ist.«

Je länger ich es mir überlegte, desto klarer wurde mir, dass ich diesen Schritt tatsächlich tun wollte, tun musste. Nicht nur für mich. Wie gefährlich Omar und seine Mudschaheddin waren, wusste ich damals, etwa ein Jahr und drei Monate vor dem 11. September 2001, selbstverständlich nicht, aber immerhin wusste ich von ihrer Existenz und dass all diese Männer zusammen an etwas bastelten, wovor mir Angst und Bange wurde. Sie bekämpften die Ungläubigen, wollten diese aus muslimischen Ländern verjagen und fanden es vollkommen in Ordnung, Menschen zu töten, die keine Muslime waren. Ich konnte nichts beweisen, na und? Vielleicht würde das, was ich an Informationen besaß, trotzdem helfen, dass man ihnen das Handwerk legte!

Aber an wen sollte ich mich wenden? Wer war zuständig, wer würde mir zuhören und etwas unternehmen? Doch nicht die normale Polizei, dachte ich, und trotzdem sah ich mir das Polizeirevier von außen an. Es flößte mir kein Vertrauen ein. Ich stand unschlüssig davor, als ein Beamter auf mich zukam. Gelähmt vor Angst meinte ich, dass er mich jetzt verhaften würde, doch er ging vorbei, ohne mich zu beachten. Ich lief in die entgegengesetzte Richtung davon. Ich würde nur am Telefon mit jemandem sprechen.

Einige Tage später fasste ich mir ein Herz und rief das Auswärtige Amt in Bonn an. Ich bildete mir ein, das sei die richtige Anlaufstelle, schließlich war Omar ein Deutscher, der im Ausland lebte. Bestimmt würde dort jemand aufhorchen und mir helfen.

»Worum geht es?«, fragte mich die Dame von der Telefonzentrale.

»Um den Dschihad, hier in Deutschland und im Ausland«, antwortete ich.

»Was ist das?«, fragte sie nun. »Ich habe Sie nicht verstanden, könnten Sie das bitte noch mal wiederholen?«

»Dschihad bedeutet Heiliger Krieg auf Arabisch, es geht um Terrorismus, aber hier in Deutschland. Um Verbrechen …«

»Ich weiß nicht, ob Sie bei uns richtig sind, vielleicht probieren Sie es zuerst bei der Polizei«, versuchte sie mich nun abzuwimmeln.

»Nein«, beharrte ich, »weil die Dinge, von denen ich spreche, vor allem im Ausland geschehen. Können Sie mich bitte mit jemandem verbinden, der sich mit arabischen Ländern auskennt?«

»Bleiben Sie bitte einen Augenblick dran, es kommt ein anderes Gespräch rein …«

Ich stand in der Telefonzelle und wartete. Eine Minute, zwei Minuten, draußen gestikulierte eine Frau, um mir zu sagen, dass sie auch telefonieren wollte. Ich warf neue Münzen ein.

»Sind Sie noch dran? Der Zuständige ist in der Mittagspause, wenn Sie nach vierzehn Uhr wieder anrufen könnten oder, noch besser, morgen früh gegen zehn?«

»Da bin ich in der Schule«, antwortete ich. »Gibt es bei Ihnen denn niemand, der jetzt Zeit für mich hat? Jetzt sofort.«

»Sie haben es aber eilig«, scherzte die Telefonistin. »Nein, jetzt sofort geht gar nicht. Es tut mir Leid, rufen Sie später wieder an oder gehen Sie zur Polizei, da ist immer jemand.«

Am nächsten Tag gelang es mir, mit einem Beamten verbunden zu werden, der weder nach meinem Namen noch nach meiner Telefonnummer fragte. Er ließ mich deutlich spüren, dass er mich nicht ernst nahm. Offensichtlich hielt er mich für eine dieser deutschen Frauen, die einen Araber heiraten und es bald bereuen, wenn sie merken, dass sie mit den kulturellen oder religiösen Unterschieden doch nicht klarkommen. Kurz: Er glaubte mir nicht!

»Beruhigen Sie sich, überlegen Sie sich gut, ob Sie Ihren Mann wirklich des Terrorismus' beschuldigen möchten. Man sollte nicht leichtsinnig mit solchen Wörtern umgehen, ich schlage vor, dass Sie darüber schlafen. Vielleicht wachen Sie morgen auf und stellen fest, dass es bloß ein kleiner Ehestreit war, der Sie so wütend macht. Und wenn Sie sich sicher sind, dass es sich nicht um Lappalien handelt, dann melden Sie sich bitte wieder bei mir.«

Er legte auf. Nach diesem Gespräch war mir, als könnte ich diesen Herrn vor mir sehen. Einen Mann in einem eleganten Anzug, der sich in einem bequemen Ledersessel drehte, auf seine Fingernägel blickte und nach einer Polierfeile griff, als gäbe es nichts Wichtigeres auf der Welt als gepflegte Hände. Fünfzehn Monate später wäre er hektisch aufgesprungen, hätte sein Tonbandgerät eingeschaltet, die Kollegen alarmiert und mir auf der Stelle jemanden vorbeigeschickt, der mir zugehört hätte. Fünfzehn Monate später sollte al-Qaida die USA angreifen – unter Beteiligung von Tätern aus Deutschland.

Am letzten Schultag fand eine kleine Feier statt. Bevor ich den Klassenraum betrat, ging ich auf die Toilette und nahm mein Kopftuch ab. Die ganze Zeit hatte ich es mir schon vorgenommen und nicht geschafft; es war für mich eine Mutprobe. Als ich die Tür öffnete, sahen mich die Mitschüler und der Lehrer fragend an.

»Guten Tag«, sagte ich.

»Ach, Frau Glück, Sie sind das! Ich hätte Sie beinahe nicht erkannt! Sie sehen so verändert aus«, meinte der Lehrer.

»Ich hoffe, du bleibst jetzt so. Wenn du wüsstest, wie dieses Ding dich entstellt!«, rief Marie.

»Ach, du siehst jetzt richtig nett aus. Wenn du von Anfang an so aufgetreten wärst, hätte ich dir glatt den Hof gemacht«, sagte ein Mitschüler.

Alle lachten. Wir gratulierten uns gegenseitig zum gelungenen Abschluss und jeder erzählte von seinen Plänen. Nur ich nicht.

»Was hast du jetzt vor, Doris? Magst du es uns nicht verraten?«

»Erst mal verreisen. Danach wird sich alles ergeben«, antwortete ich.

»Und wohin?«

»Nach Saudi-Arabien.« Ich versuchte tapfer zu lächeln. »Zu meinem Mann. Er lebt zurzeit dort.«

»Du kannst nicht alleine in Deutschland bleiben«, hatte Omar einen Monat zuvor am Telefon gesagt. »Du bist dort viel zu unglücklich. Sobald dein Kursus zu Ende ist, kommst du her. Es wird dir gefallen, wie damals, als wir zusammen auf der Hadsch waren. Du erinnerst dich doch daran, wie schön es hier ist. Ich suche uns ein modernes Haus aus, Aischa. Ich brauche dich hier, ich brauche eine Frau, die mir hilft, die da ist, wenn ich abends nach der Arbeit nach Hause komme.«

Was mit Safiya sei, hatte ich zwischendurch gefragt.

»Um sie geht es nicht«, hatte Omar geantwortet, »sondern um dich. Ich frage dich, weil ich dich vermisse und dich brauche. Sag, dass du kommst, Aischa. Eins kann ich dir versprechen, hier wird dein Leben viel, viel besser sein als früher, wenn du es nur willst. Warum bist du so hart zu dir und zu mir auch? Du bist nicht glücklich, du kannst mich nicht belügen, und in deinem Herzen weißt du schon, dass du herkommen wirst ...«

»Das stimmt nicht«, hatte ich protestiert. »Ich würde nur kommen, wenn du mir versprichst, dass es diesmal anders wird. Wirklich anders.«

»Du tust so, als würde das nur von mir abhängen, aber es

hängt auch von dir ab. Wir haben beide Fehler gemacht. Eine einzige Sache kann ich dir garantieren: dass ich dich niemals gegen deinen Willen festhalten werde. Aischa, ich möchte, dass du kommst. Willst du wieder gehen, was ich nicht glaube, dann werde ich dich nicht daran hindern, im Namen Allahs gebe ich dir mein Wort.«

»Wenn du es im Namen Allahs schwörst, weiß ich, dass du diesen Schwur nicht brechen wirst. Ich komme aber nur mit einem Rückflugticket in der Tasche. Für mich ist es der letzte Versuch.«

»Allamdullilah«, hatte Omar gerufen. »Den Rückflug wirst du nicht brauchen. Aischa, nimm einen Stift und schreib auf, was du tun musst.«

Er konnte mich nicht selbst abholen, wollte mir aber von seiner Firma eine Bescheinigung senden, dass er dort angestellt sei. Dieses Papier müsste ich dann zusammen mit meinem Pass an die Botschaft von Saudi-Arabien schicken. Ich kratzte alles Geld zusammen, das ich noch hatte, und mit dem, was mir Omar bei seinem letzten Besuch gegeben hatte, reichte es gerade für ein Ticket mit offenem Rückflugtermin. Wenn ich auf meine innere Stimme gehört hätte, wäre ich nicht hingeflogen.

»Ich habe jetzt schon das Gefühl, eine falsche Entscheidung getroffen zu haben«, sagte ich Tina, bei der ich die letzten Tage verbrachte und die wenigen Sachen deponierte, die ich besaß.

»Das kann gut sein. Mich würde es nicht wundern, wenn du in sechs Monaten wieder bei mir vor der Tür stehst und sagst, dass du deine Sachen brauchst.«

»Ich danke dir für deine Hilfe. Es ist sehr lieb von dir, dass ich bei dir übernachten durfte«, sagte ich zum Abschied und umarmte sie.

»Ach was! Wofür sind Freundinnen denn da? Ich werde dich vermissen«, erwiderte sie nur. »Komm bald wieder!«

20

Im November 2000 flog ich von Frankfurt nach Riad, kam dort in der Nacht an und musste anderthalb Stunden am Zoll warten, bis alle Passagiere durchgeschleust waren.

»Jella, jella«, riefen die Angestellten, schneller, los, los!

Es war ein heilloses Chaos, ein Geschrei und ein wahnsinniges Gedränge. Ein Geschäftsmann, der mit seiner Frau im Flugzeug unweit von mir gesessen hatte, half mir, die Formulare auszufüllen, die alle in Arabisch und Englisch waren. Später nahm er meine Koffer für mich vom Förderband, stapelte sie auf einen Wagen und zeigte mir den Ausgang. Dazwischen musste ich mehrere Schleusen durchlaufen. Wie schon auf der Reise nach Mekka musste ich mich nackt ausziehen, Gott sei Dank blieb mir diesmal jedoch die Leibesvisitation erspart. Es gab Schleusen mit Metalldetektoren und andere, in welchen das Gepäck durchleuchtet wurde.

Jeder, der nach Saudi-Arabien einreisen wollte, musste diese Prozedur über sich ergehen lassen. Obwohl das Flughafengebäude eine Klimaanlage hatte, war ich unter meinem bodenlangen schwarzen Mantel und meinem Niqab nass geschwitzt, als ich endlich die letzte Schleuse passierte. Ich hielt Ausschau nach Omar, konnte ihn unter den vielen Wartenden aber nicht erkennen. Alle schrien und gestikulierten wie die Verrückten, und ich dachte schon, gleich falle ich in Ohnmacht, als ich plötzlich seine Stimme hörte, die meinen Namen rief. Mühevoll schob ich mich und mein Gepäck durch die Menge in seine Richtung. Da nahm er meine Hand und drückte sie. Diese Geste überraschte und rührte mich zugleich, ich hatte nicht erwartet, dass er mir öffentlich auf diese Weise seine Zuneigung zeigen würde.

Vollkommen erledigt von der Hektik und dem Gewirr der vielen arabischen Sprachen ließ ich mich ein paar Minuten später auf den Beifahrersitz seines Autos fallen.

»Dass es so heiß ist, mitten in der Nacht, das hätte ich nicht erwartet«, sagte ich.

»Heiß? Es ist angenehm kühl«, lachte Omar. »Warte mal, bis es Tag wird! Willkommen, Aischa. Ich fahre dich jetzt ins Hotel. Noch ist unser Haus nicht ganz fertig, aber morgen kannst du es anschauen, wenn du dich ausgeruht hast. Ich bin froh, dass du da bist!«

Die Stadt Riad war hell erleuchtet. Auf der Straße herrschte ein Verkehr, als würde niemand schlafen, die Läden waren geöffnet, die Leute schienen ihren Geschäften nachzugehen – genau wie in Deutschland an normalen Werktagen. Im Hotel hatten wir eine Art Suite mit zwei ineinander übergehenden Räumen. Erst betrat man einen Vorraum, von dem aus man ins Bad, ins rechte oder ins linke Zimmer gehen konnte. Ich registrierte das automatisch und wusste sofort, warum es so gestaltet war: damit Männer und Frauen einander nicht im Wege waren.

Am nächsten Tag – ebenso wie an den folgenden – erwartete Omar Gäste, die ich bewirten sollte. Dazu bestellte er am Telefon Speisen und Getränke, die der Zimmerservice auf einem Tisch im Vorraum deponierte. Anschließend klopfte jemand an die Tür, und ich wusste, dass ich sie nun ins Zimmer holen und auf Tabletts anrichten konnte. Kurz darauf klopfte es erneut. Es war Omar, der mit seinen Gästen kam, woraufhin ich mich ins andere Zimmer verzog. Ich hätte nackt herumlaufen können, man sah und hörte mich nicht, niemand wusste, dass sich im Nebenzimmer eine Frau aufhielt. Ich selbst erblickte niemals auch nur den Rücken der Männer, die etwas brachten oder Omar besuchten. Allerdings hörte ich ihre Stimmen durch die Wand. So wusste ich keine drei Tage nach meiner Ankunft, dass in Riad die gleichen Männer waren, die ich in Bocinja schwer bewaffnet gesehen hatte.

»Und deine Firma und diese Videos, die du machst, sind das

keine Unterhaltungsfilme, wie du es mir erzählt hast?«, fragte ich Omar, nachdem sein Besuch gegangen war und wir gemeinsam auf dem ausladenden Sofa saßen.

»Doch, wir machen alles. Es ist eine sehr große Firma. Ein Zimmer ist nur für uns reserviert, dort werden meine Filme hergestellt. Möchtest du den letzten vielleicht sehen?«

Ich nickte. Es ging um das Leben von Märtyrern, so nannte er die Mudschaheddin, die im Dschihad starben, und war im Grunde dasselbe in Grün wie seine bisherigen Filme. Wieder sah ich gewalttätige Bilder, von denen mir schlecht wurde, Massengräber, in welchen die Körper der muslimischen Opfer aufeinander lagen. Eine Szene zeigte Leichen von Brüdern, die in Tschetschenien von den Russen massakriert worden waren, das Ganze begleitet von eindringlich gebrüllten Propagandaparolen.

»Ich dachte, du bist jetzt ein echter Journalist«, sagte ich.

»Das bin ich auch. Das sind meine Reportagen«, erwiderte Omar.

Am Telefon hatte er doch etwas von Reiseberichten erzählt. Oder hatte ich mich verhört?

Safiya war damals in Algerien. Ich wusste nicht, dass sie ebenfalls nachkommen würde, aber abgesehen davon zeigte sich schon in den ersten Wochen, dass mein Leben in Saudi-Arabien kein bisschen besser als in Bosnien sein würde. Im Gegenteil, denn in diesem Land war den Frauen eigentlich alles verboten. Ohne Mann durften sie nirgends hin. Schlafen, essen, beten und wieder schlafen, so verbrachte ich zwei oder drei Wochen im Hotelzimmer und verließ es nur mit Omar, um unser Haus anschauen zu fahren, das noch nicht ganz fertig war. Dort wunderte ich mich über die vielen Räume, bis Omar schließlich mit der Wahrheit herausrückte: In ein paar Wochen oder Monaten, wann genau, das stand noch nicht fest, würde auch Safiya nach Riad ziehen. Diese Nachricht erstaunte mich nicht wirklich, viel mehr wunderte mich, dass ich nicht zu toben begann und auch nicht drohte, gleich die Koffer zu packen.

»Ich hoffe, du weißt, was du tust«, sagte ich nur resigniert zu Omar. »Erinnere dich an dein Versprechen. Es sollte hier ganz anders als in Bocinja werden. Ich bin gespannt.«

»Warte, bis wir umgezogen sind. Du bist immer so ungeduldig, Aischa.«

Für mich war dieses Haus, wie sich bald herausstellen sollte, jedoch nur ein weiteres Gefängnis, größer und mit einem Hof, in dem ich mich frei bewegen durfte, es aber nicht tat, weil die Hitze draußen schier unerträglich war. Da Omar ständig Gäste hatte, die bewirtet werden wollten, musste ich ziemlich hart arbeiten. Kochen, putzen, waschen, es gab jede Menge für mich zu tun, und ich hatte keine Diener, denn so reich waren wir nicht. Zum Glück übernahmen wenigstens einige Philippinerinnen die Schwerarbeit draußen, putzten die Fenster, kehrten den Sand weg und klopften die Teppiche aus. Ich hatte überhaupt keinen Kontakt mit ihnen, nie haben wir auch nur ein Wort oder eine Geste ausgetauscht, nie hat eine mein Haus betreten. Das war nicht vorgesehen.

»Ich brauche Bewegung, sonst gehe ich hier ein«, beklagte ich mich eines Tages bei Omar. »Ich langweile mich hier zu Tode. Das ist kein Leben für mich. Ich glaube nicht, dass ich es hier lange aushalte. Irgendwann muss ich nach Deutschland zurück.«

»Was willst du dort? Was zieht dich zu den Ungläubigen?«, fragte er. »Ich verstehe nicht, dass du dich unter Muslimen nicht wohl fühlst.«

»Ich vermisse meine Freiheit«, antwortete ich. »Draußen sein, mich bewegen, spazieren gehen. Wenn ich das nicht kann, gehe ich ein.«

Kurz darauf kam er am Abend mit einem Geschenk für mich nach Hause. Stolz riss er die Verpackung auf und holte einen Hometrainer heraus.

»Freust du dich denn gar nicht?«, fragte er enttäuscht, als ich nicht gleich etwas dazu sagte.

»Doch«, antwortete ich, »aber ich möchte auch mal hier raus. Mit dir etwas unternehmen. Nicht bloß reiche Leute besuchen, wo ich dann mit den Frauen herumsitzen muss, die nichts anderes tun als essen und einander aus Leibeskräften hassen, eben weil sie nichts zu tun haben. Es ist furchtbar. Wenn du nur einmal dabei wärest, würdest du schreiend davonlaufen.«

»Bald machen wir einen Ausflug, ich verspreche es dir«, sagte er und damit war das Thema für ihn beendet.

Im Dezember flogen wir tatsächlich zweimal mit Privatmaschinen von Riad in die Vereinigten Arabischen Emirate. Allerdings nicht, um dort zu übernachten oder etwas zu besichtigen: Es waren Geschäftsreisen. Was Omar dort tat, sagte er mir nicht. Ich nahm an, dass es irgendwelche Besprechungen waren, die nicht sehr lange dauerten, vielleicht auch Filmvorführungen. Mir war das egal. Allein dieses Haus zu verlassen, in dem ich mich nie wirklich zu Hause fühlte, empfand ich als ein Geschenk Gottes. Irgendwohin fahren, über weite Wüstenlandschaften fliegen, in der Ferne das Meer sehen, das war ein Segen. Ich nahm die Schönheit dieser Gegenden auf, wie ein Ertrinkender Wasser zu sich nimmt. Vom Flugzeug aus sah ich auch Ölfelder und industrielle Entsalzungsanlagen, fand alles spannend, staunte über jede Oase, jedes bergige Gebiet, das wir überflogen. So viel Stein, so viel Reichtum, so viel Elend, so viel Herrlichkeit auf einmal, das war für mich Normalsterbliche unvorstellbar.

Eine dieser Reisen führte uns nach Dubai.

»›Do buy‹, kauf. So heißt diese Stadt, in der man alles kaufen kann, was es auf der Welt gibt. Manche nennen sie die Perle der Arabischen Emirate, für mich ist es ihre Hure«, sagte Omar verächtlich. »Ich werde dir etwas zeigen!«

Wir saßen im Fond eines Wagens, vorne waren zwei Männer, mit denen er ein paar Worte auf Arabisch wechselte, und ich verstand, dass er sie bat, einen Umweg zu machen. Wir fuhren auf einer achtspurigen Autobahn, rechts und links zog die Skyline aus Wolkenkratzern und Luxusgebäuden an uns vorüber, alles modern, als sei es in den letzten Jahren erbaut worden, ein Haus protziger als das andere. Etwas außerhalb der Stadt, auf dem Meer, aber in Küstennähe, entdeckte ich ein riesiges Segelschiff.

»Es ist das Burj al-Arab, das einzige Siebensternehotel auf der ganzen Welt«, erklärte Omar. »Burj heißt Turm und dieser Turm ist über dreihundert Meter hoch, allein der Bau hat über zwei Milliarden Dollar gekostet. Oben kann man mit dem Hubschrauber landen, wie es innen aussieht, kann ich dir nicht sagen, aber angeblich sind die Wasserhähne alle aus massivem Gold.«

Einer der Männer berichtete, das Hotel habe zwei Präsidentensuiten, die je über siebenhundert Quadratmeter groß seien, und selbst die kleinste hätte über hundertfünfzig Quadratmeter. Pro Nacht müsse der Gast mindestens zehntausend Dollar zahlen. Ich ließ die Augen nicht von diesem Wunder der modernen Architektur, doch gleichzeitig stießen mich dieser Luxus und diese Maßlosigkeit unheimlich ab.

Ein anderes Mal flogen wir gleich mehrere Orte an. Erst ging es nach Dubai, dann nach Katar. Dort musste ich im Jeep vor dem Gebäude des Fernsehsenders al-Dschasira warten, während Omar mit einem Begleiter hineinging. Als sie nach einer halben Stunde wieder herauskamen, wirkte Omar verärgert. Ich spürte, wie er seinen Zorn unterdrückte, konnte ihn jedoch nicht fragen, was los sei. Wegen der anderen Männer, die uns begleiteten, gab ich den ganzen Tag keinen Ton von mir.

Von Ende November bis Ende Dezember war Ramadan. Tagsüber wurde gefastet, am Abend gefeiert, und es kamen viele Gäste zu uns. Omar rief mich jeweils vorher an, um sie anzukündigen und mir zu sagen, wie viele Leute er erwarte und was ich vorbereiten solle. Das Haus befand sich wie alle anderen Häuser in einem Hof mit einem Tor, das sich per Fernbedienung öffnen ließ, so dass man im Hof parken konnte. Die Männer kamen durch die Vordertür herein, für die Frauen gab es einen Seiteneingang an der linken Hausfront. Im vorderen Gebäudetrakt befanden sich ein Wohnzimmer und ein Bad, dahinter unser viel größerer Wohnbereich mit einer Küche, zwei Bädern, einem Gästezimmer, einem Büro für Omar, zwei Wohnzimmern und zwei Schlafzimmern. Inzwischen stand fest, dass Safiya im Januar mit den drei Kindern nachkommen würde. Nach Maryam hatte sie noch ein kleines Mädchen geboren und war wieder schwanger. Diesmal war ihr nicht übel und sie hoffte auf einen Sohn, erklärte mir Omar.

»Wenn das nicht klappt, kannst du immer noch eine dritte Frau heiraten«, sagte ich.

Er ignorierte meinen ironischen Tonfall und erwiderte bloß, dass er es tun werde, sofern es Gottes Wille sei.

Unterdessen führte ich ihm zwar den Haushalt, wie er es wünschte, aber gehorsam war ich nicht. Vor Safiyas Ankunft beobachtete ich die Gäste, die aus den Autos stiegen, obwohl er es mir ausdrücklich verboten hatte. Ich stand im Eingangsbereich, den ich nur betreten durfte, um ihn zu putzen, wenn niemand erwartet wurde. Dort gab es ein Fenster mit einem Vorhang, den ich leicht zur Seite schob, um die Gesichter der Männer zu betrachten. Manche kannte ich aus Bocinja und auch den Bruder von Abu Haiman, bei dem wir in Damaskus einige Nächte verbracht hatten, sah ich wieder. Die Züge derjenigen, die mir nicht bekannt waren, versuchte ich mir einzuprägen. Aber ich hatte wenig Zeit und musste verschwinden, bevor sie das Haus betraten, sonst hätte mich Omar grün und blau geprügelt. Das hatte er mir ausdrücklich angedroht für den Fall, dass er mich beim Herumspionieren erwischte.

Was die Gäste brauchten, stand im Vorraum bereit. Benötigte Omar mehr, so klopfte er an die Trenntür. Es gab verschiedene Klopfzeichen, von denen jedes eine andere Bedeutung hatte. Hinten im Frauentrakt saßen dann die Ehefrauen mit ihren Kindern, die immer zu den Männern laufen wollten. Damit diese bei ihren Gesprächen oder Geschäften nicht gestört wurden, blieb die Trenntür stets abgesperrt. Einen Schlüssel hatte Omar, den anderen behielt ich. Auch hatte ich darauf bestanden, eine eigene Fernbedienung für das Tor zu bekommen. Ich benutzte sie zwar kein einziges Mal, aber sie zu besitzen, verschaffte mir die Illusion, frei zu sein und jederzeit gehen zu können. Wenn die Herren ihr Mahl beendet hatten, stellten sie die Tabletts in den Zwischenraum und klopften, so dass ich sie holte und den Frauen brachte. Wir aßen dann gemeinsam die Reste auf. Meist war ich froh, wenn endlich alle gingen und ich meine Ruhe hatte.

»Weißt du, wer uns letzte Nacht mit seinem Besuch beehrt hat?«, fragte Omar eines Morgens nach dem Gebet.

»Wer denn?«, fragte ich.

Eigentlich war ich angenehm überrascht, dass er mir überhaupt von diesem Besuch erzählen wollte, denn in letzter Zeit war er außerordentlich schweigsam geworden. An dem Glanz in seinen Augen und seinem ehrfurchtsvollen Ton ließ sich unschwer erraten, dass es sich um eine sehr wichtige Persönlichkeit handelte. In der Nacht hatte ich zwei oder drei Autos gehört, auch mehrere Männerstimmen, aber da Omar zu Hause war, konnte ich nicht auf meinen Beobachterposten. Ich hatte bloß Tee, Wasser, Datteln und Kekse hingestellt, wie er es wünschte.

»Geh schlafen, heute kommen keine Frauen. Wenn wir noch etwas brauchen, werde ich es selbst holen«, hatte er gesagt, und das war mir recht. Sonst hatte ich nichts gehört, auch nicht, wie die Männer davongefahren waren.

»Sag schon, wer war denn da?«, wiederholte ich.

»Osama«, antwortete Omar versonnen. »Osama bin Laden mit seinen Leibwächtern.«

Ich wusste sehr wohl, wer dieser Osama bin Laden war. Der Kriegsherr aus Afghanistan, der damals schon von den internationalen Geheimdiensten wegen zahlreicher Verbrechen gesucht wurde. Omar und alle anderen Mudschaheddin verehrten diesen Mann. Und er war bei uns zu Hause gewesen! Mir lief es eiskalt den Rücken hinunter, doch ich ließ es mir nicht anmerken.

»Ach ja?«, fragte ich beiläufig, als würde es mich überhaupt nicht interessieren. »Ihr beide macht jetzt also Geschäfte miteinander? Was denn für Geschäfte?«

»Das geht dich nichts an«, sagte Omar trocken.

»Entschuldigung. Ich meine, es ist doch gut für dich, wenn ein so wichtiger Mann deine Filme kauft, oder?«

Er warf mir einen misstrauischen Blick zu, erwähnte nie mehr, wer zu Besuch kam. Aber er konnte es nicht lassen und führte mir Filme aus Indonesien vor, in welchen gezeigt wurde, wie Christen Muslime abschlachteten. Er war da gewesen. Für den Dschihad. Ob er die Bilder selbst gedreht hatte oder nur montiert, sagte er nicht, doch für mich machte es keinen Unterschied. So oder so war er in meinen Augen schuldig, und mit einem Mann, der sich geehrt fühlt, wenn ein weltgesuchter Krimineller auf Besuch kommt, wollte ich nichts mehr zu tun haben. Mein Entschluss war gefasst: Ich würde Omar verlassen. Diesmal für immer!

Im Januar holte er Safiya vom Flughafen ab und brachte sie nach Hause. Da ich wusste, dass ich nicht bleiben würde, konnte ich es mir leisten, großzügig zu sein, und umarmte sie wie eine Schwester. Der kleine Tarik war überglücklich, mich zu sehen, ich freute mich, dass er mich nach einem Jahr nicht vergessen hatte.

Ich staunte über Maryam, die inzwischen laufen konnte und flink wie ein Wiesel die Zimmer auskundschaftete, und begrüßte auch das Baby.

»Die Kleine sieht dir sehr ähnlich«, sagte ich zu Omar, der offensichtlich erleichtert war, dass unser Wiedersehen ohne Dramen ablief.

Warum hätte ich mich aufregen sollen? Natürlich versetzte es mir einen Stich, als er sich mit Safiya für die Nacht zurückzog, und ich möchte auch nicht verschweigen, dass ich Genugtuung empfand, als das Baby gleich darauf zu weinen begann. Bei dem Lärmpegel werden die beiden ihr trautes Beisammensein kaum genießen, dachte ich, aber im Großen und Ganzen war ich nicht mehr eifersüchtig. Endlich war ich von dieser krankmachenden Liebe, von meiner Hörigkeit geheilt!

Omar verstand es nicht. Er glaubte felsenfest daran, dass ich mich mit der Situation abgefunden hatte. In den nächsten Tagen führte er Safiya und mich aus, als wollte er in seinem Bekanntenkreis demonstrieren, dass ihm gelungen war, was die anderen nicht schafften: mit zwei Frauen unter einem Dach zu leben, ohne dass sich die beiden die Augen auskratzten!

Einmal waren wir zu Besuch bei einem sehr reichen Scheich, der vier Frauen hatte. In seinem großen Anwesen hatte er für jede einzelne ein eigenes Haus bauen lassen müssen, trotzdem hassten sie einander aus Leibeskräften und keiften sich permanent an. Safiya und ich dagegen saßen die ganze Zeit nebeneinander und kümmerten uns gemeinsam um ihre Kinder. Nach außen hin wirkte es, als seien wir die besten Freundinnen der Welt. Dabei nahm ich im Stillen längst Abschied von diesem Leben.

Dementsprechend fiel Omar aus allen Wolken, als ich ihm nach zwei Wochen sagte, dass ich nach Deutschland zurückwolle.

»Aber warum?«, rief er überrascht. »Willst du ein Haus für dich allein? Soll ich für Safiya ein anderes Haus suchen?«

»Nein, Omar. Ich möchte, dass wir uns scheiden lassen. Ich liebe dich nicht mehr«, erwiderte ich kühl.

Es fiel mir schwer, dies auszusprechen, aber dann fühlte ich eine enorme Erleichterung. Er glaubte immer noch, dass es ihm gelingen würde, mich umzustimmen.

»Aischa. Ich habe Safiya versprochen, mit ihr nach Mekka zu fahren. Ich möchte, dass du mit uns kommst und in der großen Moschee zu Gott betest, bevor du deine Entscheidung triffst. Bist du damit einverstanden?«

Ich war es.

Nur wenig später sollte es tatsächlich losgehen. Geplant war, dass ich eine Nacht auf Safiyas Kinder aufpassen würde, während die beiden allein die kleine Pilgerfahrt machten. Am nächsten Tag oder in der nächsten Nacht würde mich Omar in die Moschee begleiten. So fuhren wir in die Nähe von Mekka zu Bekannten meines Mannes, die ein Haus besaßen. Ich kannte dort niemanden. Die Frauen wiesen mir und den Kindern ein Zimmer zu und zeigten mir, wo das Bad war, bevor sie sich zurückzogen. Kurz darauf kam Omar zu mir, um mir Anweisungen zu geben.

»Du sperrst diese Tür ab und öffnest niemandem. Du lässt niemanden herein, hast du das verstanden? Egal, was geschieht, egal, was du draußen hörst, du darfst dieses Zimmer auf gar keinen Fall verlassen. Ist das klar?«

»Selbstverständlich, ich bin weder taub noch dumm, aber ich werde ja wohl auf die Toilette gehen dürfen, oder?«

Ich hatte meine Tage, blutete heftig und konnte nur hoffen, dass es bald aufhörte, denn unrein durfte ich die Moschee nicht betreten. Warum er diese Dinge von mir verlangte, erklärte er mir nicht und ich fragte auch nicht danach, schließlich war ich solche Anweisungen gewohnt.

So brachte ich die Kinder ins Bett und war gerade damit beschäftigt, mich zu waschen, als es an der Tür klopfte, und zwar mehrfach, bis ich reagierte.

»Was ist los?«, fragte ich.

»Öffne, bitte, es ist wichtig«, antwortete eine Frau, die der Stimme nach unsere Gastgeberin sein musste.

»Mein Mann hat es mir verboten.«

»Es ist wirklich sehr wichtig, bitte, ich muss mit dir reden.«

Ich zögerte, öffnete schließlich und sah drei Frauen, die mich inständig baten, das Zimmer zu räumen.

»Das werde ich nicht tun«, antwortete ich. »Mein Mann hat mir befohlen, bis zu seiner Rückkehr hier zu bleiben, und ich werde ihm gehorchen.«

Es gab ein Hin und Her, die Gastgeberin lief wie ein aufgeschrecktes Huhn zu ihrem Mann und wieder zu mir, aber ich weigerte mich strikt, das Zimmer zu verlassen.

»Mein Mann erlaubt es mir nicht, ich bleibe hier! Ich will nicht, dass er zornig wird, begreif das doch endlich! Hier sind drei kleine Kinder, soll ich sie wegen euch aus dem Schlaf reißen? Es war schon schwer genug, sie ins Bett zu bringen!«

Ich verstand nicht, warum ich das Zimmer räumen sollte, schloss schließlich die Tür und legte mich schlafen.

Am nächsten Morgen platzte Omar mit wutverzerrtem Gesicht ins Zimmer.

»Du hast eine solche Schande über mich gebracht! Heute Nacht hat man dich höflich gebeten, dieses Zimmer zu räumen. Es stand ein hoher Kommandeur draußen, der dieses Bett gebraucht hätte, und was hast du getan?«

»Genau das, was du mir befohlen hattest, ich bin hier geblieben«, brüllte ich zurück. »Mit deinen Kindern, wie du es selbst wolltest!«

Er schlug mir so heftig ins Gesicht, dass ich gegen die Wand prallte. Safiya drückte die Kinder an sich und sagte, dass Maryam ins Bett gemacht habe.

»Ist das jetzt etwa auch meine Schuld? Du hast mir keine Windeln dagelassen, womit hätte ich sie denn bitte schön wickeln sollen? Bin ich etwa schuld daran, dass du dich nicht um deine Kinder kümmerst?«

Dafür bekam ich gleich noch eine Tracht Prügel. Omar schlug wie besessen auf mich ein, ich versuchte bloß meinen Kopf zu schützen, spürte keine Schmerzen, aber fürchtete um mein Leben. Als er endlich aufhörte, lag ich zusammengerollt am Boden und rührte mich lange nicht. Tarik und Maryam weinten. Ich zuckte, als mich jemand anfasste. Es war Safiya, die mir auf die Beine half und mich stützte. Im Türrahmen stand Omar und musterte mich mit hasserfülltem Blick.

»Zieh dich an«, befahl er. »Wir fahren nach Hause.«

»Zu Hause ist für mich Deutschland«, erwiderte ich. »Gib mir meine Freiheit zurück. Lass mich gehen. Schau, dass du mir so schnell wie möglich einen Rückflug organisierst. Solange dass nicht geschehen ist, werde ich mit dir kein Wort mehr reden.«

Mir tat alles weh. Ich wusch mich nicht, wechselte meine Kleider nicht, saß nur auf meinem Bett, das Gesicht zur Tür gedreht. Wann immer Omar oder Safiya ins Zimmer kamen, fragte ich, ob mein Rückflug endlich gebucht sei. Etwas anderes wollte ich nicht wissen.

Ich hatte große Angst, dass er mich nicht gehen ließ. Er hatte es mir in Allahs Namen versprochen und ein solches Versprechen gilt für Muslime als heilig, aber konnte ich ihm noch trauen? Wenn es ihm gefiel, mich in diesem Haus gefangen zu halten, würde ich nicht fliehen können. Ohne Genehmigung des Ehemannes durfte keine Frau aus Saudi-Arabien legal ausreisen. Illegal war das sicher möglich, aber dafür brauchte man Geld und Kontakte und ich hatte weder das eine noch das andere.

Aus Deutschland konnte ich keine Hilfe erwarten, meine Familie wusste nicht, wo ich war, und den wenigen Menschen, die es wussten, war ich nicht wichtig genug. Ich war Omars Willkür vollkommen ausgeliefert. Er darf mit mir alles tun, was er will, sogar mich umbringen, dachte ich, und ich würde mich nicht mal wehren. Der Tod schien mir der einzige Ausweg zu sein. Ich konnte mich nicht selbst umbringen, aber ich verweigerte jedes Essen und fragte mich, wie lange es wohl dauern würde, bis ich verhungert sei. Was wohl mit meiner Leiche geschehen würde, wenn ich tatsächlich starb. Würde man sie auf einem muslimischen Friedhof begraben?

Der Tod wäre eine Erleichterung gewesen, aber der Gedanke, dass Omar unbestraft davonkommen würde, ärgerte mich dermaßen, dass ich wieder Mut fasste. Nach drei Tagen brach ich mein Schweigen und rief nach Safiya, die sofort herbeieilte.

»Aischa, was ist, soll ich dir etwas zu Essen bringen?«

»Ja«, antwortete ich. »Aber vorher habe ich dir etwas zu sagen, das du deinem Mann ausrichten sollst: Wenn er mich gegen meinen Willen festhält, werde ich ihm und dir das Leben zur Hölle machen, und ich schwöre, dass ich nicht damit aufhören werde, solange ich lebe. Es sei denn, Omar bringt mich mit seinen eigenen Händen um!«

Safiya sah mich erschrocken an, sie wollte etwas sagen, aber ich winkte ab. Sie sollte gehen. Kurz darauf kam sie zurück, brachte ein Tablett mit Tee und Obst. Sie hatte Omar in der Firma angerufen und richtete mir aus, dass er am Abend zu mir kommen werde.

»Welcher Teufel ist nur in dich gefahren, dass du dir erlaubst, solche Drohungen auszusprechen«, sagte er einige Stunden später mit vor Wut bebender Stimme. »Aischa, du hast mir genug Schwierigkeiten gemacht, es reicht. Du willst unter den Kuffs, den Ungläubigen, leben und du wählst einen Weg, der deinen Untergang bedeutet. Ich habe lange genug versucht, dich daran zu hindern. Je schneller du weg bist, desto besser ist es für mich und meine Familie. Ich habe dir einen Rückflug für den 28. Januar gebucht.«

»Ist es wahr?«

»Ja. Dann kannst du zur Polizei rennen und mich verraten. Das ist doch, was du tun möchtest, nicht wahr?«

Ich schüttelte den Kopf. »Ich will die Scheidung, und wenn sie durch ist, möchte ich dich und diese zwölf Jahre aus meinem Leben streichen.«

»Nichts hasst Gott so sehr wie die Scheidung, aber Er hat sie erlaubt, also werden wir geschieden. Du weißt es, wenn du keine Muslima wärst, hätte ich das Recht, dich zu töten«, fügte er nachdenklich hinzu.

Mich fröstelte es. Ich warf ihm einen Blick zu und er starrte mich an, als würde er durch mich hindurchsehen.

»Ist es das, was du möchtest? Dann tu es! Das Leben an deiner Seite war für mich ohnehin nur eine Qual!«

»Aischa, der Teufel spricht aus deinem Mund. Ich kann nicht glauben, dass du mich so sehr hasst.«

»Ich hasse dich nicht. Du sprichst davon, mich zu töten, ich aber will nur frei von dir sein.«

»Das wirst du. In drei Tagen fahre ich dich zum Flughafen. Gibt es etwas, was du mitnehmen möchtest?«

»Geld. So wie es in den islamischen Gesetzen vorgesehen ist. Wenn ein Mann und eine Frau sich trennen, steht der Frau etwas zu für das, was sie in der Ehe geleistet hat.«

»Ich habe schon selbst daran gedacht«, erwiderte er nun völlig sachlich. »Ich werde mein Bestes tun, aber ich fürchte, dass ich dir nicht viel geben kann. Das Leben hier ist teuer und meine Geschäfte laufen nicht besonders gut.«

»Mir scheint, dass nichts für dich gut läuft, seit du Safiya geheiratet hast. Diese Frau bringt dir kein Glück.« Und das wird auch in Zukunft so bleiben, fügte ich im Stillen hinzu.

»Ich sehe die Dinge anders als du«, sagte er mit gequälter Miene.

»Ja, das war wohl immer so und das wird auch so bleiben. Gut, dass wir es endlich begriffen haben.«

»Du willst immer das letzte Wort haben«, sagte er und verließ mein Zimmer.

Am Morgen des 28. Januar 2001 brachte Omar mich zum Flughafen, parkte den Wagen und gab mir einen Umschlag mit fünftausend Mark.

»Ich bedauere, dass es so wenig ist. Eigentlich schulde ich dir für deine Arbeit und deine Hilfe in all den Jahren eine viel höhere Summe. Du bist so stark gewesen, Aischa, ich weiß nicht, ob ich es ohne dich geschafft hätte.«

»Omar, lass das. Es ist vorbei, diesmal wirklich und endgültig. Allerdings bräuchte ich noch deine Adresse. Mein Rechtsanwalt wird dir die Scheidungsunterlagen schicken müssen.«

»Er soll sie an meine Firma schicken. Hier ist die Visitenkarte. Die Adresse vom Haus braucht niemand zu kennen. In dringenden Fällen kannst du dort anrufen, aber nur wenn es wirklich nötig ist.«

»Gut. Es wird langsam Zeit für mich. Vor allem, wenn sie mich wieder von Kopf bis Fuß durchsuchen, wie bei meiner Ankunft. Stell dir vor, sie haben sogar meine Schuhe abgeklopft, als könnte man eine Pistole darin transportieren!«

»Eine Pistole nicht, aber Sprengstoff kann man sehr wohl im Absatz verstecken«, sagte Omar. »Das ist leicht zu machen und bei den Kontrollen merkt das niemand. Abklopfen reicht nicht, man müsste den Schuh schon ganz auseinander nehmen.«

Es klang fachkundig, als hätte er schon Dutzende von Schuhen so präpariert.

»Ich könnte zu dem Polizisten da vorne laufen und ihm wiederholen, was du mir gerade erzählt hast. Dann würde er dich vielleicht festnehmen und verhören lassen, um zu erfahren, wieso du dich so gut auskennst. Warum redest du jetzt mit mir über solche Dinge?«, fragte ich.

»Damit du verstehst, dass ich keine Angst vor dir habe. Du kannst nichts beweisen. Dein Wort gegen meins, das ist alles, was du hast. Geh ruhig zu diesem Polizisten. Wem wird er glauben? Dir oder mir?«

Ich zuckte mit den Schultern und stieg aus. Omar begleitete mich noch zum Einchecken und bis zur Passkontrolle. Weiter konnte er nicht mitkommen. Es dauerte eine Weile, bis ich an der Reihe war, dann drehte ich mich um. Er stand zwischen den Menschen wie vorher, schaute in meine Richtung. Ich lief nicht zu ihm zurück, winkte nicht, hörte den Beamten »Jella, jella« geh, geh sagen und lief nach vorne.

Es war ein schrecklicher Flug mit vielen Turbulenzen, die Maschine wurde durchgeschüttelt, gab Geräusche von sich, als würde sie jede Minute auseinander brechen. Mehrmals dachte ich, wir stürzen ab, doch wir landeten sicher in Frankfurt. Noch im Flugzeug zog ich meinen schwarzen Mantel aus und stopfte ihn in meine große Umhängetasche. Ich war so glücklich, dass ich am liebsten den Boden geküsst hätte Ich fühlte mich frei, endlich frei. Das Kopftuch, das Symbol meiner Abhängigkeit, nahm ich in der Toilette ab, faltete es zusammen und steckte es ebenfalls in meine Tasche. Lange betrachtete ich mein Gesicht im Spiegel. Ich sah müde aus, aber meine Augen glänzten. Am linken waren die Spuren von Omars Schlägen noch deutlich zu sehen, doch sie verblassten bereits ein wenig. Bald würden sie ganz verschwinden.

Epilog

Kaum war ich in H., rief ich Tina an und bat sie um Hilfe. Ibrahim, ihr Mann, war in der Zwischenzeit ausgewiesen worden, die Polizei hatte ihre Wohnung auf den Kopf gestellt und sie stundenlang verhört.

»Ich habe nichts gegen dich, aber du verstehst sicher, dass ich keinen Kontakt mehr mit dir haben will«, sagte sie. »Deine Sachen stelle ich dir gerne vor die Tür.«

Als Nächste rief ich Gabi an. Sie wusste schon von Ahmed, dass ich Omar verlassen hatte.

»Bitte, melde dich nie mehr hier, Doris. Ich brauche dir wohl kaum zu erklären, warum. Trotzdem wünsche ich dir alles Gute.«

So stand ich leicht benommen in H. an der Bushaltestelle und dachte nach. Mein Kopf war klar wie seit Jahren nicht mehr. Deutlich sah ich jeden Schritt vor mir, den ich unternehmen musste, und machte mich gleich an die Arbeit. Drei Tage schlief ich in einer billigen Pension, bis ich eine Wohnung fand, in die ich sofort einziehen konnte. Eine neue Matratze musste her, dazu die paar Sachen, die ich bei Tina hatte, und was noch fehlte, organisierte ich in Windeseile. Ein paar Tage später fing ich an, halbtags im Büro einer Kurierdienstfirma zu arbeiten. Bald sprang ich für einen Fahrer ein, der wegen Alkohols am Steuer ausgefallen war, übernahm seine Nachtschicht zu meinen vier Stunden, so dass ich zwischen zwölf und fünfzehn Stunden am Tag arbeitete.

Es war gut so. Schließlich wollte ich richtig Geld verdienen, um rasch wieder mit meinen Geschwistern und meinem Vater

Kontakt aufnehmen und zeigen zu können, dass ich es endlich geschafft hatte. Allein!

Weder Tina noch Gabi habe ich je wieder gesehen. Manchmal dachte ich an Esmer aus München, an das unterbrochene Gespräch über unsere Männer, und fragte mich, was aus ihr geworden war. Irgendwann besorgte ich mir ihre Nummer über die Auskunft.

»Esmer? Sie ist nicht da«, antwortete ihr Mann Samir. »Wer ist am Telefon?«

»Aischa«, antwortete ich und korrigierte mich. »Doris. Eine alte Bekannte. Ich bin gerade aus dem Ausland zurück, ich war vor ein paar Jahren mal bei euch.«

»Ach ja«, sagte er, »ich erinnere mich an dich und deinen Mann. Es ist lange her, du kannst es also nicht wissen. Esmer hat mich verlassen. Sie hat die Kinder genommen und ist geflohen. Man hat mir berichtet, dass sie in einem Frauenhaus in Norddeutschland lebt. Wo, kann ich dir nicht sagen.«

Ich legte auf. Es freute mich zu hören, dass auch Esmer der Absprung gelungen war. Plötzlich dachte ich an Djamila. »Wenn es dir da nicht gefällt, Aischa, dann haust du einfach ab. Du gehst zurück nach Deutschland. Dort hast du auch Freunde, nicht wahr?« Das hatte sie mir gesagt.

Eines Tages muss ich sie unbedingt in Zenica besuchen und ihr berichten, dass ich meine Freiheit wiedergefunden habe.